D0117368

CAHIER D'EXERCICES ET MANUEL DE LABORATOIRE

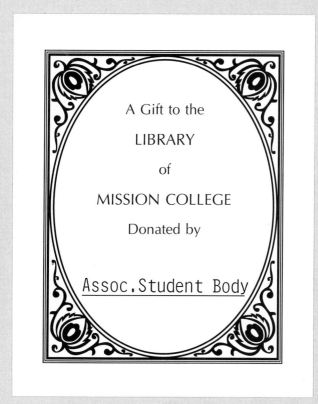

A Gift to the

LIBRARY

of

MISSION COLLEGE

Donated by

Assoc.Student Body

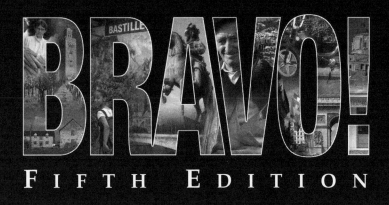

BRAVO!
FIFTH EDITION

CAHIER D'EXERCICES ET
MANUEL DE LABORATOIRE

Janet L. Solberg
Kalamazoo College

Larissa G. Dugas
Kalamazoo College

Judith A. Muyskens
Colby-Sawyer College

Linda L. Harlow
The Ohio State University

THOMSON
HEINLE

Australia • Canada • Mexico • Singapore • Spain • United Kingdom • United States

THOMSON

HEINLE ™

BRAVO!
Cahier d'exercices et Manuel de laboratoire
Fifth Edition
Solberg • Dugas • Muyskens • Harlow

Publisher: Janet Dracksdorf
Acquisitions Editor: Lara Semones
Senior Project Manager, Editorial Production: Esther Marshall
Assistant Editor: Arlinda Shtuni
Marketing Manager: Lindsey Richardson
Marketing Assistant: Rachel Bairstow
Advertising Project Manager: Stacey Purviance
Manufacturing Manager: Marcia Locke
Photo Manager: Sheri Blaney
Compositor: Greg Johnson, Art Directions
Project Manager: Sev Champeny
Cover Designer: Michael Beagan, Beagan/Nguyen Design
Printer: Globus Printing

Cover images: © Heinle Image Resource Bank/Thomson Higher Education

© 2005 Thomson Heinle, a part of the Thomson Corporation. Thomson, the Star logo, and Heinle are trademarks used herein under license.

ALL RIGHTS RESERVED. No part of this work covered by the copyright hereon may be reproduced or used in any form or by any means—graphic, electronic, or mechanical, including photocopying, recording, taping, Web distribution, information storage and retrieval systems, or in any other manner—without the written permission of the publisher.

Printed in the United States of America
1 2 3 4 5 6 7   08 07 06 05 04

ISBN 1-4130-0325-7

Contents

EXERCICES ÉCRITS

Heureux de faire votre connaissance

La grammaire à réviser

Avant la première leçon

Les verbes: le présent

Trois jeunes se détendent au café.

A. Une rencontre au café. Choisissez le verbe approprié. Ensuite, complétez le dialogue avec la forme correcte du verbe au présent.

MODÈLE: Nous nous (apparaître / connaître) _____?

       Nous nous connaissons?

HERVÉ: Je me (présenter / préférer) _____ (1): Hervé Janin. Et voici

      mon copain, Alain Colet. Nous vivons à côté de chez vous, dans l'appartement 5.

SYLVIE: Ah, oui! Moi, je (s'appeler / se rappeler) _____ (2) Sylvie

Beau. On se (tutoyer *[to use the familiar form **tu**]* / entendre)

_____ (3)?

HERVÉ: Avec plaisir. J(e) (élever / espérer) _____ (4) que nous ne te

(déranger *[to bother]* / ranger) _____ (5) pas.

SYLVIE: Ce n'est pas grave. J(e) (obtenir / finir) _____ (6) un exposé

pour un cours de civilisation américaine. Vous êtes étudiants aussi, n'est-ce pas?

HERVÉ: Oui, nous allons bientôt terminer nos maîtrises en histoire de l'art, et nous (espérer /

posséder) _____ (7) obtenir des bourses *(scholarships)* pour

étudier en Italie après.

SYLVIE: C'est chouette!

ALAIN: Oui, si nous (réussir / considérer) _____ (8) au concours de

sélection, nous partirons pour Rome dans deux mois. Nous (entendre / attendre)

_____ (9) les résultats avec impatience.

SYLVIE: Bonne chance, hein? Tiens, avez-vous besoin de livres? Vous savez, à la librairie Pasquier,

ils (ranger / vendre) _____ (10) de très beaux livres sur l'art

italien.

HERVÉ: Merci, mais en ce moment, on (acheter / amener) _____ (11)

seulement des cassettes pour apprendre l'italien. Tous les jours, Alain et moi, nous

(répondre / répéter) _____ (12) des phrases et des dialogues

italiens. Nous (venger / agacer) _____ (13) tous nos amis avec

ça — ils ont envie de détruire nos cassettes!

SYLVIE: Oh, ils sont jaloux, voilà tout! C'est tellement beau, les voyages… Voilà, j'ai une idée. Je

vous (rendre / emmener) _____ (14) visite en Italie!

ALAIN: Bonne idée! On te préparera un bon plat de spaghettis.

SYLVIE: Merci bien! Au revoir — ou plutôt «Ciao», les amis!

ALAIN ET HERVÉ: Ciao, Sylvie! À la prochaine.

Une question d'interprétation. La photo à la page précédente montre une scène typique dans un café
français. Est-ce que les trois personnes sur la photo pourraient être Sylvie, Alain et Hervé, à votre avis?
Expliquez votre réponse.

Poser une question

B. Une interview sur les jeunes et les voyages. Trouvez une question qui correspond à chaque réponse donnée par Marc, étudiant en géographie, à un journaliste de *L'Express*. Utilisez la forme interrogative suggérée entre parenthèses.

MODÈLE: — À votre avis, _____ *(inversion)*.

    — *Oui, à mon avis, les jeunes apprennent beaucoup quand ils voyagent.*

    Questions possibles: *À votre avis, les voyages sont-ils bons pour les jeunes? / À votre avis, les jeunes apprennent-ils beaucoup quand ils voyagent?*

1. — _____ *(rising intonation)*

    — Oui, je fais un voyage chaque été.

2. — _____ *(inversion)*

    — Oui, j'essaie d'apprendre la langue des pays que je visite.

3. — _____ *(inversion)*

    — Non, mes parents ne me donnent pas d'argent pour voyager.

4. — _____ *(est-ce que)*

    — Oui, je dois travailler dur pour gagner cet argent.

5. — _____ *(n'est-ce pas)*

    — Bien sûr, ça vaut la peine *(it's worth it)*!

Avant la troisième leçon

L'impératif

C. Dur, dur de voyager! Les voyages sont parfois pénibles pour les enfants. Le petit Marc s'ennuie dans l'avion, et sa mère est obligée de lui donner beaucoup d'ordres. Recréez ses ordres en employant l'impératif à la deuxième personne du singulier (la forme **tu**). Faites tous les changements nécessaires.

MODÈLE: ne pas bouger tout le temps

    Ne bouge pas tout le temps!

1. rester / assis _____

2. finir / ton dîner _____

3. ne pas parler si fort _____

4. être sage _____

5. rendre les écouteurs *(headphones)* à l'hôtesse _____

D. Voyageur à Paris — le savoir-faire de l'invité. Michael, un étudiant américain qui fait des études à Paris actuellement, va bientôt rentrer chez lui. Pour aider les étudiants américains qui viennent l'année prochaine, il a fait une liste des bonnes manières à suivre quand on est invité chez des Français. Remplacez les infinitifs par des impératifs à la deuxième personne du pluriel (la forme **vous**).

MODÈLE: saluer ses hôtes

Saluez vos hôtes.

1. **ne pas arriver** en avance

   _____

2. **apporter** des fleurs à la maîtresse de maison *(hostesse)*; **ne acheter** ni des roses rouges ni des chrysanthèmes

   _____

   _____

3. **serrer** la main de toutes les personnes présentes; **leur faire** la bise si vous les connaissez bien

   _____

   _____

4. à table, **attendre** que la maîtresse de maison commence à manger la première

   _____

   _____

5. **finir** son assiette (Laisser de la nourriture serait une insulte à la cuisinière.)

   _____

   _____

6. **savoir** que les repas français durent longtemps; **avoir** de la patience

   _____

   _____

Note culturelle: En général, on n'offre ni des roses rouges ni des chrysanthèmes aux amis. Les roses rouges sont associées à l'amour, et les chrysanthèmes sont associés à la mort (chaque automne, les Français en mettent sur les tombes des morts le 2 novembre [le Jour des défunts]).

Leçon 1

Cap sur le vocabulaire!

Cap sur le vocabulaire! Complétez les passages suivants en choisissant parmi les expressions proposées ci-dessous. N'utilisez pas une expression plus d'une fois. Faites les changements nécessaires.

Salut!
À bientôt! / Ciao!
Vous vous êtes déjà rencontrés?
À lundi!
Je suis heureux/heureuse de faire votre connaissance.
une place de libre

Bonne soirée
Oui, pas mal, merci.
une place réservée
À tout à l'heure!
Ça va?
une couchette
s'installer

Bon week-end!
À cet après-midi!
(se) rencontrer
Bonnes vacances!
(se) retrouver

A. Saluer, présenter et prendre congé. Choisissez une réponse appropriée pour chacune de ces situations.

— Mme Marchand, je vous présente M. Boyer.

— _____ (1)

— Salut, Isa, ça va bien?

— _____ (2)

Vous dites au revoir à une collègue le vendredi soir en sortant du bureau. Choisissez trois expressions appropriées à ajouter.

Au revoir, Claire. _____ (3) _____ (4)

_____ (5)

Vous voyez une amie le matin, et vous savez que vous allez la revoir plus tard ce même jour. Choisissez trois expressions appropriées à ajouter.

Salut, Géraldine! _____ (6) _____ (7)

_____ (8)

B. Prendre le train: quelques conseils (*advice*).

Le train est un moyen de transport très pratique en France. Ça ne coûte pas trop cher, c'est confortable, et

on arrive presque toujours à l'heure. Si vous voyagez avec des amis, je vous conseille de vous

_____ (1) sur le quai (*on the platform*) près du train, au moins 15 minutes

avant le départ. Cela vous donnera le temps de vous _____ (2) tranquillement.

Si vous voyagez le vendredi ou le dimanche, il vaut mieux avoir _____ (3)

parce qu'il est souvent difficile de trouver _____ (4). Si vous voyagez la nuit,

vous voudrez peut-être prendre _____ (5). Le train peut aussi être un bon

endroit pour _____ (6) de nouvelles personnes. Quand on est relaxe, on a

souvent envie de parler!

La grammaire à apprendre

Les verbes irréguliers: *suivre, courir, mourir, rire, conduire, savoir* et *connaître*

C. Little Brother vous surveille *(Little Brother is watching you.).* En voyage en France, vous logez chez de vieux amis, Marc et Hubert. Leur petit cousin est très curieux, et il pose beaucoup de questions sur les Américains.

a. D'abord, complétez son «interrogatoire» avec la forme correcte d'un des verbes suivants: **conduire, courir, mourir, rire, sourire, suivre, vivre.**

b. Ensuite, répondez à ses questions.

1. Toi et ta famille, est-ce que vous _____ dans

    un gratte-ciel *(skyscraper)* à New York?

    _____

    _____

    _____

2. Est-ce que tout le monde aux États-Unis _____

    une grosse voiture?

    _____

    _____

    _____

3. Vous, les Américains, pourquoi est-ce que vous _____ à tout le monde quand vous

    vous promenez dans la rue? Nous trouvons ça bizarre!

    _____

    _____

4. Mon papy (grand-père) dit que beaucoup d'Américains ne sont pas en bonne santé, et qu'ils

    _____ souvent de crises cardiaques. Est-ce que c'est vrai?

    _____

    _____

5. Et toi, qu'est-ce que tu fais comme sport pour rester en forme? Est-ce que tu _____?

    _____

    _____

6. Les petits garçons comme moi, est-ce qu'ils _____ des cours de français à l'école?

_____

_____

7. Mais, pourquoi est-ce que tu _____? Est-ce que je pose trop de questions?

_____

_____

D. Mademoiselle «Je sais tout». Marc, Alain et Hubert parlent d'une étudiante qui suit des cours d'art. Complétez leur dialogue avec les formes appropriées de **savoir** ou **connaître**.

MARC: Salut, Hubert. Ça va?

HUBERT: Salut, les gars. Ouais, très bien. Aujourd'hui, j'ai fait la connaissance d'une fille super — Marine

Dupré. Vous la _____ (**1**), Marine?

MARC: Ça alors! Elle est dans mon cours d'histoire de l'art. Franchement, cette nana m'énerve!

Mademoiselle _____ (**2**) toujours tout! Écoute! Toi, est-ce que tu

_____ (**3**) quand Dubuffet a peint «Paris-Circus»? Non? Demande à

Marine. Elle le _____ (**4**)! 1962!

HUBERT: Eh ben, tu m'excuseras, mais, moi, je la trouve sympa, cette fille! Est-ce que vous

_____ (**5**) où elle habite?

ALAIN: Pas exactement, mais tu _____ (**6**) la galerie Papin, rue du Four?

HUBERT: Oui, pourquoi?

ALAIN: C'est la galerie de sa mère.

MARC: Alors, bien sûr, c'est pour cette raison que Marine _____ (**7**) person-

nellement plein d'artistes contemporains. Ça me rend furieux!

HUBERT: Mais, ne perds pas la tête! Moi, je trouve qu'elle a de la veine!

MARC: Ouais… peut-être. Par contre, en pratique, pas de chance! Elle est nulle! Incapable de peindre!

Tous les étudiants de la classe _____ (**8**) mieux peindre qu'elle!

ALAIN: Oh là là! Calme-toi, mon vieux! Elle a refusé de sortir avec toi ou quoi? Écoutez, nous

_____ (**9**) tous jouer au baby-foot, au moins! Allez, on oublie

Marine, et on va faire une partie de baby-foot au bar Cujas dans une demi-heure. À tout

de suite!

Un peu d'argot (*slang*). Les trois garçons utilisent plusieurs mots d'argot dans leur conversation. Trouvez des équivalents pour les mots ou expressions suivants:

1. Ne deviens pas fou _____

2. gentil(le) _____

3. Elle a de la chance _____

4. sans talent, sans valeur _____

5. mon ami _____

6. hommes, garçons _____

7. fille, femme _____

8. formidable _____

9. Cela m'irrite _____

Phrases: Greetings; introducing
Grammar: Present tense

E. Les États-Unis ne sont pas la France.
Relisez **Liens culturels: Arrivées et départs**
(page 10 de votre manuel). Ensuite,
expliquez ce qu'on fait et ce qu'on ne fait pas
aux États-Unis. Écrivez deux petits paragraphes (un sur les présentations, un sur les
salutations). Utilisez une autre feuille de
papier. Essayez d'utiliser au moins dix des
expressions ou mots suivants.

(se) connaître
(s')embrasser
se faire la bise / faire la bise (à quelqu'un)
se serrer la main / serrer la main (à quelqu'un)
(se) saluer
s'étreindre (*to hug*: on s'étreint / ils s'étreignent)
sourire
présenter
faire la connaissance (de quelqu'un)
se rencontrer
(se) dire bonjour / au revoir (à quelqu'un)

Nom _____   Date _____

Leçon 2

Cap sur le vocabulaire!

A. Un voyage difficile! Le dernier voyage d'affaires de M. Leclerc n'a pas été sans difficulté. Complétez les phrases avec l'expression ou le mot approprié de la liste donnée. Faites les changements nécessaires. Utilisez chaque mot ou expression une fois seulement.

```
     ┌──▶ BILLET      │ VERTAIZON        →MARSEILLE ST CHAR│
 SNCF Valable 24 heures maximum après compostage  │
                                      │ 01ADULTE          │

  Dép 09/09 à 12H19de LYON PART DIEU  │Classe 2  VOIT 08: PLACE NO  98
  Arr        à 14H56 à MARSEILLE ST CHAR│01ASSIS NON FUM
  A UTILISER DANS LE TRAIN  9526 TGV  │SALLE         01FENETRE
  TARIF NORMAL

  Dép      à      de ***              │Classe X
  Arr      à      à

  Prix par voyageur :    49,00        │ Prix €      **49,00

98000  KM0351        :         :DV 657648121 VERTAIZON
   199               :         :CB999999999 080997 17H59
   BP NIV.1  876576481215      :6AD6FE Dossier :  RGFALP  Page 2/2
              844163847
```

annuler	un horaire	Quel temps fait-il?
l'arrivée	indiquer	Quelle heure est-il?
un billet	le quai	partir en voyage d'affaires
aller-retour	un tarif	les renseignements
aller-simple	valable	Tu as passé une bonne journée?
le départ	un vol	desservi(e)
les frais d'annulation	le guichet	Tu as entendu parler de ce qui s'est passé?

M. Leclerc devait partir en _____ (1). Il devait aller à Cassis, une petite ville

qui est _____ (2) par l'aéroport de Marseille. Il allait prendre l'avion jusqu'à

Marseille, et puis un taxi de Marseille à Cassis. Pour faire ses valises, il voulait des informations sur le

temps. Il a demandé à sa femme: «À ton avis, _____ (3) à Cassis?»

Il a téléphoné à Air Inter pour avoir des _____ (4) sur les

_____ (5) des _____ (6) pour Marseille.

L'employé d'Air Inter lui a proposé un billet _____ (7), mais puisqu'il allait rentrer à Paris, c'était bien plus pratique d'acheter un billet _____ (8) pour le vol.

Malheureusement, deux heures avant son _____ (9) pour l'aéroport,

un collègue lui a téléphoné d'urgence. Il lui a demandé: «_____ (10) avec

M. Roux, notre client? Tu ne peux pas partir avant de résoudre ce très grave problème avec lui.»

Alors, M. Leclerc a dû _____ (11) son voyage en avion. Bien sûr, il a

fallu payer des _____ (12), mais il était essentiel qu'il s'occupe de ce problème.

Quatre heures plus tard, le problème résolu, M. Leclerc était de nouveau prêt à partir — mais cette fois-ci,

il a décidé de prendre le train.

Il s'est renseigné sur les _____ (13) des trains par téléphone. Il y avait

justement un train pour Marseille qui partait une heure plus tard. Quand il est arrivé à la gare, il a couru

directement au _____ (14) pour acheter son _____

(15). Puisqu'il n'avait pas de montre, il a demandé à un autre voyageur:

«_____?» (16). Ouf, pas de panique! «J'ai le temps», a-t-il pensé.

Dans le train, M. Leclerc a révisé ses notes pour ses réunions à Cassis. Après son

_____ (17) à Marseille, il est descendu du train. Sur le

_____ (18), on lui a _____ (19) où il pourrait trou-

ver un taxi pour aller à Cassis.

Le soir, après ses réunions, il a enfin pu se détendre. De son hôtel à Cassis, il a téléphoné à sa

femme pour lui donner de ses nouvelles. Elle lui a demandé: «_____ (20)?»

M. Leclerc a pensé que sa femme était ironique!

Ce voyage a été pénible pour M. Leclerc, mais tout est bien qui finit bien. Il a conclu une vente

importante à Cassis, et il y faisait si beau qu'il a décidé de prolonger son séjour. Il allait passer quelques

jours au soleil pour se détendre. Heureusement que son billet de train était

_____ (21) pour deux mois, et que sa femme pouvait le rejoindre pour un

week-end ensoleillé.

La grammaire à apprendre

Les expressions de temps

B. Salut! Je me présente. Dans une auberge de jeunesse *(youth hostel)* en France, vous vous présentez à d'autres jeunes, et vous prenez le petit déjeuner avec eux. Parlez de vous, en utilisant chaque fois une expression de temps différente (il y a [= *ago*], depuis, il y a... que, ça fait... que, voilà... que).

MODÈLE: étudier le français

Voilà quatre ans que j'étudie le français.

1. voyager en France

_____

2. arriver en France

_____

_____

3. ma famille et moi / vivre dans l'état de...

_____

_____

4. être étudiant(e) (être lycéen[ne]) / à l'université de...
   (au lycée...)

_____

_____

5. faire (du piano, du football, du théâtre, de la peinture, du bénévolat [*volunteer work*], etc.)

_____

Les noms

C. Règle ou exception? Étudiez bien les remarques sur le genre des noms français dans votre manuel (pages 22–24). Voici trois autres règles sur le genre des mots:

- Les noms qui se terminent en **-in** sont généralement masculins.
- Les noms qui se terminent en **-ain** sont généralement masculins.
- Les noms qui se terminent en **-eur** sont généralement féminins.

Maintenant, étudiez la liste de mots ci-dessous. Encerclez les huit mots qui sont des exceptions aux règles que vous avez apprises.

la main	le squelette	le magasin	la réservation
l'arrivée *(f)*	le chandail	une couchette	le chéquier
la fleur	l'eau *(f)*	le tourisme	la gentillesse
le voyage	le Mexique	la connaissance	la beauté
l'argent *(m)*	la nation	le train	la croisière
le grec	la limonade	le cadeau	l'Italie
la promenade	le festival	la nature	
l'idée *(f)*	la plage	le billet	
la fin	le bonheur	le musée	

À vous, maintenant!

Soyez créatif(-ive) et fantaisiste! Écrivez trois phrases qui contiennent les exceptions que vous avez trouvées (utilisez chaque mot une fois). Ensuite, apprenez-les par cœur. Cela vous aidera à perfectionner votre français.

1. _____

_____

2. _____

_____

3. _____

_____

D. Tout le monde peut se tromper! *(Anyone can make a mistake).* Un nouveau venu *(new arrival, new neighbor)* dans votre quartier essaie d'identifier les différents habitants. Il se trompe à chaque fois sur le sexe de la personne dont il parle, et vous le corrigez gentiment.

MODÈLE: M. Michalon est le directeur de l'école Sainte-Marie?

Euh, c'est plutôt Mme Michalon, mais c'est bien une directrice d'école.

1. M. Brigolin est boulanger?

_____

_____

2. Mme Duras est ouvrière?

_____

3. M. Cartier est professeur?

_____

4. M. Desroches est cadre?

_____

5. Mme Beauvais est chanteuse?

_____

6. M. Denis est pharmacien?

_____

7. Et Mme Carles, c'est une femme médecin?

_____

8. M. Careil est auteur?

_____

Langue et culture: Pour quels mots dans cet exercice est-ce qu'il n'y a pas de forme féminine «traditionnelle»? Pourquoi, d'après vous? À votre avis, pourquoi est-ce au Canada, plutôt qu'en France, qu'on a commencé a voir l'«invention» de termes «féminisés» pour certaines professions?

E. Tout le monde est poète! Lisez ce poème et soulignez tous les pluriels irréguliers (il y a 8 pluriels irréguliers différents). Lisez le poème à haute voix, juste pour le plaisir des sons, et apprenez-le par cœur, si vous voulez. Attention à la prononciation de certaines voyelles. Il y a beaucoup de [u] dans ce poème (hib**ou**x, p**ou**x, ch**ou**x, gen**ou**x, etc.), mais il y a seulement deux [y] (d**u**r, d**u**). Faites bien la différence!

Les Hiboux

Ce sont les mères des hiboux
Qui désiraient chercher les poux
De leurs enfants, leurs petits choux°,   *here, term of endearment (their little darlings)*
En les tenant sur les genoux.

Leurs yeux d'or valent des bijoux
Leur bec est dur comme des cailloux,
Ils sont doux comme des joujoux,
Mais aux hiboux point de genoux°!   *[they have] no knees*

Votre histoire se passait où?
Chez les Zoulous? Les Andalous?
Ou dans la cabane bambou?
À Moscou? Ou à Tombouctou?
En Anjou ou dans le Poitou?
Au Pérou ou chez les Mandchous?
Hou! Hou!
Pas du tout, c'était chez les fous.

Robert Desnos

À vous, maintenant!

Écrivez un petit «poème» (ce n'est pas nécessaire de le faire rimer) pour vous aider à retenir *(remember)* d'autres pluriels irréguliers. Essayez d'utiliser au moins huit des mots suivants. Utilisez une autre feuille de papier.

pneus	chandails	mesdemoiselles
festivals	cieux	mesdames
carnavals	yeux	gratte-ciel
détails	messieurs	

F. Portrait de famille. Complétez la description suivante de la famille Duchet. Choisissez chaque fois le mot approprié et mettez-le au pluriel. Attention! Certains pluriels sont irréguliers!

M. Duchet est ingénieur des (pneu / eau) _____ (1) et (fleur / forêt)

_____ (2). Mme Duchet vend des (produit / protéine)

_____ (3) pharmaceutiques dans la région de Marseille. M. et Mme Duchet

ont deux (film / fils) _____ (4) et une fille. L'aîné, Alain, a l'air d'un Don

Juan. Il a les (cheveu / cheval) _____ (5) bruns, les (œuf / œil)

_____ (6) bleus, et il adore bavarder avec les filles. Il fait du théâtre et se

rend à tous les (place / festival) _____ (7) de théâtre de France. Son frère

Laurent passe son temps à lire les (journal / journée) _____ (8) et à regarder les (actualité / virtualité) _____ (9) à la télévision. Il veut se spécialiser en

(science / chanson) _____ (10) politiques. La cadette, Catherine, a treize

ans. Elle adore les (pou / bijou) _____ (11) et les (jeu / joue)

_____ (12) vidéo. Elle a une énorme collection d(e) (animal / champignon)

_____ (13) en peluche *(stuffed)*, et elle voudrait être vétérinaire.

Les (Dijon / Duchet) _____ (14) s'entendent bien. M. et Mme Duchet

respectent les (chaux / choix) _____ (15) de leurs enfants. Bref, c'est une

famille très unie.

G. L'art de la conversation. Imaginez que vous êtes dans le train. La personne qui est assise en face de vous semble avoir envie de parler, mais elle est assez timide. Qu'est-ce que vous pouvez faire pour la mettre à l'aise? De quoi est-ce que vous pouvez parler? Écrivez un petit paragraphe pour expliquer comment vous allez aborder (here: *to handle, to approach*) la situation.

Leçon 3

Cap sur le vocabulaire!

A. Eh bien, mon chéri... Le petit Simon pose toujours beaucoup de questions. Son père est très patient et essaie de lui répondre chaque fois qu'il pose une question. Quelle question Simon a-t-il posée pour chacune des réponses suivantes?

—Papa, c'est quoi «encaisser»?

—Eh bien, mon chéri, quand tu «encaisses» un chèque, tu l'apportes à la banque et ils te donnent de

l'argent — des billets de banque et des pièces de monnaie.

—Papa, c'est quoi «_____» (1)?

—Eh bien, mon chéri, c'est une petite carte en plastique que tu utilises pour acheter des choses. Ils passent

la carte dans une machine, tu signes un petit papier et tu paies la facture plus tard.

—Papa, c'est quoi «_____» (2)?

—Eh bien, mon chéri, c'est un carnet — une sorte de petit livre — dans lequel il y a des chèques.

À vous, maintenant!

—Papa, c'est quoi «un portefeuille»?

— _____

_____

VISA
6092 4056 0932
Juliette Laforge
BANQUE DE ROUEN   02/08

— Papa, c'est quoi «un chèque de voyage»?

— _____

_____

_____

B. Demander / Proposer de l'aide. Pour chaque situation décrite, indiquez si les rapports entre les personnes sont probablement formels ou informels. Puis, imaginez ce que chaque personne a dit pour demander / proposer de l'aide. Utilisez des expressions de la page 29 de *Bravo!*

MODÈLE: Maman demande à Pierre de faire la vaisselle.
Formel — Informel?
informel
Tu peux faire la vaisselle, s'il te plaît?

1. M. Sinan offre d'aider son collègue à préparer le rapport.
Formel—Informel?

_____

2. Claudine demande à son mari de l'aider un peu.
Formel—Informel?

_____

3. M. Knaff, un homme d'affaires, arrive dans un hôtel à Paris. À la réception, il demande où se trouve l'ascenseur.
Formel—Informel?

_____

4. Simon a des problèmes en maths. Sa mère propose de l'aider avec ses devoirs.
Formel—Informel?

_____

La grammaire à apprendre

Le conditionnel

C. Une demande de renseignements. Mary Heart veut passer un an à faire des études à Paris. Elle écrit une lettre très polie au CIDJ pour demander des renseignements. Mettez les verbes entre parenthèses au conditionnel.

CENTRE D'INFORMATION ET DE DOCUMENTATION JEUNESSE
101, QUAI BRANLY - 75740 PARIS CEDEX 15 - TELEX C.I.D.J. 250 907 F

Monsieur,

J'ai l'honneur de vous écrire pour vous demander des renseignements sur les

programmes d'études et l'hébergement pour étudiants étrangers à Paris.

Je (vouloir) _____ (1) passer un an dans une école de la

région parisienne. Je suis étudiante en histoire de l'art et un séjour en France

(être) _____ (2) très utile à mes études. (Pouvoir)

_____ (3) -vous m'envoyer une documentation sur les pro-

grammes d'études en histoire de l'art?

Cela me (plaire) _____ (4) beaucoup d'habiter près du

Louvre. J'(aimer) _____ (5) louer une chambre. (Avoir)

_____ (6) -vous la gentillesse de m'indiquer le prix moyen

des loyers *(rental fees)* dans ce quartier?

Il (falloir) _____ (7) que j'organise mon séjour à Paris

rapidement. Je vous (être) _____ (8) reconnaissante

(grateful) de bien vouloir m'écrire aussitôt que possible.

Avec mes remerciements anticipés *(in advance)*, veuillez agréer, monsieur,

l'expression de mes sentiments distingués.

Mary Heart

Questions de compréhension.

1. Mary a écrit une lettre pour demander des renseignements. Si une Américaine écrivait cette lettre en anglais, quelle serait probablement la première phrase?

   Dear Sir or Madam,

   I _____.

   Quel début est-ce qu'un employé de bureau préférerait, à votre avis — le début français, ou le début américain? Pourquoi?

2. Quel est l'équivalent français de «*brochures/print materials*»?

3. Quel est l'équivalent anglais de «Veuillez agréer, monsieur, l'expression de mes sentiments distingués»?

D. À l'hôtel. Vous êtes à la réception d'un hôtel à Marseille, et vous allez demander plusieurs services. Utilisez le conditionnel et récrivez chaque phrase pour rendre vos demandes plus polies.

MODÈLE: (Est-ce que vous avez un plan de la ville?)

   Est-ce que vous auriez un plan de la ville?

1. (Nous voulons une chambre pour deux.)

   _____

2. (Je peux payer avec la carte bleue [la carte Visa]?)

   _____

3. (Téléphonez-nous à 7h demain matin, s'il vous plaît.)

   _____

4. (Nous pouvons prendre le petit déjeuner dans la chambre?)

   _____

5. (Préparez notre note, s'il vous plaît.)

   _____

6. (Il nous faut un taxi pour aller à l'aéroport.)

   _____

Phrases: Hypothesizing
Vocabulary: Entertainment; leisure; traveling
Grammar: Sequence of tenses with **si**

E. Un voyage de rêve. La protagoniste de l'extrait de *La honte* d'Annie Ernaux ne s'est pas beaucoup amusée pendant le voyage avec son père. Imaginez un voyage parfait pour une jeune fille de 12 ans qui s'appelle Annie. Où est-ce qu'elle va aller? pour combien de temps? Comment va-t-elle voyager? Avec qui? Est-ce que ce sera un voyage organisé *(a group tour)*? Qu'est-ce qu'elle va faire? visiter des musées? faire du sport? faire du shopping? aller à des spectacles? Qu'est-ce qu'elle ne va *pas* faire?

Utilisez le futur proche (**Elle va aller...**, **Elle va voyager...**, etc.) ou le conditionnel (**Si j'organisais un voyage pour elle, elle irait...**, **elle voyagerait...**, etc.). À vous de choisir!

EXERCICES DE LABORATOIRE

Phonétique

L'accentuation   CD1–2

Dans la prononciation d'un mot, en anglais, certaines syllabes sont accentuées; d'autres ne le sont pas. En français on met la même force d'accent sur chacune des syllabes d'un mot. Prenez un mot de trois syllabes comme **autrefois**. Tapez trois coups de même intensité sur une table à l'aide d'un stylo, et vous aurez une idée du rythme à garder.

A. Écoutez et répétez les mots suivants.

français	*anglais*
mathématiques	mathematics
attitude	attitude
facilité	facility
télévision	television
responsabilité	responsibility

B. Écoutez et répétez les mots ci-dessous.

téléphone	comptabilité	haricots verts
décapotable	Pablo Picasso	passer un examen
proportion	supermarché	anticonstitutionnellement

L'intonation   CD1–3

L'intonation d'une phrase déclarative française s'organise autour des unités sémantiques qu'elle contient. Elle s'élève avec chaque nouveau groupe et descend à la fin de la phrase. S'il n'y a qu'un seul groupe sémantique reconnaissable, l'intonation sera descendante.

Exemples: *Phrase courte (un seul groupe sémantique)*

Je fais mes devoirs.

Phrase longue (plusieurs groupes sémantiques)

D'habitude, je fais mes devoirs dans ma chambre en regardant la télévision.

C. Écoutez et répétez les phrases suivantes. Faites aussi attention à l'accentuation.

1. Ils ne l'ont pas compris.

2. Tu bois de l'eau minérale.

3. Elle étudie la comptabilité.

4. Véronique a une bonne personnalité.

5. Quand il va préparer le dîner, il se lave les mains et met un tablier avant d'entrer dans la cuisine.

6. Nous irons au supermarché avec nos amis quand ils auront réparé leur automobile.

7. Avant de passer son examen, il a téléphoné à son ami qui est très bon en mathématiques.

8. Pablo Picasso sera toujours célèbre grâce à ses tableaux et à ses dessins.

D. Maintenant, écoutez et répétez ce paragraphe. Ajoutez de petites flèches *(arrows)* pour indiquer l'intonation de la phrase.

Véronique n'est pas allée en classe aujourd'hui. Elle était malade. Du moins, elle a dit qu'elle était

malade. En réalité, elle a menti. Elle avait envie de conduire sa décapotable *(convertible)* au super-

marché pour y acheter des provisions. Elle n'est pas raisonnable. Elle aurait mieux fait d'aller en

classe et de travailler. Elle ne réussira jamais dans la vie avec une attitude comme celle-là.

Leçon 1

Conversation   CD1–4

A. Les salutations. Les salutations sont un aspect très important de la civilisation française. Écoutez la Conversation (manuel, **chapitre 1**, leçon 1), en prêtant attention aux expressions pour saluer, se présenter et prendre congé.

Maintenant, écoutez et répétez les phrases suivantes. Imitez l'intonation de la phrase et les expressions qu'on utilise pour saluer, se présenter et prendre congé.

1. Je me présente. Je m'appelle Charles Moiset.

2. Permettez-moi de vous présenter ma femme, Madame Kairet.

3. Enchanté de faire votre connaissance.

4. Nancy, je te présente Monsieur et Madame Kairet.

5. Bonjour, mademoiselle. Comment allez-vous?

6. Bonjour, madame; bonjour, monsieur. Je suis heureuse de faire votre connaissance.

B. La bonne réponse. Écoutez les phrases, et choisissez la bonne réponse.

_____ 1. **a.** Enchanté(e), monsieur.
　　　　　 b. Salut, Charles!
　　　　　 c. Bonjour. Ça va?

_____ 2. **a.** Alors, à la prochaine!
　　　　　 b. Bonne soirée!
　　　　　 c. À ce soir!

_____ 3. **a.** Très bien, merci. Et vous-même?
　　　　　 b. Pas mal, merci. Et toi?
　　　　　 c. Très heureuse.

La grammaire à apprendre

Les verbes irréguliers: *suivre, courir, mourir, rire, conduire, savoir et connaître*   CD1–5

C. Au programme de ce soir. Quelques amis, qui sont des mordus de télévision *(television fans)*, en discutent ce soir autour d'un café. Ils rient beaucoup en s'interrogeant sur les programmes qu'ils aiment. Répondez aux questions que vous entendrez en incluant les mots-clés ci-dessous.

MODÈLE: *Vous lisez:* Oui, ils...

Vous entendez: Des athlètes français courent-ils à la télévision ce week-end?

Vous répondez: **Oui, ils courent à la télévision ce week-end.**

1. Oui, je...
2. Oui, il...
3. Oui, nous...
4. Oui, ils...

5. Non, nous...
6. Non, je...
7. Non, je...

D. Je sais tout, je connais (presque) tout. Philippe cherche à impressionner une étudiante américaine qu'il a rencontrée récemment chez des amis communs. Écoutez ce qu'il dit. (Vous pouvez écouter deux fois si nécessaire.)

Maintenant, répondez aux questions suivantes en choisissant une des deux réponses possibles et en utilisant le verbe **connaître** ou **savoir**.

MODÈLE: *Vous lisez:* tous les monuments / presque tous les monuments

Vous entendez: Philippe sait où se trouvent combien de monuments?

Vous répondez: **Philippe sait où se trouvent presque tous les monuments.**

1. Paris / Bordeaux
2. Oui / Non
3. Oui / Non

4. un artiste-peintre / un professeur
5. chanter / peindre
6. parler anglais / parler de cuisine

Leçon 2

Conversation   CD1–6

A. La pluie et le beau temps. En français, il faut savoir parler de la pluie et du beau temps *(to make small talk)*. Écoutez la Conversation (manuel, **chapitre 1**, leçon 2), en prêtant attention aux expressions pour discuter.

Maintenant, écoutez et répétez les phrases suivantes. Imitez l'intonation de la phrase et les expressions qu'on utilise pour discuter.

1. Laurence, vous allez loin?
2. C'est la première fois que vous allez en Turquie?
3. Ah, c'est joli quand même par ici...
4. Oui, le paysage est très beau.
5. Est-ce qu'il y fait chaud à cette époque-ci?
6. Oui, il y fait chaud mais l'air est sec. Ça va nous faire du bien.

La grammaire à apprendre

Les expressions de temps   CD1–7

B. Dans le train. Susan suit des cours à l'université de Rouen. Dans le train, elle rencontre Chantal, une étudiante française. Chantal lui pose des questions. Reconstituez les questions de Chantal d'après les réponses données par Susan. N'utilisez pas l'inversion dans vos questions. La première partie de votre réponse est donnée.

MODÈLE: *Vous lisez:* Depuis quand...

　　　Vous entendez: J'habite Rouen depuis le 25 mars.

　　　Vous répondez: **Depuis quand est-ce que tu habites Rouen?**

1. Quand...
2. Il y a combien...
3. Ça fait combien...
4. Quand...

5. Combien...
6. Depuis quand...
7. Depuis combien...

C. Confidence pour confidence. Maintenant, c'est Chantal qui parle d'elle-même. Écoutez attentivement ce qu'elle dit. (Vous pouvez écouter deux fois si nécessaire.)

Maintenant, écoutez les phrases qu'on va vous lire et décidez si elles sont vraies ou fausses. Entourez la réponse de votre choix.

1. VRAI　　　FAUX
2. VRAI　　　FAUX
3. VRAI　　　FAUX

4. VRAI　　　FAUX
5. VRAI　　　FAUX

Les noms   CD1–8

D. Quelle coïncidence! Deux autres voyageuses découvrent qu'elles ont beaucoup en commun. Dès que l'une d'entre elles mentionne un détail ayant trait à un membre de son entourage, l'autre établit aussitôt une comparaison. Écoutez les phrases et répondez en imitant le modèle qui suit et en utilisant les mots-clés ci-dessous.

MODÈLE: *Vous lisez:* Ma tante...

　　　Vous entendez: Mon père est directeur.

　　　Vous dites: **Ma tante aussi est directrice!**

1. Mon cousin...
2. Ma grand-mère...
3. Mon frère...
4. Ma cousine...

5. Moi aussi, j'ai une amie...
6. Ma mère...
7. Ma tante...
8. Ma sœur cadette...

E. C'est l'âge. Vous avez parmi vos voisins une très vieille dame à qui vous allez souvent rendre visite après les cours. Vous allez ici assumer son rôle et répondre aux questions en substituant par son pluriel le nom que vous entendrez et en utilisant les mots-clés ci-dessous. Faites tous les autres changements nécessaires.

MODÈLE: *Vous lisez:* Oui...

         Vous entendez: Votre chat est-il dans le jardin?

         Vous répondez: **Oui, mes chats sont dans le jardin.**

1. Oui,...

2. Non,...

3. Non,...

4. Non,...

5. Oui,...

6. Oui,...

Leçon 3

Conversation   CD1–9

A. C'est bien de pouvoir aider les autres. Écoutez la Conversation (manuel, **chapitre 1**, leçon 3), en prêtant attention aux expressions pour demander ou offrir un service.

Maintenant, écoutez et répétez les phrases suivantes. Imitez l'intonation de la phrase et les expressions qu'on utilise pour demander ou offrir un service.

1. Si ça ne vous dérangeait pas, est-ce que vous pourriez ouvrir la fenêtre?

2. Est-ce que tu veux que je t'aide?

3. Attends, je vais t'aider.

4. Tu pourrais me donner un coup de main?

5. Merci, je me sens déjà mieux.

B. La bonne réponse. Écoutez les mini-dialogues, et indiquez si l'offre d'aide a été acceptée (+) ou refusée (–).

1. + –

2. + –

3. + –

4. + –

La grammaire à apprendre

Le conditionnel   CD1–10

C. Et les bonnes manières? Caroline a souvent recours aux *(has recourse to)* membres de sa famille quand elle a besoin de quelque chose. Mais elle a tendance à se montrer impolie. À l'aide du conditionnel, aidez Caroline à corriger ses manières en modifiant les phrases qu'elle prononce.

MODÈLE: *Vous entendez:* Tu as un peu d'argent à me prêter?

         Vous dites: **Tu aurais un peu d'argent à me prêter?**

(Items 1–6)

D. Dans le Paris–Grandville. Vous voyagez dans un train bondé *(crowded)* et vous percevez des bribes *(bits)* de conversation entre certains passagers. Écoutez les réponses et reconstituez les questions à l'aide des éléments donnés. Utilisez l'inversion et n'oubliez pas d'employer le conditionnel.

MODÈLE: *Vous entendez:* Oui, je peux vous aider à descendre votre valise.
          Vous demandez: **Pourriez-vous m'aider à descendre ma valise?**

(Items 1–6)

Dictée   CD1–11

E. Extrait d'un journal intime. En rangeant les affaires de sa fille, partie à l'université depuis un mois, Madame Duprès trouve le journal que sa fille écrivait quand elle avait douze ans. Elle va vous en lire un passage que vous écrirez soigneusement. D'abord, elle lira le passage en entier. Ensuite, elle lira chaque phrase deux fois. Enfin, elle relira tout le passage pour que vous puissiez vérifier votre travail. Écoutez.

_____

_____

_____

_____

_____

_____

_____

_____

_____

_____

_____

_____

_____

_____

_____

Compréhension

Le TGV CD1–12

Les conversations du premier chapitre ont lieu dans le train. Vous allez entendre des annonces faites au haut-parleur. Écoutez le CD et imaginez que vous êtes aussi dans le train.

F. Mon billet! Quel billet avez-vous?

1.
> Paris – Nice
> TGV 645
> 12h10

2.
> Paris – Genève
> TGV 947
> 13h07

3.
> Paris – Nice
> TGV 845
> 12h10

Carte de la desserte TGV

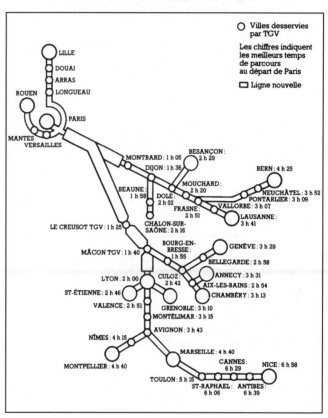

G. Ah, les vacances! Vous voulez arriver à votre destination sans problème. Dites oui ou non aux phrases suivantes d'après le CD.

Oui ou non?

_____ **1.** Le TGV passe au moins dix minutes dans la gare de Lyon.

_____ **2.** Vous allez prendre une correspondance pour aller à Nice.

_____ **3.** Le train s'arrête à Cannes.

_____ **4.** Il faut avoir une réservation pour le TGV.

_____ **5.** Les portières se ferment automatiquement.

Les jeux Olympiques de Sydney   CD1–13

Vous entendez un reportage à la radio sur la cérémonie d'ouverture des jeux Olympiques de Sydney.
Écoutez attentivement ce reportage historique.

H. La cérémonie d'ouverture des Jeux. Répondez aux questions suivantes d'après les informations
données dans le reportage.

1. Où et quand est-ce que la flamme olympique a été allumée?

   _____

2. Quel a été le rôle de Cathy Freeman?

   _____

3. Qui a fait un discours durant la cérémonie?

   _____

4. Combien de temps a duré le voyage de la flamme olympique en Australie?

   _____

5. En quoi a consisté le spectacle d'ouverture des Jeux de Sydney?

   _____

I. Des chiffres. Selon le reportage, choisissez les chiffres corrects.

_____ 1. Les jeux Olympiques de Sydney sont les:

      a. 27e jeux Olympiques   **b.** 17e jeux Olympiques   **c.** 16e jeux Olympiques

_____ 2. Le nombre de spectateurs à Sydney était de:

      a. 10 000   **b.** 1 100 000   **c.** 110 000

_____ 3. Le nombre de téléspectateurs était de:

      a. 3,5 milliards   **b.** 3,5 millions   **c.** 110 000

_____ 4. La flamme olympique a parcouru:

      a. 12 500 kilomètres   **b.** 10 200 kilomètres   **c.** 27 000 kilomètres

_____ 5. Le nombre d'athlètes aux jeux Olympiques de Sydney était de:

      a. 12 500   **b.** 10 200   **c.** 16 000

_____ 6. Le nombre de disciplines olympiques représentées à Sydney était de:

      a. 28   **b.** 22   **c.** 18

Sujets de conversation CD1–14

Regardez la carte et les symboles ci-dessous. Comme vous le savez, la France est divisée en régions. Le météorologiste va mentionner ces régions. Ensuite, écoutez le CD.

MOTS UTILES: orage *(m) storm* nuageux *cloudy*
orageux *stormy* les averses *(f pl) showers*

J. Quel temps fait-il? Selon le bulletin météorologique, indiquez quel temps il fait dans les régions suivantes. Après avoir complété cet exercice, ajoutez les symboles correspondants sur la carte des régions à la page précédente.

1. Dans l'est, sur l'Alsace, la Lorraine, la Franche-Comté et la région Rhône-Alpes: _____

    _____

2. Sur les massifs montagneux du Jura et des Alpes: _____

    _____

3. Dans le sud-ouest, sur l'Aquitaine, le Limousin, le Languedoc: _____

    _____

4. Dans le sud, sur les régions méditerranéennes: _____

    _____

5. Dans l'ouest, sur la Bretagne, la Normandie et les Pays de la Loire: _____

    _____

6. Sur la Champagne et le Centre: _____

    _____

K. Quelle température fait-il? Indiquez quelles sont les températures dans les villes suivantes. Après avoir complété cet exercice, ajoutez les températures sur la carte (page 27).

1. À Dijon: _____   4. À Tours: _____
2. À Annecy: _____   5. À Bordeaux: _____
3. À Nantes: _____   6. À Nîmes: _____

L. Activités. Selon le temps qu'il fait, dans quelle région est-ce que vous allez…

1. si vous aimez le vent? _____

2. si vous adorez la chaleur? _____

3. pour voir le soleil? _____

4. si vous êtes sûr(e) d'apporter votre parapluie? _____

EXERCICES ÉCRITS

Je t'invite...

La grammaire à réviser

Avant la première leçon

Quelques verbes irréguliers: le présent

A. Test culturel. Donnez la forme correcte du verbe entre parenthèses. Ensuite, devinez si la phrase est vraie (**V**) ou fausse (**F**).

MODÈLE: _____ En France, on (manger) _____ généralement beaucoup au petit déjeuner.

F En France, on *mange* généralement beaucoup au petit déjeuner.

_____ 1. À table en France, on (tenir) _____ toujours la fourchette dans la main droite.

_____ 2. À table aux États-Unis, nous (mettre) _____ la main gauche sur les genoux,

sous la table. Les Français (trouver) _____ que c'est très bizarre.

_____ 3. À un dîner de cérémonie en France, on (pouvoir) _____ manger une pêche

avec les doigts.

_____ 4. En France, quand des invités (venir) _____ dîner, nous leur

(servir) _____ des jus de fruits à la fin de la soirée, après quoi ils

(partir) _____.

_____ 5. En France, quand votre hôtesse (servir) _____ quelque chose à boire,

pour refuser, vous (dire) _____ «merci». Aux États-Unis, il (falloir)

_____ dire «non, merci».

_____ 6. Les enfants français (faire) _____ beaucoup de bruit à table. Leurs parents

(permettre) _____ ça.

_____ 7. En France, on (prendre) _____ la salade après le plat principal, et le café

après le dessert.

_____ 8. À l'heure de l'apéritif en France, on (devoir) _____ boire de l'alcool.

Avant la deuxième leçon

Les articles définis

B. Préférences. Quelles sont vos préférences? D'abord, ajoutez les articles définis appropriés (attention aux formes contractées de l'article défini — **du, des, au, aux**). Après, répondez aux questions et donnez une raison ou un exemple pour vos préférences.

MODÈLE: Question: Est-ce que tu aimes jouer (à) *au* basket ou (à) *au* volley?

Réponse: *J'aime jouer au basket avec mes amis le soir ou le week-end quand je n'ai pas envie d'étudier.*

1. Question: Est-ce que tu préfères _____ jogging ou _____ natation?

Réponse: _____

_____

2. Question: Est-ce que tu fais (de) _____ aérobic?

Réponse: _____

_____

3. Question: Est-ce que tu aimes _____ vieux films (de) _____ années 50? Est-ce que tu en

   regardes quelquefois (à) _____ télévision ou en vidéo?

   Réponse: _____

   _____

4. Question: Est-ce que tu as _____ temps de sortir souvent (à) _____ cinéma _____
   week-end?

   Réponse: _____

   _____

5. Question: Quand tu sors (à) _____ restaurant, est-ce que tu préfères _____ cuisine
   chinoise ou italienne?

   Réponse: _____

   _____

Les articles indéfinis

C. Le panier de la ménagère. Mme Mareau fait ses courses à l'épicerie de son quartier. Voici ce qu'il y a dans son panier *(basket)*. Complétez le paragraphe suivant en ajoutant des articles indéfinis (**un, une, des**). Puis, entourez l'adjectif qui vous aide à déterminer le genre et/ou le nombre de chaque substantif.

MODÈLE: *un* (beau) morceau de pâté

Dans le panier de Mme Mareau, il y a _____ (**1**) bonne bouteille de vin rouge, _____ (**2**) œufs

bien frais, _____ (**3**) petit paquet de spaghettis, _____ (**4**) pommes vertes et _____ (**5**) gros

concombre. À la boulangerie, elle va acheter _____ (**6**) baguette pas trop cuite et _____ (**7**)

pain complet.

Les articles partitifs

D. Qu'est-ce que vous avez pris aujourd'hui? D'abord, écrivez le partitif (**du, de la, de l', des**) approprié. Puis, écrivez des phrases pour dire ce que vous avez pris aujourd'hui et quand vous l'avez pris.

_du_ jus d'orange	_____ jambon	_____ pizza	_____ fromage	_____ lait
_____ Coca	_____ eau	_____ viande	_____ pain	_____ poulet
_____ œufs	_____ yaourt	_____ glace	_____ petits pois	_____ frites
_____ céréales	_____ café	_____ chips	_____ thé	_____ sucre

MODÈLE: *Ce matin j'ai pris du café et des céréales avec du lait.*

1. _____

2. _____

3. _____

Les expressions de quantité

E. Un mél (email). Vous venez d'écrire un mél à une amie française. En relisant votre mél, vous trouvez qu'il n'est pas assez précis. Récrivez le mél en ajoutant les expressions de quantité suivantes: **assez de, autant de, beaucoup de, tant de, trop de, un morceau de, un peu de**. Utilisez chaque expression une seule fois et faites les changements nécessaires.

Ecrire un message

↱ ⬛ <u>Envoyer</u> ⬛ <u>Enregistrer</u> ⬛ <u>Joindre un fichier</u>   ✖ <u>Annuler</u>

A: [   ]   Accès au Répertoire
Copie: [   ]   ☑ Conserver une copie

Objet: [   ]   **Priorité:** [normale ⬍]

Chère Monique,

Après une semaine de cours, j'ai déjà _____ **(1)** devoirs et pas

_____ **(2)** temps! Sur le campus, il y a _____ **(3)**

activités sociales et sportives qui me plaisent. J'aime bien mon cours de civilisation française.

Hier, nous avons goûté _____ **(4)** fromage français en classe. C'était

délicieux. Le prof nous apprend _____ **(5)** choses intéressantes sur l'art

culinaire français! Et toi? Est-ce que tu lis toujours _____ **(6)** livres sur les

États-Unis dans ton cours d'anglais? Écris-moi quand tu auras _____ **(7)**

temps! Tu me manques.

Grosses bises!

Avant la troisième leçon

Les mots interrogatifs

F. Des détails de dernière minute. Les Rogui attendent leurs invités. Mme Rogui est un peu nerveuse et pose diverses questions à son mari. Ajoutez le mot interrogatif approprié pour compléter ses questions. Choisissez dans la liste suivante: **à quelle heure, combien, où, comment, pourquoi, quand, qui, qu(e)**.

1. _____ de bouteilles de vin blanc est-ce qu'il y a dans le réfrigérateur? Nous en avons assez?

2. _____ est-ce que tu trouves ma sauce Mornay? Elle n'est pas trop salée?

3. Chéri, je ne trouve pas le tire-bouchon *(corkscrew)*. _____ est-il?

4. Mais, _____ est-ce que tu mets des cendriers *(ashtrays)* dans la salle de séjour? Nos invités ne fument pas!

5. _____ est-ce que tu voudrais servir des jus de fruits? Vers minuit?

Leçon 1

Cap sur le vocabulaire!

A. Des invitations. Dans la vie, il faut savoir inviter, accepter et refuser. D'abord, lisez l'invitation ou la réponse donnée et indiquez s'il s'agit de rapports formels ou informels. Puis, complétez les petits dialogues suivants avec une expression appropriée de la page 53 de votre manuel de classe.

MODÈLE: L'invitation: J'aimerais vous inviter à déjeuner avec moi vendredi.
[Rapports formels ou informels?] *formels*
Votre réponse: ***C'est gentil de votre part mais j'ai déjà quelque chose de prévu vendredi.***

1. L'invitation: Pourriez-vous dîner avec ma femme et moi vendredi prochain? [Rapports formels ou informels?]

   Votre réponse: _____

2. Votre invitation: _____

   La réponse: Oh, c'est très sympa, mais je ne peux pas. Une autre fois, peut-être? [Rapports formels ou informels?]

3. L'invitation: Ça t'intéresse d'aller danser le swing ce soir? [Rapports formels ou informels?]

   Votre réponse: _____

4. Votre invitation: _____

   La réponse: Très volontiers. Ça me ferait grand plaisir. [Rapports formels ou informels?]

B. Vous et vos sorties. Complétez les phrases suivantes pour parler de vous et de vos sorties.

1. Pour me détendre le week-end, j'aime _____.

2. Si je n'ai rien de prévu le week-end, je _____.

3. Samedi en quinze, je pense aller _____.

4. En ce moment, j'ai envie de _____.

5. J'aime que mes parents m'emmènent _____

   parce que _____.

6. J'aime bien prendre un pot avec _____

   parce que _____.

7. Je passe un coup de fil à un(e) ami(e) si _____.

8. Je vérifie mon agenda avant de _____.

9. Si quelqu'un me propose de sortir, mais je suis pris(e), je lui dis: «_____

   _____.»

10. Si quelqu'un me demande de faire quelque chose tout de suite, je dis: «_____

    _____.»

11. La dernière fois que j'ai posé un lapin à quelqu'un, _____

    _____.

La grammaire à apprendre

Les verbes irréguliers: *boire, recevoir, offrir* et *plaire*

C. Ça vous plaît? Répondez aux questions en employant le verbe **plaire** ou **déplaire** au présent.

MODÈLE: Aimez-vous la cuisine anglaise? Quel (autre) genre de cuisine aimez-vous?

La cuisine anglaise me déplaît. La cuisine italienne me plaît beaucoup.

1. Est-ce que vous aimez les livres de science-fiction? Quels (autres) genres de livres est-ce que vous aimez?

   _____

   _____

   _____

2. Est-ce que vos grands-parents aiment la musique de Beyoncé? Quels (autres) genres de musique aiment-ils?

_____

_____

_____

3. Vous et vos amis, aimez-vous les films violents? Quels (autres) genres de films aimez-vous?

_____

_____

_____

4. Est-ce que votre professeur de français aime son travail?

_____

_____

_____

D. Les Français reçoivent. Un Français décrit à un Américain les boissons servies quand on reçoit des invités. Complétez le paragraphe en utilisant la forme correcte d'un des verbes suivants au présent: **boire, offrir, ouvrir, plaire, recevoir.** Quelquefois, plus d'une réponse est possible.

De temps en temps, ma femme _____ **(1)** des collègues, mais nous

_____ **(2)** surtout la famille et les amis intimes à dîner chez nous. Avant le

repas, nous _____ **(3)** un apéritif. Les boissons apéritives comme le pastis

(anise-based drink), le whisky ou le porto _____ **(4)** à tout le monde en général,

mais si on ne _____ **(5)** pas d'alcool, il y a toujours des jus de fruits. À table,

nous _____ **(6)** du vin. Les enfants _____ **(7)** de l'eau. On

_____ **(8)** parfois une bouteille de champagne pour accompagner le dessert.

Après le repas, on _____ **(9)** du café et un digestif *(after-dinner drink).*

Vocabulary: Drinks; people
Grammar: Present tense; definite article; indefinite
    article; partitive article

SYSTÈME-D

E. Et aux États-Unis? Qui est-ce qu'on reçoit? Qu'est-ce qu'on leur offre? Qu'est-ce qu'on boit aux différents moments de la soirée? Écrivez un petit paragraphe comme celui de l'exercice D pour expliquer à un Français les coutumes des Américains. (Vous pouvez parler de votre famille, de vous et de vos amis ou des Américains en général.) Utilisez une autre feuille de papier.

Leçon 2

Cap sur le vocabulaire!

MENU

L'Atrium vous propose...

Buffet froid

Assiette de charcuterie	6,90 €
Assiette-jambon de Paris	5,70 €
Œuf dur mayonnaise	3,20 €

SALADES COMPOSÉES

Salade de saison	3,20 €
Thon et pommes de terre à l'huile	4,70 €
Salade niçoise (thon, anchois, œuf, pommes de terre, tomate, poivron vert)	7,70 €
Artichauts vinaigrette	4,00 €

ŒUFS

Omelette nature	4,70 €
Omelette jambon	5,15 €

Buffet chaud

VIANDES

Côtelettes de porc	6,20 €
Côtes d'agneau aux herbes	10,75 €
Brochette de poulet	9,20 €
Steak frites	6,90 €
Lapin	6,90 €
Veau à la crème	8,50 €

LÉGUMES

Asperges	2,40 €
Choucroute	6,60 €
Épinards	1,95 €
Petits pois	1,95 €
Haricots verts	2,70 €

PÂTES	3,25 €

FROMAGES

Chèvre	2,90 €
Fromage blanc	3,10 €
Gruyère-Camembert	2,90 €
Yaourt	2,30 €
Roquefort	3,10 €

Gourmandises

DESSERTS

Tarte aux pommes	3,90 €
Crème caramel	3,10 €
Coupe de fruits au Cointreau	3,10 €

GLACES – SORBETS

Poire Belle Hélène (poire, glace vanille, sauce chocolat, chantilly, amandes grillées)	4,75 €
Banana Split (glace vanille, fraise, chocolat, banane, chantilly)	5,20 €

BOISSONS FRAÎCHES

1/4 Perrier	2,75 €
1/4 Vittel	2,75 €
Fruits frais pressés	3,10 €
Lait froid	1,90 €
Orangina	2,75 €

VINS (au verre)

Côtes-du-Rhône	2,40 €
Beaujolais	3,10 €
Sauvignon	2,40 €
Bordeaux blanc	2,40 €

BIÈRES

Pression	1,55 €
Heineken	2,52 €
Kronenbourg	2,40 €

Service 15% compris. Nous acceptons la «Carte Bleue». La direction n'est pas responsable des objets oubliés dans l'établissement.

A. L'interprète commande. *(The interpreter orders.)* Vos amis ont faim, mais ils ne comprennent pas le menu français. Consultez le menu à la page précédente, et suggérez des plats ou des boissons qui conviennent à chaque personne. Notez qu'en France, les restaurants découragent toute modification du menu. Il faut commander ce qui est proposé.

1. John: I want something cold to eat, but I don't want meat or fish.

   _____

2. Karen: I'd like some main dish I'd not be likely to find in the U.S.

   _____

3. Tom: Is there anything cold that has fish in it?

   _____

4. Sarah: I'd like a dessert that has whipped cream, but no nuts.

   _____

5. Terry: I'd like some cheese, but I'm allergic to cow's milk.

   _____

6. Jo: I want some vegetables, but I only like beans and carrots.

   _____

La grammaire à apprendre

Les articles: choisir l'article approprié

B. À table. Suzanne et Marie sont à table avec leurs parents. Complétez leur conversation en ajoutant l'article approprié (**un, une, des, du, de la, de l', de, d', le, la, l', les**) dans les blancs.

SUZANNE: Maman, je peux reprendre _____ (1) salade, s'il te plaît?

MAMAN: Bien sûr. Marie, veux-tu passer _____ (2) salade à ta sœur, s'il te plaît? Encore un peu

_____ (3) fromage aussi, Suzanne?

SUZANNE: Merci, Maman. Tu sais que je n'aime pas vraiment _____ (4) fromage mais que j'adore

_____ (5) salade!

PAPA: Mais attention — ne mange pas trop _____ (6) salade quand même!

SUZANNE: D'accord, d'accord.

MARIE: Je peux prendre _____ (7) fruit? _____ (8) poire peut-être?

MAMAN: Oui. Regarde — _____ (9) poires sont à côté (de) _____ (10) frigo. Tu les vois? Il y a

_____ (11) pommes aussi. Et toi, Suzanne? Qu'est-ce que tu voudrais?

SUZANNE: Moi, je préférerais prendre _____ (12) gâteau au chocolat en dessert! Il y en a?

MAMAN: Non, il n'y a pas _____ (13) gâteau ce soir. Désolée.

C. France – U.S.A.: Les habitudes culinaires. Complétez les phrases sur les habitudes culinaires des Français en ajoutant l'article approprié dans les blancs. Puis, écrivez une phrase analogue sur les habitudes culinaires américaines.

MODÈLE: *La crème caramel est **un** dessert typiquement français.*

La tarte aux pommes est un dessert typiquement américain.

1. _____ vin et _____ eau minérale sont _____ boissons les plus

   populaires en France. Aux États-Unis, _____

   _____.

2. Pour _____ petit déjeuner, _____ Français typique prend _____ bol *(m)* _____ café au lait

   et _____ tartines (_____ pain avec _____ beurre et _____ confiture).

   L'Américain typique _____

   _____.

3. Comme produits laitiers *(dairy products),* _____ Français consomment _____ yaourts et

   _____ fromage. Ils ne boivent pas beaucoup _____ lait.

   Les Américains _____

   _____.

4. À Noël, on mange _____ huîtres *(oysters)* et _____ dinde aux marrons *(chestnuts).* On ne boit

   pas _____ «eggnog».

   En Amérique, _____

   _____.

5. À quatre heures, _____ enfant français prend _____ morceau de pain et quelques carrés

   (squares) _____ chocolat au lait.

   Les enfants américains préfèrent _____

   _____.

D. Une recette. Voici une recette française. D'abord, faites une liste des ingrédients qu'il vous faut pour préparer ce plat. Utilisez des articles partitifs (**de la, du, de l'**) ou l'article indéfini pluriel (**des**). Puis, répondez aux questions qui suivent.

Tomates au thon
(4 personnes)

Les ingrédients:

4 grosses tomates
100 g de thon à l'huile
3 jaunes d'œufs cuits durs
2 gousses d'ail pressées
    (2 cloves of garlic, crushed)
12–16 olives

3 cuillerées à soupe de mayonnaise
quelques brins de fines herbes
une pincée de sel
une pincée de poivre
1 petite laitue
4 anchois *(anchovies)* hachés

La préparation:

Coupez la partie où se trouve la queue des tomates et videz chaque tomate avec une petite cuillère. Mélangez bien le thon, les jaunes d'œufs, les olives, les anchois, l'ail, la mayonnaise, les herbes, le sel et le poivre. Garnissez l'intérieur des tomates avec ce mélange. Servez les tomates sur un lit de feuilles de laitue.

MODÈLE: Pour faire une sauce vinaigrette, il me faut *du vinaigre, de l'huile, de la moutarde, du sel et du poivre.*

1. Pour faire des tomates au thon, il me faut...

_____

_____

_____

MODÈLE: *J'aime bien les tomates mais je n'aime pas l'ail.*

2. Est-ce que vous aimez tous ces ingredients?

_____

_____

_____

MODÈLE: *Je n'y mettrais pas d'ail. J'y substituerais de l'oignon parce que j'aime mieux ça.*

3. Qu'est-ce que vous ne mettriez pas dans cette recette? Qu'est-ce que vous y substitueriez?

_____

_____

_____

E. Votre propre recette. Écrivez une recette pour une fête réussie, une amitié, une vie heureuse, etc. Suivez le modèle de la recette pour les tomates au thon donnée dans l'exercice D. Choisissez les articles définis, indéfinis et partitifs appropriés.

MODÈLE: *une recette pour une belle dispute*

> **Les ingrédients:**
> *2 enfants énergiques*
> *beaucoup de bonbons*
> *une journée de pluie*
> *un nouveau jouet*

> **La préparation:**
> *Donnez beaucoup de bonbons aux enfants. Ne les laissez pas faire de sieste. Mettez-les dans une petite pièce. Ajoutez le jouet neuf. Ne les surveillez pas. Laissez mijoter (simmer) pendant 10 minutes. Quand la dispute commence, séparez les enfants.*

À vous:

Les ingrédients:

_____   _____

_____   _____

_____   _____

_____

La préparation:

_____

_____

_____

_____

Leçon 3

Cap sur le vocabulaire!

A. Non... Oui... Si! Répondez aux questions suivantes en utilisant **Oui, Si** ou **Non.**

MODÈLE: Vous étudiez le français? *Oui.*

Vous recevez toujours de bonnes notes? *Non.*

Alors, vous n'aimez pas le français? *Si!*

1. Vous fumez? _____

2. Vous n'êtes pas américain(e)? _____

3. Vous parlez français? _____

4. Vous n'aimez pas votre professeur de français? _____

5. Vous êtes étudiant(e)? _____

6. Vous trouvez le français facile? _____

7. Vous n'aimez pas le gâteau au chocolat? _____

Phrases: Greetings; introducing
Grammar: Present tense

SYSTÈME-D

B. Mini-portrait. Écrivez une description stéréotypé(e) d'un(e) bon(ne) étudiant(e) ou d'un(e) mauvais(e) étudiant(e). Utilisez au moins huit des expressions suivantes: **assister aux cours, conférence, échouer (rater), lecture, manquer un/des cours, note, rattraper, redoubler, réussir, sécher, tricher.** Utilisez une autre feuille de papier.

La grammaire à apprendre

Les pronoms interrogatifs

C. Questions et réponses. Comment pouvez-vous répondre à ces questions? Choisissez la réponse qui correspond à la question.

_____ 1. Qu'est-ce que vous avez vu au cinéma?
      a. Nous avons vu le nouveau film de Luc Besson.
      b. Nous avons vu Marie-Claire.
      c. Marie-Claire nous a vus.
      d. Marie-Claire a vu le nouveau film de Luc Besson.

_____ 2. Qui est-ce que vous avez vu au cinéma?
      a. Nous avons vu le nouveau film de Luc Besson.
      b. Nous avons vu Marie-Claire.
      c. Marie-Claire nous a vus.
      d. Marie-Claire a vu le nouveau film de Luc Besson.

_____ 3. Qu'avez-vous vu au cinéma?
      a. Nous avons vu le nouveau film de Luc Besson.
      b. Nous avons vu Marie-Claire.
      c. Marie-Claire nous a vus.
      d. Marie-Claire a vu le nouveau film de Luc Besson.

_____ 4. Qu'est-ce qui est difficile à suivre?
      a. Mon professeur de biologie est difficile à suivre.
      b. Mon cours de biologie est difficile à suivre.

_____ 5. Qui est difficile à suivre?
      a. Mon professeur de biologie est difficile à suivre.
      b. Mon cours de biologie est difficile à suivre.

_____ 6. Qui n'avez-vous pas compris?
      a. Le professeur ne nous a pas compris.
      b. Le professeur n'a pas compris la leçon.
      c. Nous n'avons pas compris la leçon.
      d. Nous n'avons pas compris le professeur.

_____ 7. Qu'est-ce que vous n'avez pas compris?
    a. Le professeur ne nous a pas compris.
    b. Le professeur n'a pas compris la leçon.
    c. Nous n'avons pas compris la leçon.
    d. Nous n'avons pas compris le professeur.

_____ 8. Sur quoi allez-vous écrire votre mémoire?
    a. Je vais écrire mon mémoire sur Charles de Gaulle.
    b. Je vais écrire mon mémoire sur la Seconde Guerre mondiale.

_____ 9. Sur qui allez-vous écrire votre mémoire?
    a. Je vais écrire mon mémoire sur Charles de Gaulle.
    b. Je vais écrire mon mémoire sur la Seconde Guerre mondiale.

D. Une sortie au cinéma. Votre amie française va au cinéma ce soir. Posez-lui les questions correspondant aux groupes de mots en italique.

1. _____

Ce soir, *je vais au cinéma pour voir* «Le fabuleux destin d'Amélie Poulain».

2. _____

J'y vais *avec Gérard*.

3. _____

Le film commence *à 21h30*.

4. _____

Les billets *coûtent 7 €*.

5. _____

Jean-Pierre Jeunet est le metteur en scène.

6. _____

Il a choisi Audrey Tautou pour le rôle d'Amélie *parce que c'est une actrice très douée*.

7. _____

Elle est *belle et charmante*.

8. _____

Après le film, nous irons *au café*.

9. _____

Nous allons parler *du film*, sans doute.

E. Mini-test culturel. Testez vos connaissances de la culture française en répondant aux questions suivantes. Dans chaque paragraphe, complétez la première question avec **quel(s)** ou **quelle(s)**, puis choisissez la (les) réponse(s) correcte(s). Complétez la deuxième question avec **lequel, laquelle, lesquels** ou **lesquelles** et donnez vos réponses personnelles.

MODÈLE: __*b*__ 5. Dans *quelle* ville ont eu lieu les jeux Olympiques d'hiver de 1992?

       a. Dallas, USA   **b.** Albertville, France   **c.** Sydney, Australia

       Laquelle de ces villes est-ce que tu aimerais visiter? *Sydney*

_____ 1. Dans _____ endroits est-ce qu'on parle français?

    a. la Finlande   **b.** Monaco   **c.** le Québec

    _____ est-ce que tu aimerais visiter? _____.

_____ 2. _____ est le nom du stylo français le plus vendu aux États-Unis?

    a. le Flair   **b.** l'Uni-Ball   **c.** le Bic

    _____ de ces stylos est-ce que tu achètes le plus souvent? _____

_____ 3. Parmi ces marques *(f)* de yaourts, _____ sont celles d'origine française?

    a. le Danone   **b.** le Yoplait   **c.** le Light and Lively

    _____ de ces marques est-ce que tu préfères? _____

_____ 4. _____ marque de chemise a pour emblème un crocodile?

    a. Ralph Lauren   **b.** Liz Claiborne   **c.** Lacoste

    _____ est d'origine française? _____

_____ 5. _____ sont les voitures de marque française?

    a. la Peugeot-Citroën   **b.** la Renault   **c.** la Saab

    _____ de ces voitures est-ce que tu préfères? _____

_____ 6. _____ metteurs en scène sont de nationalité française?

    a. François Truffaut   **b.** Claude Chabrol   **c.** Claude Berri

    _____ de ces metteurs en scène est-ce que tu connais? _____

F. Cours de littérature. Une étudiante parle de ses cours de littérature. Complétez les questions de sa camarade avec une de ces formes: **duquel, de laquelle, desquels, desquelles, auquel, à laquelle, auxquels, auxquelles.**

1. Je m'intéresse beaucoup aux auteurs contemporains.

   Ah oui? _____ est-ce que tu t'intéresses en particulier?

2. Hier, le professeur a parlé des femmes écrivains francophones.

   Ah oui? _____ est-ce qu'il a parlé?

3. Nous avons discuté d'un roman de Marguerite Duras.

   Ah oui? _____ avez-vous discuté?

4. Le semestre prochain, je vais assister à un cours de littérature comparée.

   Ah oui? _____ est-ce que tu vas assister?

G. What? Trouver la bonne traduction française pour le mot anglais *what* ou *what is* n'est pas toujours facile! Complétez les phrases suivantes en ajoutant le mot ou l'expression interrogative convenable (**quel[le][s], qu'est-ce que, qu'est-ce que c'est que, que, qu'est-ce qui, quoi**).

1. À _____ conférence est-ce que tu as assisté hier?

2. _____ était le nom du conférencier?

3. De _____ a-t-il parlé?

4. _____ «la déconstruction»?

5. _____ tu as pensé de la conférence?

6. _____ était si difficile à comprendre?

7. _____ as-tu de prévu maintenant? On va prendre un pot?

H. Vos études. Quelle est votre attitude envers vos études et votre avenir? Êtes-vous très ambitieux(-euse) et travailleur(-euse) comme les étudiants en prépa décrits par Polly Platt dans l'extrait sur les grandes écoles? Ou êtes-vous plutôt comme les garçons de l'extrait du *Petit Prince de Belleville* qui font les clowns en classe et qui n'écoutent pas la maîtresse? Ou peut-être que votre attitude est entre ces deux extrêmes? Décrivez comment vous êtes et essayez d'expliquer votre attitude envers vos études et le rapport entre vos études et vos projets d'avenir.

EXERCICES DE LABORATOIRE

Phonétique

L'intonation (suite)   CD2–2

L'intonation d'une question est en général montante si on peut y répondre par **oui** ou par **non**. Écoutez et répétez.

Est-ce que vous avez un chien?

Êtes-vous américain?

L'intonation est descendante si la question requiert un autre type de réponse et si elle contient un mot interrogatif (par exemple, **pourquoi, où, lequel**). Écoutez et répétez.

Pourquoi est-ce que tu es arrivé en retard?

Qui est le président des États-Unis?

A. Écoutez les questions suivantes avec attention et répétez-les en prêtant l'oreille à l'intonation. Est-elle montante ou descendante?

1. Est-ce que tu as faim?

2. Quels vêtements est-ce que tu vas porter?

3. À quelle heure est-ce que tu vas être prêt?

4. Est-ce que «Le Coq d'Or» te plairait pour ce soir?

5. Tu veux aller au restaurant avec nous?

6. Combien d'argent est-ce que tu peux dépenser?

B. Vous avez sûrement remarqué la différence entre l'intonation montante et l'intonation descendante. Maintenant vous allez entendre les réponses aux questions posées dans l'exercice A. Trouvez la question qui correspond à chaque réponse et lisez cette question à haute voix en respectant l'intonation.

1. Je peux dépenser 40 euros.

2. Oui, j'ai très faim.

3. Je vais porter mes vêtements neufs.

4. Oui, je veux bien aller au restaurant avec vous.

5. Non, «La Chaumière Normande» me plairait mieux.

6. Je vais être prêt à huit heures.

Le [ə] muet   CD2–3

En général, la lettre **e** sans accent se prononce [ə] comme dans les mots suivants:

je   te   retenir   regarder

Faites attention à bien distinguer le son [ə] du son [y]. (Le son [y] est présenté dans le **chapitre 4**.) Écoutez les exemples suivants:

menu   revue   dessus

C. Écoutez et répétez les groupes de mots suivants:

le, lu   de, du   te, tu   se, su
devant, durant   repas, ruban   râtelier, rassurer

Cependant, le [ə] muet n'est pas toujours prononcé. Il faut étudier l'entourage phonétique pour savoir s'il est prononcé ou non. Par exemple, le [ə] muet n'est pas prononcé à la fin d'un mot.

D. Écoutez et répétez les mots suivants:

voyag¢   américain¢   dimanch¢   offert¢
j'aim¢   grand¢   assuranc¢   garag¢
pass¢   affair¢   gripp¢   pomm¢

Généralement, le [ə] muet n'est pas prononcé quand il est précédé et suivi par un son consonantique.

E. Écoutez et répétez les expressions suivantes:

all¢mand   un kilo d¢ tomates
charcut¢rie   chez l¢ dentiste
rar¢ment   elle n'a pas l¢ courage
am¢ner   tout l¢ quartier

Le [ə] muet se prononce quand il est la première syllabe d'un mot ou d'une expression.

F. Écoutez et répétez:

le ski   ce papier   regarder   demain

On prononce aussi le [ə] muet quand il est précédé par deux consonnes et suivi d'une troisième. Le prononcer permet d'éviter d'avoir à prononcer trois consonnes à la fois.

G. Écoutez et répétez les expressions suivantes:

mercredi   appartement   probablement   quelque chose   il se lève

H. Répétez maintenant les phrases suivantes et marquez les [ə] muets.

1. J'aime rarement faire de petits voyages le dimanche; je préfère le mercredi.
2. Tout le quartier mange probablement des pommes américaines.
3. Malheureusement, elle n'a pas le courage de quitter l'appartement et d'aller chez le dentiste.
4. Ma fille aînée utilise son assurance-auto seulement pour quelque chose de grave.

Leçon 1

Conversation   CD2–4

Comme vous le savez, il y a en français des expressions particulières pour inviter, ainsi que pour accepter ou refuser. Écoutez la Conversation (manuel, **chapitre 2**, leçon 1), en prêtant attention à ces expressions. Remarquez aussi quels mots ou expressions on utilise en français pour hésiter.

A. Hésitations. Écoutez et répétez les phrases suivantes. Imitez l'intonation de la phrase et les expressions qu'on utilise pour hésiter.

1. Oui, euh... à peu près dix ans, hein?

2. Oui, ça va bien. Enfin, ça va, quoi!

3. Écoute, mercredi, en principe, euh, je n'ai rien de prévu.

4. Ah, ben, non, attends... non, j'ai mon cours d'aérobic.

5. Je pensais que tu pourrais venir, peut-être... pour le dîner.

6. Euh... jeudi?

B. La bonne réponse. Vous allez entendre quatre mini-conversations (a, b, c et d). Mettez la lettre de la conversation devant le scénario qui la décrit le mieux.

_____ 1. Un couple invite un ami à dîner au restaurant avec eux. Il hésite parce qu'il n'a pas beaucoup d'argent, et il finit par refuser.

_____ 2. Une amie invite une autre à passer la soirée avec elle. La deuxième amie ne peut pas, mais elle propose une sortie pendant le week-end.

_____ 3. Deux amies décident de regarder un film ensemble. Elles vont être fatiguées parce que le film commence à 11h du soir.

_____ 4. Une dame assez âgée invite une autre femme à prendre le thé avec elle et sa fille samedi. La deuxième femme accepte avec plaisir. Elle n'a pas vu la fille de cette dame depuis longtemps.

_____ 5. Un couple invite un ami à dîner au restaurant avec eux (ce sont eux qui vont payer). L'ami accepte avec plaisir.

_____ 6. Un homme invite son collègue (et sa femme) à dîner chez lui. Le collègue accepte. Leurs deux femmes vont se mettre d'accord sur les détails par téléphone.

_____ 7. Enfin invité à dîner chez son collègue, un homme doit refuser car sa femme et lui ont déjà des projets pour ce soir-là.

_____ 8. Une femme accepte de prendre le thé avec deux autres femmes mardi prochain.

La grammaire à apprendre

Les verbes irréguliers: *boire, recevoir, offrir* et *plaire*   CD2–5

C. Recevoir des amis. Un étudiant américain pose des questions à son nouveau camarade de chambre français. Jouez le rôle du jeune Français et répondez aux questions en utilisant les indications données. Faites attention aux changements de l'article indéfini ou partitif quand la réponse est négative.

MODÈLES: *Vous lisez:* Oui, je...

Vous entendez: Tu reçois souvent des amis?

Vous répondez: **Oui, je reçois souvent des amis.**

Vous lisez: Non, mes cousins...

Vous entendez: Est-ce que tes cousins reçoivent souvent des amis?

Vous répondez: **Non, mes cousins ne reçoivent pas souvent d'amis.**

1. Oui, ils...

2. Non, je...

3. Oui, les hamburgers...

4. Oui, en général...

5. Oui, nous...

6. Non, je ne... jamais

D. À vous de choisir. Regardez les images ci-dessous, écoutez les phrases qui les accompagnent et décidez si la phrase et l'image correspondent l'une à l'autre. Si oui, entourez OUI et répétez la phrase. Sinon, entourez NON et modifiez la phrase avec le verbe indiqué entre parenthèses.

MODÈLE: *Vous entendez:* Hélène reçoit des invités.

Vous entourez: OUI

Vous dites: **Oui, Hélène reçoit des invités.**

(OUI) NON   (recevoir)

1. OUI NON   (aller)   2. OUI NON   (boire)   3. OUI NON   (offrir)

4. OUI NON (servir) 5. OUI NON (déplaire)

Leçon 2

Conversation   CD2–6

A. J'accepte! Écoutez la Conversation (manuel, **chapitre 2**, leçon 2), en prêtant attention aux expressions pour offrir à boire ou à manger. Remarquez aussi comment on accepte ou refuse ces offres.

Maintenant, répétez les phrases suivantes. Faites attention à la prononciation et à l'intonation de la phrase.

1. Je te sers un apéritif?

2. Oui, volontiers.

3. Oui, je veux bien, merci.

4. Tu reprends des légumes peut-être?

5. Est-ce que je peux vous servir du fromage?

6. Oh, vous savez, je crois vraiment que je ne peux plus...

7. Laissez-vous tenter par ce petit chèvre.

8. Bon, d'accord. Alors, un tout petit peu! Par pure gourmandise, vraiment.

B. La bonne réponse. Écoutez les mini-conversations suivantes. Est-ce la première fois qu'on offre à boire ou à manger? Marquez OUI ou NON, selon le cas. Ensuite, indiquez si la personne a accepté l'offre (+) ou si elle l'a refusée (–).

1. OUI NON + –

2. OUI NON + –

3. OUI NON + –

4. OUI NON + –

5. OUI NON + –

La grammaire à apprendre

Choisir l'article approprié   CD2–7

C. C'est ma vie. Annette nous parle de sa vie et de son environnement. Jouez le rôle d'Annette et répondez aux questions que vous allez entendre. Choisissez l'article qui convient dans chaque phrase.

MODÈLE: *Vous lisez:* Non,...

             Vous entendez: Aimez-vous la salade?

             Vous répondez: **Non, je n'aime pas la salade.**

1. Non,	5. Non,	9. Non,
2. Oui,	6. Oui,	10. Oui,
3. Non,	7. Oui,	11. Non,
4. Oui,	8. Oui,	12. Oui,

D. Au revoir. À la fin d'une soirée entre amis, tous les invités échangent quelques paroles avec leur hôtesse. L'hôtesse leur pose de petites questions pour savoir comment ils ont passé la soirée. Répondez à ces questions en utilisant les mots-clés ci-dessous.

MODÈLE: *Vous lisez:* Oui / beaucoup

             Vous entendez: Jacques, tu as bu du vin français?

             Vous répondez: **Oui, j'ai bu beaucoup de vin français.**

1. Non / pas du tout	5. trois fois
2. Non / détester / fromage hollandais	6. parce que / préférer / bière allemande
3. Oui / un peu	7. Non / crudités
4. Non / malheureusement	8. Oui / bonne soirée

Leçon 3

Conversation   CD2–8

A. Des questions. Écoutez la Conversation (manuel, **chapitre 2**, leçon 3), en prêtant attention aux expressions pour poser des questions et répondre.

Maintenant, répétez les phrases suivantes. Faites attention à la prononciation et à l'intonation de la phrase.

1. Et M. Fournier, où est-il?
2. Ah, il est parti en voyage d'affaires à Boston.
3. Oui, d'ailleurs comment va-t-elle?
4. Elle va bien.
5. Et ton frère, Christian, qu'est-ce qu'il devient?
6. Christian, euh... eh bien, il est professeur d'histoire, comme il le voulait.

La grammaire à apprendre

Les pronoms, les adjectifs et les adverbes interrogatifs   CD2–9

B. Une soirée. Ce soir il va y avoir une soirée internationale organisée par les étudiants étrangers. Une amie vous donne tous les détails de la soirée, mais vous ne faites pas assez attention, et il faut lui poser des questions sur ce qu'elle vient de dire.

MODÈLE: *Vous entendez:* La soirée a lieu le vendredi 12 octobre.

          Vous demandez: **Quand est-ce que la soirée a lieu?**

(Items 1–8)

C. La curiosité. Vous êtes très curieux/curieuse de nature et vous posez toujours beaucoup de questions. Demandez des détails sur Marie, votre nouvelle camarade de classe, en utilisant une forme de **lequel** ou de **quel**.

MODÈLE: *Vous entendez:* Elle aime parler de choses sérieuses.

          Vous demandez: **De quelles choses est-ce qu'elle aime parler?**

          Quand on répète votre question, vous insistez: **Oui, desquelles est-ce qu'elle aime parler?**

(Items 1–5)

Dictée   CD2–10

D. La publicité. Vous allez entendre un spot publicitaire à la radio dans lequel on vend des petits pois Félix Potard. Écrivez les phrases qui le composent. D'abord, écoutez le message en entier. Ensuite, chaque phrase sera lue deux fois. Enfin, le message entier sera répété pour que vous puissiez vérifier votre travail. Écoutez.

_____

_____

_____

_____

_____

_____

_____

_____

_____

_____

_____

_____

_____

_____

_____

_____

_____

_____

Compréhension

Le Bec Fin   CD2–11

Dans ce chapitre, vous avez appris comment inviter, en particulier à déjeuner ou à dîner. Imaginez que vous voulez inviter votre ami(e) à dîner au restaurant Le Bec Fin. Écoutez le message du répondeur téléphonique *(answering machine)* de ce restaurant.

E. Faisons des réservations. Écrivez les renseignements suivants d'après ce que vous venez d'entendre.

1. à quelle heure le restaurant commence à servir: _____

2. à quelle heure le restaurant ferme le soir: _____

3. si on peut faire des réservations et, si oui, à partir de quelle(s) heure(s): _____

4. les jours où il n'est pas possible d'aller au Bec Fin: _____

Le restaurant Le Galion   CD2–12

Une semaine plus tard, vous pensez inviter un ami ou une amie à déjeuner au restaurant Le Galion. Écoutez la publicité.

MOTS UTILES: une formule   *special*
              retenir   *to remember*

F. Allons au restaurant. Remplissez les blancs avec les renseignements demandés.

1. prix fixe du déjeuner: _____ euros

2. en quoi consiste ce déjeuner: _____

3. heures d'ouverture: de _____ à _____

4. adresse: _____ rue Félix-Faure, à _____

La plage Beau-Soleil   CD2–13

C'est le week-end et vous voulez aller à la plage avec votre ami(e). Certaines plages sur la Côte d'Azur ont un petit restaurant pour les clients qui ne veulent pas quitter la plage pour manger. Vous décidez d'aller à la plage Beau-Soleil parce qu'on y sert de bons repas. Écoutez la publicité.

MOTS UTILES: allongé   *stretched out*   transat *(m)*   *beach chair*
l'ombre *(f)*   *shadow*   parasol *(m)*   *beach umbrella*

G. J'ai faim! Remplissez les blancs avec les renseignements demandés.

1. grand choix de _____

2. prix fixe: _____ euros

3. spécialité: _____

4. numéro de téléphone: _____ . _____ . _____ . _____ . _____

Le bal des pompiers   CD2–14

Aimez-vous danser? Peut-être que vous voulez inviter votre ami(e) à aller danser à un des bals traditionnels qui ont lieu chaque année en France à l'occasion de la fête nationale, le 14 juillet. Écoutez un reportage radiophonique du 14 juillet. Ce reportage donne une description d'un de ces bals, le bal des pompiers, et les opinions de quelques personnes qui s'y rendent.

MOTS UTILES: pétards *(m pl)*   *firecrackers*   pompiers (sapeurs-pompiers) *(m pl)*   *firemen*
mouillés   *damp*   feux *(m pl)* d'artifice   *fireworks*
trempés   *drenched*   tirer   *to set off*
clément   *mild*   spectacle *(m)* son et lumière   *sound and light show*
les habitués   *regular visitors*

H. Des interviews. Vérifiez si vous avez compris la description du bal des pompiers en choisissant la bonne réponse pour chaque question.

_____ 1. D'après le reporter, quel temps a-t-il fait hier soir pendant le bal?
  a. Il a fait beau mais froid.
  b. Il a fait chaud et il a fait du vent.
  c. Il a fait plus mauvais que les années précédentes.

_____ 2. Comment était l'ambiance du bal?
  a. C'était assez triste.
  b. C'était très gai.
  c. C'était un peu calme.

_____ 3. Laquelle des options suivantes n'est pas une raison pour aller au bal des pompiers, d'après les spectateurs?
  a. entendre de la musique
  b. danser
  c. manger
  d. faire des rencontres

_____ **4.** Quelle signification particulière est-ce que le bal des pompiers a pour l'homme qui habite le quartier depuis soixante ans?

    a. Il a rencontré sa femme au bal des pompiers il y a longtemps.

    b. Il y a appris à danser.

    c. Il a été pompier il y a longtemps.

_____ **5.** Quel événement le bal des pompiers commémore-t-il?

    a. la fin de la Révolution française

    b. la construction de la tour Eiffel

    c. la prise de la Bastille

_____ **6.** Donnez deux autres activités qui vont avoir lieu le soir du 14 juillet pour commémorer la fête, selon le reporter.

    a. un spectacle son et lumière

    b. le marathon de Paris

    c. des feux d'artifice

EXERCICES ÉCRITS

Qui suis-je?

La grammaire à réviser

Avant la première leçon

L'adjectif possessif

A. Une visite surprise. Denis, qui partage son appartement avec un autre étudiant, reçoit la visite surprise de ses parents aujourd'hui. Complétez le dialogue avec l'adjectif possessif qui convient (**ma, mon, mes, ta, ton, tes, sa, son, ses, notre, nos, votre, vos, leur, leurs**).

SA MÈRE: Nous avons enfin trouvé ton appartement. Où est _____ (1) chambre?

DENIS: _____ (2) chambre est au fond

du couloir à gauche. Ne m'en veuillez pas

(Don't hold it against me) trop, je n'ai pas

encore fait _____ (3) lit.

SA MÈRE: Et celle de ton ami Paul?

DENIS: _____ (4) chambre est en face.

Surtout ne faites pas de bruit, il dort en ce

moment.

SA MÈRE: Et votre salle de bains?

DENIS: _____ (5) salle de bains est ici,

juste à côté de la cuisine. Fermez les yeux! Nous avons laissé _____ (6) vêtements

sales et _____ (7) serviettes de bain par terre. On fait le ménage chacun à

_____ (8) tour.

SA MÈRE: À qui sont ces affaires dans le salon? Elles sont à toi?

DENIS: Non, ce sont celles des amis de Paul. Ils ont laissé _____ (9) disques,

_____ (10) magazines de sport et _____ (11) chaîne stéréo.

SA MÈRE: Et _____ (12) affaires à toi, où sont-elles? _____ (13)

chambre est presque vide.

DENIS: Elles sont dans _____ (14) bureau. Dans cette pièce, j'ai

installé _____ (15) grande table, _____ (16) ordinateur,

_____ (17) imprimante et tous _____ (18) livres.

Avant la deuxième leçon

L'adjectif qualificatif

B. Un esprit contrariant. François ne semble jamais d'accord avec ce qu'on lui dit. D'abord, complétez la première phrase de chaque paire avec la forme appropriée de l'adjectif entre parenthèses. Puis, choisissez le contraire de cet adjectif dans la liste suivante et utilisez-le aussi à la forme appropriée dans la seconde phrase.

ancien   malheureux   paresseux   usé
gentil   marié   petit   vieux

MODÈLE: LA SŒUR DE FRANÇOIS: Tu as une chambre (spacieux) *spacieuse*!

FRANÇOIS: Mais non. J'ai une (petit) *petite* chambre.

1. MARC: Est-ce que tu as un (nouveau) _____ ordinateur?

FRANÇOIS: Non, j'ai un _____ ordinateur.

2. MARC: Est-ce que tes sœurs sont (célibataire) _____?

FRANÇOIS: Non, elles sont _____.

3. MARC: Est-ce que tes sœurs sont (actif) _____?

FRANÇOIS: Non, au contraire, elles sont très _____.

4. LE PÈRE DE FRANÇOIS: Est-ce que Michel et Marc sont de (nouveau) _____
camarades de classe?

FRANÇOIS: Non, ce sont d'_____ camarades.

5. MARIE: Est-ce que ces (beau) _____ vêtements t'appartiennent?

FRANÇOIS: Non, je n'ai que des vêtements _____.

6. LA MÈRE DE FRANÇOIS: Est-ce que tes amis sont (content) _____ de leur vie?

FRANÇOIS: Pas du tout. Ils sont assez _____.

Avant la troisième leçon

Les verbes pronominaux

C. Le matin à la maison. Paul et Hélène, qui sont mariés depuis un an, ont chacun leurs habitudes avant de quitter la maison. Hélène décrit leur routine quotidienne. Complétez sa description en choisissant le verbe pronominal logique et en le mettant à la forme correcte du présent de l'indicatif ou à l'infinitif.

MODÈLE: À la maison, nous (se coucher / se réveiller) *nous réveillons* à 6h30 le matin.

Je (s'appeler / se lever) _____ **(1)** tout de suite. Je (se brosser / s'habiller)

_____ **(2)** les dents, je (se couper / se laver) _____ **(3)**

et je (se brosser / se préparer) _____ **(4)** à partir. Par contre, mon mari, Paul,

(ne pas se presser / ne pas se regarder) _____ **(5)**. Il (se maquiller / se raser)

_____ **(6)**, il (se couper / se réveiller) _____ **(7)** la mous-

tache et il (se regarder / se téléphoner) _____ **(8)** dans la glace pendant un quart

d'heure. Ensuite, il prend un temps infini pour (s'habiller / se lever) _____ **(9)**. Nous (ne pas

s'écrire / ne pas se parler) _____ **(10)** beaucoup. J'en viens *(come to)* à (se dire / se

laver) _____ **(11)** que ses habitudes m'énervent un peu. Un matin, je lui ai même

dit: «Chéri, pourquoi est-ce que tu (ne pas se dépêcher / ne pas se lever) _____ **(12)**

pour arriver à l'heure?» Tous les jours, c'est la même chose!

À vous! Ressemblez-vous plus à Hélène ou à Paul? Expliquez pourquoi.

_____

_____

D. Une mère autoritaire. Mme Dion aime bien donner des ordres à sa famille. Tout en restant logique, écrivez ces ordres à la forme affirmative ou négative de l'impératif selon le contexte.

MODÈLES: se moquer des autres enfants (à son fils Paul)
Ne te moque pas des autres enfants!

se reposer un peu (à ses parents)
Reposez-vous un peu!

1. se coucher tard parce que tu es fatigué (à son mari)

_____

2. s'arrêter de travailler car il est tard (à ses enfants)

_____

3. s'énerver pour un rien *(get excited for nothing)* (à sa mère)

_____

4. se dépêcher parce que le dîner est prêt (à sa fille cadette)

_____

5. se mettre au travail tout de suite (à ses jumeaux Paul et Pierre)

_____

Leçon 1

Cap sur le vocabulaire!

A. Maury Povich à la française. Une chaîne de télévision française a décidé de retransmettre une causerie *(daytime talk show)* américaine et ils ont besoin de votre aide pour faire la version française. Traduisez les thèmes d'émissions suivants en français.

MODÈLE: "Badly brought-up only children"

 «Des enfants uniques mal élevés»

1. "Twins who are single fathers"

_____

2. "Housewives who have no home life"

_____

3. "Half-brothers who hate their half-sisters"

_____

4. "Househusbands"

_____

5. "Fed-up retired psychiatrists"

_____

6. "Lawyers who are single mothers"

_____

À vous, maintenant!

Inventez deux nouveaux thèmes que vous proposerez à la chaîne.

7. _____

8. _____

B. Des questions… Complétez les dialogues suivants avec des expressions typiques pour identifier quelqu'un ou quelque chose (*Leçon 1* de ce chaptitre).

MODÈLE: *Qui est-ce?*

C'est Hélène, la demi-sœur de mon mari.

1. _____?

Je suis pilote d'avion.

_____?

Je pilote un Boeing.

_____?

Je pilote un Boeing 767.

2. _____?

C'est une carte de France.

_____?

Elle est à moi.

La grammaire à apprendre

C'est vs il/elle est

C. Une fête en famille. La famille de Charles fête l'anniversaire du grand-père Millon et tout le monde est là. Charles a amené une amie américaine à la fête et comme elle ne connaît personne, Charles lui parle un peu de chacun. Complétez ses phrases avec **c'est, ce sont, il/elle est** ou **ils/elles sont**.

1. Voilà Gérard et Jean-Luc. _____ mes demi-frères.

2. Et là-bas, à côté du lecteur de CD, _____ mon cousin Jacques.

   _____ psychologue.

3. À côté de lui, celle qui parle si fort, _____ ma sœur Évelyne. Franchement,

   _____ une fille mal élevée!

4. Puis, près de la cheminée, _____ ma belle-sœur Micheline. Je te le dis,

   _____ gâtée par mon frère!

5. Près de Micheline, il y a Marie et Sylvie. _____ cousines, mais

   _____ aussi de bonnes amies.

6. L'homme qui parle avec ma belle-mère, _____ François, mon oncle.

   _____ père célibataire, lui. Sylvie est sa fille.

7. Ma belle-mère, _____ une femme charmante.

   _____ allemande, tu sais.

8. Ma tante Berthe et mon oncle Henri n'ont pas pu venir ce soir. _____ à Paris.

L'arbre généalogique. Remplissez l'arbre généalogique de Charles selon les indications données ci-dessus.

Grand-père Millon

| Oncle | + | Tante | Oncle | (Maman) | + | Papa | + | Belle-mère Bernhild |

cousin   cousine   cousine   sœur   MOI   frère + belle-sœur   demi-frère   demi-frère

_____   _____   _____   _____   Charles   Marc _____   _____   _____

D. C'est chouette, ça! Que pensez-vous des idées suivantes? Exprimez-vous en vous servant de la construction **C'est + adjectif masculin.** Suivez le modèle.

MODÈLE: Se détendre de temps en temps:

   C'est nécessaire!

1. Passer du temps avec sa famille: _____

2. Faire un voyage: _____

3. Faire des études: _____

4. Attacher un bébé dans un siège-voiture: _____

5. Déménager en plein hiver: _____

6. Avoir beaucoup d'argent: _____

RAPPEL: Quand on fait référence à un nom précis, on se sert de la construction **Il(s)/Elle(s) est (sont) + adjectif.** Continuez l'exercice.

MODÈLE: Ma famille:

   Elle est gentille.

7. Mon ordinateur: _____

8. Mes parents: _____

9. Ma chambre: _____

Les pronoms possessifs

E. À qui est-ce? Plusieurs enfants sont en train de se demander à qui appartiennent les jouets qui se trouvent dans la salle de jeux. Complétez leurs déclarations avec le pronom possessif correct (**le mien, la mienne, les miens, les miennes**, etc.).

MODÈLE: —Ce ballon est à toi, Claire?

—Oui, c'est *(mine)* **le mien.**

1. — Ça, ce n'est pas ta poupée *(doll)*, Sylvie; c'est *(mine)* _____.

   — Non, c'est celle de Nicole; *(yours)* _____ est blonde.

   (Hers) _____ est brune avec un bras cassé comme celle-ci.

2. — Tiens, voilà ton camion *(truck)*, Philippe, c'est bien *(yours)* _____?

   — Oui, c'est *(mine)* _____ et ceux-là sont à Patrick et à Luc.

   (Theirs) _____ sont rouges et blancs.

3. — Ces toupies *(tops; f)* appartiennent à Thérèse et à Martine, n'est-ce pas?

   — Non, ce sont *(ours)* _____. *(Theirs)* _____ sont chez elles.

4. — Et ce cerf-volant *(kite)* est à elles. Elles apportent toujours *(theirs)* _____

   quand elles viennent jouer avec nous.

5. — Ce vélo n'est certainement pas à moi. *(Mine)* _____ est tout neuf, celui-là ne

   roule pas bien. Il est à Pierre?

   — Oui, c'est *(his)* _____.

6. — Et ces deux balles *(f)* sont à vous, Jacqueline et Marinette?

   — Non, ce ne sont pas *(ours)* _____. Ce sont Henri et Damien qui ont apporté

   (theirs) _____ aujourd'hui.

F. Votre mode de vie est différent du mien. Comparez votre mode de vie à celui de quelqu'un que vous connaissez bien, comme un(e) camarade de chambre ou un membre de votre famille. Incorporez plusieurs pronoms possessifs (**le mien, la sienne**, etc.) dans votre comparaison.

MODÈLE: *Mon camarade de chambre et moi avons tous les deux une voiture mais ma voiture est plus grosse et plus vieille que la sienne. Il vient d'acheter une belle voiture de sport et moi, j'ai toujours la vieille voiture de ma grand-mère. Mais je dois dire que la mienne est très pratique et je n'ai pas du tout peur qu'on me la vole!*

_____

_____

_____

_____

_____

_____

_____

Leçon 2

Cap sur le vocabulaire!

A. Vous organisez une rencontre entre deux amis! Vous voulez que Nadia, votre camarade de chambre, rencontre Samuel, votre meilleur ami. Vous pensez qu'ils feraient un couple parfait. Mais Nadia est nerveuse et pose beaucoup de questions sur Samuel. Complétez la conversation de façon logique. Révisez les expressions typiques pour décrire une personne présentées dans la leçon 2 de ce chapitre avant de commencer.

MODÈLE: NADIA: *Comment est-ce qu'il s'appelle / Comment s'appelle-t-il?*

   VOUS: Il s'appelle Samuel.

1. NADIA: _____?

   VOUS: Il a 21 ans.

2. NADIA: _____?

   VOUS: Il a beaucoup d'humour.

3. NADIA: _____?

   VOUS: Il a les cheveux châtains et les yeux verts.

4. NADIA: _____?

   VOUS: Il est plus grand que toi. Je crois qu'il mesure 1 mètre 80.

5. NADIA: _____?

   VOUS: Je ne sais pas combien il pèse. Le poids n'a aucune importance, ni la taille d'ailleurs! Ne me pose pas trop de questions et attends de voir la bonne surprise que je t'ai réservée!

À vous! Si vous étiez à la place de Nadia, poseriez-vous les mêmes sortes de questions? Pourquoi (pas)?

_____

_____

_____

Phrases: Describing people
Vocabulary: Face; family members; hair colors

B. Comment les reconnaître? Des membres de votre famille arrivent de loin pour un mariage. Un ami se porte volontaire pour aller les chercher à la gare et à l'aéroport. Il faut que vous lui donniez une bonne description de chacun pour l'aider à les reconnaître. Suivez le modèle.

MODÈLE: Nom: *Mon frère Mark*

Les yeux: *Il a les yeux bleus.*

Les cheveux: *Il a les cheveux bruns et raides.*

La taille: *Il est grand.*

Le poids: *Il est fort.*

L'âge: *Il est assez jeune.*

Divers: *Il porte des lunettes.*

1. Nom: _____

   Les yeux: _____

   Les cheveux: _____

   La taille: _____

   Le poids: _____

   L'âge: _____

   Divers: _____

2. Nom: _____

   Les yeux: _____

   Les cheveux: _____

   La taille: _____

   Le poids: _____

   L'âge: _____

   Divers: _____

La grammaire à apprendre

L'adjectif qualificatif

C. Avez-vous vu cette femme? La famille d'une vieille dame qui a disparu a donné la description suivante à la police. Complétez la description en faisant l'accord des adjectifs entre parenthèses.

Elle a de (long) _____ (1) cheveux (gris clair) _____ (2)

et de (grand) _____ (3) yeux (bleu foncé) _____ (4). Elle

porte une (long) _____ (5) jupe (marron) _____ (6) et un

(beau) _____ (7) chemiser en coton (crème) _____ (8) à

manches *(f pl)* (court) _____ (9). C'est une (petit) _____ (10)

femme (doux) _____ (11) et (réservé) _____ (12).

Si vous avez de (nouveau) _____ (13) renseignements *(m pl)* (important)

_____ (14) concernant cette femme, appelez-nous immédiatement. Sa famille

est très (inquiet) _____ (15). Tous les membres de la famille Chabrol seront

(soulagé: *relieved*) _____ (16) et (heureux) _____ (17)

lorsqu'ils verront la grand-mère de retour à la maison.

La position des adjectifs

D. On est stéréotypé. Tout le monde a des stéréotypes en tête. Quels sont les vôtres pour les catégories suivantes? En vous servant des adjectifs ci-dessous (ou d'autres), écrivez des phrases pour chaque catégorie. Incorporez deux adjectifs par phrase. Suivez les modèles.

menteur	marrant	nouveau	mignon	imbécile	rouge
mince	indiscret	actif	inquiet	chic	professionnel
pointu	paresseux	sympathique	beau	agressif	drôle
sec	malheureux	fort	généreux	conservateur	gentil
fou	gros	discret	gâté	grand	triste
riche	léger	snob	noir	rond	heureux
timide	doux	ridicule	poli	superficiel	

MODÈLES: Le chien d'une actrice célèbre: (chien)
C'est un petit chien chic.

Les psychiatres: (hommes)
Ce sont des hommes secs mais discrets.

1. Les avocats: (hommes) _____

_____

2. La voiture du président américain: (voiture) _____

_____

3. Les femmes d'affaires: (femmes) _____

_____

4. Le vêtement favori d'une femme d'affaires: (un tailleur: *suit*) _____

_____

5. Les fils uniques: (garçons) _____

_____

6. Les parents d'un fils unique: (parents) _____

_____

7. Les hommes au foyer: (hommes) _____

_____

8. Les divorcés: (personnes) _____

_____

9. Les enfants de parents divorcés: (enfants) _____

_____

E. La personne que j'admire le plus. Écrivez un paragraphe dans lequel vous décrivez la personne que vous admirez le plus. Expliquez aussi pourquoi vous l'admirez tant. Utilisez une autre feuille de papier.

Leçon 3

Cap sur le vocabulaire!

A. Réponse à une petite annonce. Vous échangez des méls *(emails)* avec une personne qui a mis une petite annonce pour un(e) colocataire *(apartment mate)* pour voir si vous serez compatibles. Répondez aux questions posées par l'autre personne en élaborant un peu vos réponses.

MODÈLE: Moi, je suis matinal(e). À quelle heure est-ce que vous vous levez?

Je me lève vers 10 heures parce que je n'ai pas cours avant 11 heures et je ne travaille pas bien le matin.

1. Moi, je prends le petit déjeuner à 8 heures. Et vous, vous le prenez à quelle heure?

_____

2. Le week-end, je suis très actif/active et me lève à la même heure qu'en semaine. Est-ce que vous aimez faire la grasse matinée le week-end? Si oui, jusqu'à quelle heure?

_____

3. Moi, je préfère prendre ma douche le matin. Est-ce que vous préférez prendre votre douche ou votre bain le matin ou le soir?

_____

4. Je préfère un(e) colocataire qui ne monopolise pas la salle de bains. Combien de temps est-ce que vous passez dans la salle de bains le matin?

_____

5. Souvent je dois travailler tard le soir. À quelle heure est-ce que vous rentrez du travail?

_____

6. Comme je me lève assez tôt, je me couche vers 11 heures du soir. Est-ce que vous vous couchez tôt ou tard?

_____

7. Je préfère que mes colocataires n'invitent pas leurs petit(e)s ami(e)s chez nous tout le temps. Est-ce que vous fréquentez quelqu'un en ce moment?

_____

8. Je peux être un peu difficile, mais je suis en bons termes avec mes anciens colocataires. Et vous, est-ce que vous vous entendez bien avec les gens en général?

_____

9. Je n'aime pas les disputes. Est-ce que vous vous disputez souvent avec vos amis?

_____

À vous! Est-ce que vous pensez être compatible avec la personne qui cherche un(e) colocataire? Pourquoi (pas)? Donnez deux raisons.

_____

_____

_____

B. Vous et vos rapports... Comment êtes-vous dans le jeu de l'amour? Imaginez-vous dans chacune de ces situations, puis dites quel choix exprime le mieux votre caractère.

MODÈLE: Imaginez qu'il faut choisir entre votre famille, vos amis ou votre copain/copine *(boyfriend/girlfriend),* qu'est-ce qui est le plus important pour vous? (les liens de parenté, les liens d'amitié, votre vie sentimentale: *love life*)

Les liens de parenté sont les plus importants pour moi.

1. Mon copain/Ma copine veut rompre. Moi,... (hurler: *scream,* pleurer, tomber à ses pieds)

_____

2. Mon copain/Ma copine et moi, nous... (se disputer souvent, s'entendre bien, sortir avec d'autres personnes aussi)

_____

3. Qu'est-ce qui est une bonne raison pour rompre avec quelqu'un? (le manque de communication, tomber amoureux/amoureuse de quelqu'un d'autre, une dispute)

_____

4. En général, quand je tombe amoureux/amoureuse, c'est... (le coup de foudre, d'un[e] bon[ne] ami[e], le hasard: *fate*)

_____

5. Quels rapports préférez-vous avoir avec un(e) ancien(ne) copain/copine? (être en bons termes, être en mauvais termes, se revoir de temps en temps, rester de très bons amis)

_____

6. En général, quels sont les rapports entre vos copains/copines et vos autres amis? Ils... (se taquiner, [ne pas] se comprendre, s'entendre bien, se détester)

_____

La grammaire à apprendre

Les verbes pronominaux

C. Les hommes et les femmes. Quelles sont vos opinions de l'autre sexe? Terminez chaque phrase avec le verbe indiqué (au présent de l'indicatif ou à l'infinitif) et puis dites si, à votre avis, l'opinion est vraie (**V**) ou fausse (**F**). Soyez honnête!

_____ 1. Les femmes (s'occuper) _____ des enfants mieux que les hommes.

_____ 2. En général, les hommes (se souvenir) _____ mieux des détails.

_____ 3. En amour, les hommes (se méfier) _____ plus que les femmes.

_____ 4. Les femmes savent mieux (se taire) _____ et garder un secret.

_____ 5. L'homme typique *(typical)* dépense moins pour (se faire couper) _____

_____ les cheveux que la femme typique.

_____ 6. En cas de danger, la femme (se débrouiller) _____ bien en général.

_____ 7. Je (s'amuser) _____ aussi bien avec mes copains qu'avec mes copines.

_____ 8. Si vous (s'entendre) _____ mieux avec votre père qu'avec votre mère, vous êtes probablement un homme.

_____ 9. Les hommes/Les femmes et moi, nous (ne pas s'intéresser) _____ aux mêmes choses.

_____ 10. Les hommes (se moquer) _____ des autres plus souvent que les femmes.

_____ 11. La femme typique (se plaindre) _____ plus souvent que l'homme typique.

_____ 12. Je pourrais (se passer) _____ des hommes/des femmes!

_____ 13. Les hommes (s'inquiéter) _____ souvent de choses ridicules.

D. Si! Je t'assure que c'est vrai! Choisissez 4 des opinions données dans l'exercice C et donnez des exemples personnels pour illustrer ou contredire ces opinions.

MODÈLES: *Mes frères s'entendent mieux avec mon père que moi.*

Moi, je ne m'inquiète pas de choses ridicules!

1. _____

2. _____

3. _____

4. _____

E. Le grand timide. Quand Jacques est invité à une soirée, il a peur de tout le monde et il reste dans son coin. Complétez les phrases suivantes en traduisant les verbes pronominaux entre parenthèses. Une liste des équivalents français possibles vous est donnée ci-dessous. Mettez les verbes pronominaux au présent de l'indicatif, à l'infinitif ou à l'impératif selon le contexte.

s'amuser	s'inquiéter (de)	se rendre compte
s'arrêter	s'intéresser (à)	se servir (de)
s'attendre (à)	se méfier (de)	se souvenir
se demander	se moquer (de)	se taire
se détendre	se passer (de)	se tromper
s'en faire		

Jacques *(worries)* _____ (1) toujours de ce que pensent les autres. Lorsqu'il est

invité chez des amis, il *(is quiet)* _____ (2) et n'arrive pas à *(to relax)*

_____ (3) ou à *(to have fun)* _____ (4). Quand ses amis

(realize) _____ (5) qu'il est tout seul dans son coin et quand ils *(show some interest)*

_____ (6) à lui, il *(is wary)* _____ (7). Ses amis lui disent:

«Tu *(are mistaken)* _____ (8), Jacques. Personne ne va *(make fun)*

_____ (9) de toi. Tu ne peux pas toujours *(do without)* _____ (10)

des autres. *(Use)* _____ (11) de ton intelligence et de tes talents et *(remember)*

_____ (12) que tu te trouves parmi *(among)* de bons amis. Ici tous les invités

(are expecting) _____ (13) à te voir souriant et détendu et ils *(wonder)*

_____ (14) quand tu vas *(stop)* _____ (15) de faire le timide.»

Grammar: Future with **aller;**
Reflexive pronouns **me, te, se,**
nous, vous

F. De bonnes résolutions.

Qu'allez-vous faire pour vous améliorer *(to improve)*? C'est-à-dire, quelles habitudes voulez-vous changer ou adopter? En vous servant des verbes suivants, écrivez six bonnes résolutions (à l'affirmatif ou au négatif) pour l'année prochaine.

s'amuser plus/moins
s'arrêter de
se coucher plus tôt
se détendre plus souvent
s'entendre mieux avec
être plus souvent de bonne
    humeur
se fâcher contre
faire plus/moins souvent la
    grasse matinée
se fiancer
s'inquiéter moins
s'intéresser plus à ses cours/aux
    études
se méfier de
se mettre à
se passer de
se plaindre de
rompre avec quelqu'un
se taire quand quelqu'un m'énerve
tromper sa/son petit(e) ami(e)

1. Je vais essayer de me passer de chocolat.

2. Je vais faire un effort pour ne plus me plaindre de mes professeurs.

3. _____

_____

4. _____

_____

5. _____

_____

6. _____

_____

Laquelle de ces bonnes résolutions serait la plus difficile pour vous? Pourquoi?

MODÈLE: *Ce serait très dur de me passer de chocolat parce que j'adore le chocolat et j'en mange tous les jours, surtout quand je suis très stressée. De plus, ma camarade de chambre adore le chocolat et ce serait très dur de la regarder manger des chocolats si je ne pouvais plus en avoir.*

_____

_____

_____

_____

G. L'opinion du psychiatre. Jouez le rôle d'un psychiatre. Analysez le comportement *(behavior)* de Jacques, tel qu'il est décrit dans l'exercice E. Essayez d'expliquer pourquoi il est comme il est. Incorporez à votre composition au moins 10 expressions ou mots de vocabulaire présentés dans le ***Chapitre 3*** et soyez créatif/créative. Utilisez une autre feuille de papier.

EXERCICES DE LABORATOIRE

Phonétique

Les sons [ɔ] et [o]   CD2–15

En général, on trouve le son [ɔ] dans une syllabe suivie d'une consonne: par exemple, **porte**. Il se rapproche du son dans le mot anglais *caught,* mais il est plus court et plus tendu en français. Le son [ɔ] s'écrit **o**. Écoutez et répétez les mots suivants:

gosse	porter	magnétoscope	votre	Europe
divorcé	pilote	mignonne	bonne	coton
snob	propre	prochain	il se brosse	

A. Pratiquez maintenant le son [ɔ] en répétant les phrases suivantes.

1. Le pilote snob veut son propre magnétoscope.

2. La mode offre des tonnes de robes.

3. Votre gosse mignonne a ouvert la porte.

On trouve le son [o] dans une syllabe ouverte à la fin d'un mot: par exemple, **beau;** et dans une syllabe suivie du son [z]: par exemple, **rose**. Il est quelque peu semblable au son dans le mot anglais *rose* mais plus bref et plus tendu. Il s'écrit: **o, ô, au** ou **eau**. Écoutez, puis répétez les mots suivants:

jumeau	hôtel	le vôtre	la nôtre	mauvais
tôt	trop	chose	drôle	chauve
faux	pauvre	hausser		

B. Écoutez et répétez les phrases suivantes.

1. Nos photos de l'hôtel et de l'opéra étaient mauvaises.

2. Les jumeaux font aussi trop de choses.

3. Claude a un drôle de vélo.

Le [ə] muet (suite)   CD2–16

Quand le son [ə] muet apparaît deux fois ou plus dans des syllabes successives et que ces [ə] muets ne sont séparés que par une seule consonne, on prononce le premier [ə] mais pas le second.

C. Écoutez et répétez.

1. Je nȼ dors pas bien.

2. Ce nȼ sera rien.

3. Il ne lȼ connaît pas?

4. Je lȼ ferai pour toi.

5. Elle se lȼ préparera.

6. Je tȼ le montrerai un jour.

7. Elle me lȼ donne.

8. Ne lȼ prends pas.

9. Si tu me lȼ demandes.

10. Ce nȼ sont pas mes amis.

D. Le [ə] muet a tendance à tomber en français en langage familier et rapide. Écoutez et répétez les phrases des deux colonnes suivantes. Notez les différences de prononciation.

Langage soigné	*Langage familier*
Je pense.	J¢ pense.
Je ne pense pas.	Je n¢ pense pas.
Je bois.	J¢ bois.
Je ne bois pas.	Je n¢ bois pas.
Ce n'est pas vrai.	C¢ n'est pas vrai.
Je n'ai pas le numéro.	J¢ n'ai pas le numéro.

E. La négation peut même tomber tout à fait dans un langage de style très relâché. Écoutez et répétez:

C'est pas vrai.   J'bois pas.

J'pense pas.   J'ai pas l'numéro.

Leçon 1

Conversation   CD2–17

A. Pour converser. Maintenant, écoutez la Conversation (manuel, **chapitre 3**, leçon 1) en prêtant attention aux expressions pour engager, continuer et terminer une conversation.

B. L'intonation des phrases. Écoutez et répétez les phrases que vous entendrez. Imitez l'intonation de la phrase.

1. C'est une amie qui a pris les photos.
2. Elle est à toi cette jeep?
3. Oui, elle est à moi.
4. Enfin, elle est à nous.
5. C'est ta femme?
6. Oui, c'est elle.
7. Qu'est-ce qu'il y a là?
8. Ça, c'est un petit bracelet d'identité.

C. Une réponse appropriée. Écoutez chaque phrase et choisissez entre les deux expressions données la réponse appropriée. Dites-la à haute voix.

1. C'est un IBM. / Oui, c'est mon ordinateur.
2. C'est le nouvel employé. / Il est à moi.
3. Elle est biologiste. / Il est biologiste.
4. C'est moi. / C'est à moi.
5. C'est un petit appareil photo. / C'est ma sœur cadette.

La grammaire à apprendre

C'est et il/elle est   CD2–18

D. À votre avis. Écoutez les phrases suivantes et regardez les dessins qui correspondent. Vous devrez indiquer VRAI ou FAUX pour chaque description. Répétez les phrases correctes et corrigez celles qui ne le sont pas.

MODÈLE: *Vous entendez:* C'est une voiture américaine. Elle est petite.

   Vous encerclez: FAUX

   Vous dites: **C'est faux. C'est une voiture américaine, mais elle est grande.**

MODÈLE: VRAI (FAUX)

1. VRAI   FAUX

2. VRAI   FAUX

3. VRAI   FAUX

4. VRAI   FAUX

5. VRAI   FAUX

E. Les descriptions. Antoine répond aux questions de son nouveau camarade de chambre. Interprétez le rôle d'Antoine et donnez ses réponses.

MODÈLE: *Vous lisez:* gros et lourd

   Vous entendez: Comment est ton chien?

   Vous répondez: Il **est gros et lourd.**

1. Dardun

2. voiture française

3. pilote

4. bons amis

5. célibataire endurci *(confirmed)*

6. petite mais agréable

7. ennuyeux

8. banlieue tranquille

Les pronoms possessifs   CD2–19

F. Bric-à-brac. Mme Lafarge est concierge à Paris. Elle aime rendre service aux locataires de son immeuble et garde souvent les choses les plus variées pour eux dans une petite pièce derrière sa loge. Écoutez ce dialogue attentivement et indiquez avec un tiret à qui appartient chaque objet. Puis répondez pour Mme Lafarge aux questions posées par Corinne. Suivez le modèle.

Mme Leduc   la boîte
L'instituteur   le vélo
Les enfants Chevalier   la chaîne stéréo
M. et Mme Lafarge   le parapluie
Corinne   la valise
                               le chien
                               les cartes postales

MODÈLE: *Vous entendez:* Est-ce que ce parapluie appartient à Mme Leduc?

Vous voyez: un tiret entre Mme Leduc et le parapluie

Vous répondez: **Oui, c'est son parapluie. C'est le sien.**

(Items 1–6)

Leçon 2

Conversation   CD3–2

A. La description. Maintenant, écoutez la Conversation (manuel, **chapitre 3**, leçon 2) en prêtant attention aux expressions pour décrire les objets et les personnes.

B. L'intonation des phrases. Écoutez et répétez les phrases que vous entendrez. Imitez l'intonation de la phrase.

1. Elle a un très beau sourire!

2. Elle est vraiment mignonne... cheveux ondulés, yeux bleus!

3. Et toujours de bonne humeur.

4. C'est super.

C. Une réponse appropriée. Écoutez chaque phrase et barrez *(cross out)* les descriptions qui ne sont pas correctes. Puis répondez à la question avec la description qui reste.

MODÈLE: *Vous lisez:* avoir les yeux marron / avoir les yeux bleus / avoir les yeux verts

Vous entendez: Thomas n'a ni les yeux bleus ni les yeux marron.

Vous barrez: ~~avoir les yeux marron / avoir les yeux bleus~~

Vous entendez: Comment sont les yeux de Thomas?

Vous répondez: **Il a les yeux verts.**

1. avoir les cheveux frisés / avoir les cheveux ondulés / avoir les cheveux raides

2. être de petite taille / être de taille moyenne / être grand

3. être large / être étroite / être lourde / être légère

4. être pointu / être carré / être rond

5. être marrant / être sympa / être timide

La grammaire à apprendre

L'adjectif qualificatif   CD3–3

D. Comparaisons. Depuis leur excursion au stade, Marc et Pascal sont devenus de bons amis. Marc a une sœur aînée et Pascal a un frère plus âgé que lui. Ils aimeraient bien qu'ils se rencontrent et essaient de leur trouver des points communs. Aidez-les à comparer leurs attributs en donnant la forme féminine des deux adjectifs que vous entendez.

MODÈLE: *Vous entendez:* Mon frère est grand et brun.

Vous répondez: **Ma sœur est grande et brune aussi.**

(Items 1–8)

La position des adjectifs   CD3–4

E. La conversation continue. Les deux copains complètent leur portrait, chacun à son tour. D'abord, vous jouez le rôle de Marc et répondez aux questions de Pascal en ajoutant les adjectifs ci-dessous. Faites attention à la place des adjectifs et faites tous les changements nécessaires. Ensuite, jouez le rôle de Pascal et répondez aux questions de Marc.

MODÈLE: *Vous lisez:* vieux, américain

Vous entendez: Est-ce que ta sœur possède beaucoup de disques?

Vous répondez: **Oui, elle possède beaucoup de vieux disques américains.**

1. joli, bon marché
2. vieux, délavé *(bleached)*
3. sympathique, respectable
4. nouveau, chic
5. beau, vieux, jaune citron

6. nouveau, japonais
7. sérieux, intéressant
8. long, policier
9. classique, contemporain
10. bon, étranger

Leçon 3

Conversation   CD3–5

A. La routine et la famille. Maintenant, écoutez la Conversation (manuel, **chapitre 3**, leçon 3) en prêtant attention aux expressions pour décrire la routine quotidienne et les rapports de famille.

B. L'intonation des phrases. Écoutez et répétez les phrases que vous entendrez. Imitez l'intonation de la phrase.

1. Est-ce que tu taquines ta femme?
2. On a des rapports très détendus.
3. Nous sommes de très bons amis.

4. Nous nous disputons rarement.
5. Je suis un ange de patience!

C. Des synonymes. Quelle expression veut dire à peu près la même chose que celle que vous entendez? Dites-la à haute voix.

1. On s'entend bien. / On s'entend mal.

2. J'ai de bons rapports avec elle. / On s'entend mal.

3. Il y a un manque de communication. / Nous nous disputons souvent.

4. On ne se voit plus. / On se fréquente encore.

5. On se fréquente. / On se taquine.

La grammaire à apprendre

Les verbes pronominaux   CD3–6

D. La garde-bébé. Marie-Françoise a engagé *(hired)* quelqu'un pour l'aider à s'occuper de son bébé, car elle travaille pendant la journée. Avant de commencer son travail, la garde-bébé pose des questions à Marie-Françoise. Reconstituez les réponses de Marie-Françoise avec les mots qui vous sont donnés.

MODÈLE: *Vous lisez:* huit heures et demie

Vous entendez: À quelle heure vous réveillez-vous le matin?

Vous répondez: **Je me réveille à huit heures et demie.**

1. six heures le soir

2. Non, vous

3. deux heures

4. D'habitude, bien

5. Oui, nous / couches-culottes *(disposable diapers)*

6. Oui / bientôt

7. Oui, sûrement

8. demain

E. L'éducation. Les parents du petit Jean essaient de trouver la meilleure façon d'élever leur fils de six ans. Que diriez-vous si vous étiez à leur place? Réagissez à ce que vous entendez et donnez des ordres à Jean en utilisant la forme affirmative ou négative, selon le cas.

MODÈLE: *Vous entendez:* Jean se lève tous les jours à cinq heures du matin.

Vous répondez: **Jean, ne te lève pas tous les jours à cinq heures du matin!**

(Items 1–6)

Dictée   CD3–7

F. Les petites annonces. Vous allez entendre une petite annonce matrimoniale *(marriage ad)*. Écoutez-la attentivement et mettez-en les phrases par écrit. D'abord, vous entendrez l'annonce en entier. Ensuite, chaque phrase sera lue deux fois. Enfin, toute l'annonce sera répétée pour que vous puissiez vérifier votre travail. Écoutez.

_____

_____

_____

_____

_____

_____

_____

_____

_____

_____

_____

_____

_____

_____

Compréhension

Mes très chers parents   CD3–8

G. Comprenez-moi. Voici le contenu de la lettre que Lucie adresse à ses parents pour les convaincre de la laisser épouser un jeune homme qu'elle connaît seulement depuis deux mois. Son père lit la lettre à sa femme. Essayez d'en comprendre les détails pour pouvoir répondre aux questions qui suivent. Vous pouvez écouter la lettre deux fois si nécessaire.

1. Quel âge Lucie a-t-elle?

   _____

2. Comment Lucie essaie-t-elle de montrer à ses parents qu'elle n'est plus une enfant?

   _____

3. Comment Lucie et Olivier se sont-ils rencontrés?

   _____

4. Se sont-ils plu *(liked each other)* tout de suite?

   _____

5. Comment est Olivier?

   _____

6. Si vous étiez à la place des parents de Lucie, qu'est-ce que vous feriez?

   _____

Les jeunes lycéens CD3–9

Un groupe d'étudiants de seize à dix-sept ans répond à une enquête réalisée dans un lycée près de Paris. La première question concerne l'indépendance.

MOTS UTILES: empêcher *to prevent*   interdire *to forbid*
des facilités *(f pl)* *opportunities*   mal fréquenté *unsafe*
prévenir *to let (someone) know*   emmener *to take (someone) along*
méfiant *distrustful*   rechercher *to pick (someone) up*

H. Sommaire. Résumez ce que disent ces jeunes en complétant les phrases suivantes.

1. Il y a certains jeunes qui sont entièrement _____. Par exemple, _____

   _____ .

2. Les garçons ont _____ .

3. La fille dont les parents sont immigrés n'a _____ . Il faut qu'elle _____

   _____ .

4. Beaucoup de parents veulent que leurs enfants laissent _____

   _____ .

5. Certains parents interdisent aux jeunes filles de _____ si elles habitent
   dans un quartier mal fréquenté.

6. Souvent leurs parents les _____ au concert et puis après ils _____

   _____ .

7. Les parents ont confiance si _____ .

Maintenant, l'enquêteur demande aux jeunes de parler de leur argent de poche *(pocket money)*. Écoutez ce qu'ils disent.

MOTS UTILES: faire du stop *to hitchhike*
transports *(m pl)*
s'arranger (pour) *to manage (in order to)*
moyens de transports

I. L'argent de poche. À quoi ces jeunes dépensent-ils leur argent de poche? Mettez un X devant chaque catégorie mentionnée.

_____ cinéma   _____ nourriture   _____ livres de classe

_____ transports   _____ vêtements   _____ activités sportives

_____ timbres   _____ boissons   _____ théâtre

Interview avec Annie Martin CD3–10

Dans les conversations de ce chapitre, vous avez fait la connaissance de Philippe et de sa famille. Maintenant, c'est une jeune mère célibataire, Annie Martin, qui se décrit. Écoutez ce qu'elle dit.

MOTS UTILES: l'informatique *(f)* *computer science*
              un logiciel *computer software*

J. Qui est-elle? Complétez la description de cette jeune femme en donnant les détails demandés ci-dessous.

1. nationalité: _____

2. où elle habite: _____

3. profession: _____

4. où elle travaille: _____

5. description du travail: _____

_____

Maintenant, Annie vous parle d'une période de sa vie qui n'a pas été très heureuse.

MOTS UTILES: la disponibilité *availability*
              emmener *to take (along)*
              la garderie *child-care facility*

K. Ses difficultés. Vérifiez si vous avez compris ce qu'Annie vous a dit en indiquant si les phrases suivantes sont vraies (**V**) ou fausses (**F**). Modifiez les phrases incorrectes.

_____ 1. Annie est mariée avec un enfant.

_____

_____ 2. Elle a travaillé sans succès comme médecin généraliste pendant un an.

_____

_____ 3. D'après Annie, il n'y a pas assez de médecins généralistes en France.

_____

_____ 4. Ses patients lui téléphonaient le plus souvent juste à l'heure où elle emmenait son enfant à l'école.

_____

_____ 5. Le mercredi, le jour de congé à l'école, Annie met son enfant à la garderie.

_____

Enfin, Annie vous parle de son travail et de sa vie d'aujourd'hui.

MOTS UTILES: le chômage *unemployment*   une équipe *team*
se plaire *to like, to please oneself*   l'équilibre *(m)* *balance, stability, harmony*

L. Sa philosophie. Pourquoi Annie est-elle contente aujourd'hui?

1. *Le stress dans le travail:* Est-elle stressée ou non? Qu'est-ce qui l'a stressée beaucoup plus que le travail?

   _____

2. *Son appartement:* L'aime-t-elle ou non?

   _____

3. *Son travail:* Comment sont ses collègues?

   _____

4. *Sa santé physique:* Est-elle en forme ou non?

   _____

5. *Sa santé mentale:* Qu'est-ce qu'elle a trouvé dans son travail et dans sa vie privée?

   _____

6. *Son équilibre:* D'après Annie, quels sont les trois aspects de l'équilibre parfait?

   _____

EXERCICES ÉCRITS

On ne croira jamais ce qui m'est arrivé...

La grammaire à réviser

Avant la première leçon

A. Souvenirs de vacances. Jean-Claude vient de recevoir une lettre de son amie Hélène, qui lui décrit ses dernières vacances. Complétez les phrases en utilisant le passé composé. Attention aux accords possibles du participe passé.

MODÈLE: (Je / passer) *J'ai passé* mes dernières vacances à Royan.

1. (Tu / entendre) _____ parler de Royan, n'est-ce pas?

2. (Je / choisir) _____ de louer une villa pas très loin de la plage avec mon amie Claire.

3. (Nous / y / rester) _____ trois semaines.

4. (Nous / la / beaucoup / aimer) _____, cette villa.

5. (Nous / aller) _____ au restaurant plusieurs fois par semaine.

6. Une fois, (des amis / nous / inviter) _____ à dîner chez eux.

7. Malgré tout, (nous / ne pas / grossir) _____.

8. Moi, (je / même / perdre) _____ quelques kilos.

9. C'est parce que (je / se promener) _____ sur la plage pendant des heures tous les jours.

10. (Je / rentrer) _____ à Paris le 31 juillet.

11. En fin de compte, (ces vacances / ne pas / me / coûter) _____ trop cher.

12. Toi et Martine, (vous / bien / se reposer) _____ pendant les vacances?

Après avoir fini l'exercice, regardez bien vos réponses. Il y 5 verbes qui sont conjugués avec **être**, et 7 participes passés auxquels il faut ajouter **e**, **s**, ou **es**. Les avez-vous tous trouvés?

Avant la deuxième leçon

B. Souvenirs de famille. À une réunion de famille, une mère parle à sa fille de l'époque où la fille était petite. Choisissez les verbes appropriés selon le contexte et puis mettez-les à l'imparfait. La première réponse est donnée à titre de modèle.

Ah, quand nous (téléphoner / habiter) *habitions* (1) à Cannes, nous (aller / vivre) _____ (2)

souvent aux îles de Lérins, tu te rappelles? Dès qu'il (commencer / finir) _____ (3) à faire

beau, j(e) (annuler / préparer) _____ (4) un pique-nique, et on (manger / travailler)

_____ (5) sur la plage. Après le déjeuner, je (se reposer / se dépêcher)

_____ (6) en regardant les bateaux qui (filtrer / flotter) _____ (7) sur

la mer. Ton frère et toi, vous (avoir / être) _____ (8) des bouées (*inflatable water toys*) qui

(ressembler / assembler) _____ (9) à des monstres marins (*sea monsters*). Vous (adorer /

pouvoir) _____ (10) ces jouets! Toi, tu (prendre / faire) _____ (11)

aussi de magnifiques châteaux de sable très élaborés — de véritables merveilles architecturales, quoi.

En fait, à cette époque-là, tu (vouloir / venir) _____ (12) devenir architecte, tu t'en

souviens?

Avant la troisième leçon

C. Le retour du voyageur. Paul Dumas a passé cinq ans à travailler pour une grande compagnie américaine à Chicago. Après son retour en France, un journaliste français l'a interviewé sur son séjour et sur la période avant son départ. Reconstituez ses questions en utilisant le plus-que-parfait.

MODÈLE: vous / obtenir / déjà / votre diplôme d'ingénieur / avant d'aller aux États-Unis (est-ce que)

Est-ce que vous aviez déjà obtenu votre diplôme d'ingénieur avant d'aller aux États-Unis?

1. vous / travailler / déjà / pour une grande compagnie en France (est-ce que)

   _____

   _____

2. vous / aller / déjà / à Chicago avant de vous marier (inversion)

   _____

   _____

3. votre femme / vivre / déjà / à l'étranger (n'est-ce pas)

   _____

   _____

4. elle / se rendre compte / que vous seriez aux États-Unis pendant cinq ans (est-ce que)

   _____

   _____

5. votre fille / naître / déjà / avant votre départ (inversion)

   _____

   _____

6. vous / apprendre / déjà / l'anglais avant de partir (n'est-ce pas)

   _____

   _____

Après avoir fini l'exercice, regardez bien vos réponses. Il y 3 verbes qui sont conjugués avec **être**, et 1 participe passé auquel il faut ajouter **e, s,** ou **es.** Les avez-vous trouvés?

Leçon 1

Cap sur le vocabulaire!

A. Tu t'en souviens? Complétez les conversations suivantes avec des réponses ou des questions logiques. Utilisez les expressions de la *Leçon 1* pour parler des souvenirs. (Il y a beaucoup de réponses possibles.)

MODÈLE: — *Je me souviens bien de notre voyage à Paris.*

        — Moi aussi. J'ai une belle photo de nous devant la tour Eiffel.

1. — _____

        — D'accord! Le jour où j'ai visité Paris pour la première fois, il faisait beau. Je...

2. — _____

        — Non, je ne me souviens pas de lui.

3. — _____

        — Tu as raison. Et c'est ton frère qui m'avait invité à cette soirée.

4.   — Vous avez oublié notre rendez-vous hier soir?

        — Oui, _____. Nous sommes désolés.

B. Des vacances désastreuses. Il y a plusieurs années, votre ami Marcel a passé des vacances vraiment catastrophiques. Votre amie Isabelle et vous, vous adorez parler de ça. Utilisez les *Mots et expressions utiles* de la *Leçon 1* pour parler avec Isabelle des vacances de Marcel. Écrivez vos phrases au passé composé, et variez les expressions pour raconter des souvenirs.

MODÈLE: *Tu t'en souviens? Il a plu constamment!*

1.

2.

3.

1. _____

   _____

2. _____

   _____

3. _____

   _____

4. _____

   _____

5. _____

   _____

6. _____

   _____

7. _____

   _____

8. _____

   _____

Soyons optimistes! Marcel a eu beaucoup de problèmes, mais il y a quand même certaines choses qui ne lui sont *pas* arrivées. Nommez trois de ces choses.

MODÈLE: *Il n'est pas tombé malade.*

1. _____

2. _____

3. _____

C. C'est quel moyen de transport? Indiquez quel moyen de transport est évoqué dans chacune des phrases suivantes. Il y a quelquefois plus d'une réponse possible.

V voiture   T train   A avion

MODÈLE: *V, T, A*   Montez vite! On va partir!

_____ 1. Quand est-ce que nous allons atterrir à Rome?

_____ 2. Nous allons faire de l'auto-stop.

_____ 3. Oh là là! Cette circulation est épouvantable!

_____ 4. Ton sac est sur le porte-bagages?

_____ 5. Où va-t-on se garer?

_____ 6. Je t'attendrai sur le quai.

_____ 7. Tu as acheté un aller-retour?

_____ 8. Quelle belle soirée! Je te ramène?

_____ 9. Ton vol n'a pas été trop fatigant?

_____ 10. Zut! Nous l'avons manqué!

_____ 11. Auriez-vous un horaire pour Bruxelles?

_____ 12. N'oublie pas de faire le plein.

La grammaire à apprendre

Le passé composé

D. Une semaine à Paris. Un couple américain a passé une semaine de vacances à Paris. Complétez la description de leur séjour parisien en mettant le verbe approprié au passé composé. Attention au choix de l'auxiliaire et aux accords du participe passé. La première réponse est donnée.

L'été dernier, les Campbell (prendre / passer) *ont passé* (1) une semaine formidable à Paris. Ils (faire /

prendre) _____ (2) un vol direct Chicago-Paris. Immédiatement après leur arrivée, ils

EN SURVOLANT PARIS
L'Arc de Triomphe
Place Charles de Gaulle
Flying over Paris
Triumph Arch. Charles-de-Gaulle-Square
Flug über Paris
Der Triumphbogen-Charles-de-Gaulle Platz

Bonjour from Paris!
We miss you, honey,
but we're having a
wonderful time!
See you soon!
Love,
Dad

Photo Monique FRANÇOIS

ABEILLE-CARTES · Editions "LYNA - PARIS" ®
2, rue des Charbonniers - 95330 DOMONT · Rép. inf.
Tél. (1) 39.35.90.70 - (1) 42.36.41.28

CENTRE DE FORMATION
ET DE PERFECTIONNEMENT
DES JOURNALISTES
PARIS LOUVRE

3 230881 100101

RÉPUBLIQUE FRANÇAISE
80
ABBAYE DU THORONET VAR

Miss Joy Campbell
12536 Main Street
Scottsdale, Arizona, USA 85200

PAR AVION

(lire / écrire) _____ (3) une carte postale à leur fille Joy, qui (ne pas pouvoir / ne pas

occuper) _____ (4) les accompagner.

Pendant leur séjour, ils (rendre visite / voir) _____ (5) la pyramide du Louvre, et ils

(monter / montrer) _____ (6) à l'Arc de Triomphe. Ils (descendre / conduire)

_____ (7) la Seine en bateau-mouche *(tourist excursion boat)*. Ils (se lever / se coucher)

_____ (8) tard tous les soirs! Un soir, Mlle Cartier, une amie de Mme Campbell, les

(recevoir / connaître) _____ (9) à dîner et elle les (courir / conduire)

_____ (10) dans plusieurs endroits de Paris. Elle leur (ouvrir / offrir)

_____ (11) deux bouteilles de champagne pour ramener aux États-Unis.

Un jour, Mme Campbell (vouloir / falloir) _____ (12) acheter des souvenirs français

et des vêtements pour sa fille et pour elle. Elle (faire / aller) _____ (13) du shopping à la

Défense. La robe qu'elle (choisir / amener) _____ (14) pour Joy était superbe! Pendant ce

temps, M. Campbell (s'asseoir / devoir) _____ (15) à la terrasse d'un café. Il (savoir /

sortir) _____ (16) un livre de poésie, et il (boire / se détendre) _____ (17)

un bon verre de vin rouge en lisant des poèmes français.

Pendant leurs vacances, les Campbell (ne jamais craindre / ne jamais avoir) _____ (18)

le mal du pays, et ils (s'asseoir / se dire) _____ (19): «Ça (être / avoir)

_____ (20) une très bonne expérience!»

Après avoir fini l'exercice, regardez bien vos réponses. Il y a 4 verbes qui sont conjugués avec **être**, et 5 participes passés auxquels il faut ajouter **e**, **s**, ou **es**. Les avez-vous trouvés?

Une carte postale. Vous êtes M. et Mme Campbell. Écrivez une carte postale à Mlle Cartier pour dire que vous êtes bien rentrés chez vous, et pour la remercier de son accueil *(hospitality)* à Paris. Utilisez une autre feuille de papier.

E. Il y a toujours une solution! Imaginez ce que les différentes personnes ont fait dans les circonstances suivantes. Utilisez le passé composé.

MODÈLE: Qu'est-ce que tu as fait quand tu as eu la contravention?

Eh bien, je l'ai payée.

1. Qu'avez-vous fait quand vous avez eu le mal du pays?

   _____

2. Qu'est-ce qu'ils ont fait quand ils se sont perdus?

   _____

3. Qu'est-ce que Caroline a fait quand elle a eu un pneu crevé?

   _____

4. Maman et papa, qu'est-ce que vous avez fait quand vous vous êtes trompés de train?

   _____

5. Qu'est-ce que tu as fait quand tu voulais des renseignements sur les musées à Amsterdam?

   _____

6. Devine *(Guess)* ce que j'ai fait quand il n'y avait plus de place dans le terrain de camping?

   _____

7. Qu'est-ce que tu as fait quand tu es arrivé(e) à la gare en retard?

   _____

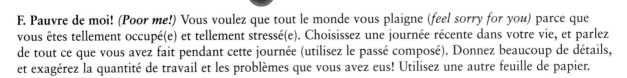

Phrases: Sequencing events
Vocabulary: City; problems; studies
Grammar: Compound past tense **(passé composé)**

F. Pauvre de moi! *(Poor me!)* Vous voulez que tout le monde vous plaigne *(feel sorry for you)* parce que vous êtes tellement occupé(e) et tellement stressé(e). Choisissez une journée récente dans votre vie, et parlez de tout ce que vous avez fait pendant cette journée (utilisez le passé composé). Donnez beaucoup de détails, et exagérez la quantité de travail et les problèmes que vous avez eus! Utilisez une autre feuille de papier.

Leçon 2

Cap sur le vocabulaire!

Phrases: Sequencing events
Grammar: Compound past tense; imperfect

A. Un contrebandier. Paul a vu quelque chose d'intéressant pendant son dernier vol entre Rome et New York. Complétez son histoire de la manière suivante. Les *Expressions typiques pour...* et les *Mots et expressions utiles* de la *Leçon 2* vous aideront à faire cet exercice. Utilisez une autre feuille de papier.

1. Faites des phrases complètes en utilisant les éléments donnés ci-dessous et en mettant tous les verbes au passé composé. (Il y a un verbe à l'imparfait qui est indiqué pour vous.)

2. Ajoutez au moins 5 expressions appropriées pour mieux lier les événements de l'histoire (**D'abord, Alors, Tout à coup, En fait,** etc.)

3. Ajoutez 3–4 phrases pour aider vos lecteurs (*readers*) à mieux imaginer les personnages et les événements de l'histoire. Vous allez probablement utiliser l'imparfait.

MODÈLE: avant d'embarquer / Rome / je / remarquer / jeune homme

> *Avant d'embarquer à Rome, j'ai remarqué un jeune homme. Il avait l'air nerveux, et il surveillait bien ses bagages.*

tous les passagers / débarquer / à New York
je / montrer / mon passeport
nous / passer / la douane
moi / je / déclarer / mes achats
je / payer / les droits nécessaires
jeune homme / se présenter / à la douane / après moi

douaniers / arracher / les bagages des mains du voyageur
ils / les / fouiller
ils / confisquer / de la drogue / des bijoux / des faux passeports
jeune homme / faire (**imparfait**) / de la contrebande!

Après avoir fini l'exercice, regardez bien vos réponses. Dans la première partie, il y 1 verbe qui est conjugué avec **être,** et 1 participe passé auquel il faut ajouter e, s, ou es. Les avez-vous trouvés?

La grammaire à apprendre

L'emploi du passé composé et de l'imparfait

B. Le passé composé et l'imparfait. Une bonne façon d'étudier la distinction entre le passé composé et l'imparfait, est de lire un texte en anglais et d'imaginer quel temps de verbe vous choisiriez si vous alliez traduire ce texte en français. Lisez les trois premiers paragraphes du livre *The Noonday Friends* de Mary Stolz, et indiquez s'il faudrait utiliser le passé composé (écrivez p.c.) ou l'imparfait (écrivez imp.).

Franny Davis is one of three children in a poor family living in New York City. She is sensitive about her shabby clothes and about using the free lunch passes issued to poor children by her school district. She's sometimes rather lonely, because the only time she can see her friends is at lunchtime; after school, she must care for her little brother, Marshall.

Wishing it were cooler and wishing she weren't hungry, Franny Davis (**1**) *(stood)* in line at the school cafeteria door, fingering the lunch pass in her sweater pocket. It (**2**) *(was)* too warm today for her red sweater, but she (**3**) *(was wearing)* it anyway, and though it (**4**) *(was)* not really one of those wonderful bulky sweaters you (**5**) *(saw)* in the advertisements, it (**6**) *(looked like)* one. Sort of. Anyway, it (**7**) *(was)* the only piece of clothing she (**8**) *(owned)* that she (**9**) *(liked)*. Her skirt (**10**) *(was)* much mended and let down now as far as it (**11**) *(was going)* to go. Of course all the girls (**12**) *(were wearing)* short skirts these days, but there (**13**) *(was)* a difference between short skirts that (**14**) *(were bought)* that way—like the one Lila Wembleton (**15**) *(had on)*—and short skirts that had gotten that way. You wouldn't think the difference would show, but somehow it (**16**) *(did)*.

She (**17**) *(got)* inside the door, (**18**) *(showed)* her ticket to the teacher at the desk there, who (**19**) *(glanced)* at it, then (**20**) *(nodded)* and (**21**) *(smiled)* encouragingly at Franny.

As if to make up for something, Franny (**22**) *(thought)* touchily. Still, she (**23**) *(smiled)* back. Every day she (**24**) *(thought)* how nice it would be to say to that teacher, "Here, please give this to some child who needs it"—handing the ticket over with a gracious smile. "I find I am not in the least hungry today." Or "I find I won't be needing this anymore." But she never (**25**) *(did hand it over)* with a gracious smile, because by noontime she (**26**) *(was)* in the least hungry. Every noontime. [...]

Mary Stolz, *The Noonday Friends*, New York, Evanston,
San Francisco, London: Harper & Row, 1965, pp. 1–2

1. _____	6. _____	11. _____	15. _____	19. _____	23. _____
2. _____	7. _____	12. _____	16. _____	20. _____	24. _____
3. _____	8. _____	13. _____	17. _____	21. _____	25. _____
4. _____	9. _____	14. _____	18. _____	22. _____	26. _____
5. _____	10. _____				

C. Des vacances à la Martinique. Sylvie Perrot décrit son voyage à la Martinique. Choisissez les verbes appropriés pour son récit et mettez-les à la forme convenable du passé. Attention! Faut-il utiliser le passé composé ou l'imparfait? Est-ce qu'il faut utiliser **avoir** ou **être** comme verbe auxiliaire? Faut-il faire l'accord du participe passé?

Je n'oublierai jamais la semaine que je (passer / prendre) _____ (1) à la

Martinique avec mes parents l'année dernière — des vacances de rêve! Le jour où nous (partir / quitter)

_____ (2) de Chicago, il y (être / avoir) _____ (3)

un vent froid, et il (neiger / nager) _____ (4) un peu. Quand nous (venir / voir)

_____ (5) ça, nous (se féliciter / regretter) _____ (6)

d'avoir choisi cette destination!

Dans l'avion, pendant que mes parents (dormir / danser) _____ (7),

je (oublier / sortir) _____ (8) mon manuel de français, et je (étudier / frapper)

_____ (9) mes verbes irréguliers. Après tout, Maman et Papa (tromper /

compter) _____ (10) sur moi pour être leur interprète!

Nous (descendre / attendre) _____ (11) dans un très bel hôtel à

Fort-de-France. Quand nous y (arriver / réaliser) _____ (12), quelqu'un

(montrer / monter) _____ (13) nos valises dans nos chambres. Mais, malgré

notre fatigue, nous (avoir / savoir) _____ (14) que nous (ne pas vouloir / ne pas

recevoir) _____ (15) nous reposer. Nous ([vite] faire / plaire)

_____ (16) notre première visite de la ville.

Après une longue promenade, nous (s'inquiéter / s'installer) _____ (17)

à la terrasse d'un café, et nous (prendre / construire)_____ (18) un jus

de fruits. Devant nous, nous (pouvoir / devoir) _____ (19) voir la baie,

et des gens qui (s'y prendre / s'y baigner) _____ (20) et qui y (faire / acheter)

_____ (21) du bateau. Quelle vue magnifique!

Ça a été un voyage formidable, mais nous (ne pas pouvoir / ne pas valoir)

_____ (22) tout faire, ça va sans dire! Nous y retournerons bientôt —

ça, c'est sûr!

Après avoir fini l'exercice, regardez bien vos réponses. Il y 5 verbes qui sont conjugués avec **être**, et 6 participes passés auxquels il faut ajouter **e, s,** ou **es**. Les avez-vous trouvés?

D. Des vacances désastreuses. Écrivez une petite histoire qui raconte des vacances désastreuses. Utilisez une autre feuille de papier.

Voici trois approches possibles:

a. Racontez le voyage que la jeune Annie a fait avec son père (voir la *Lecture II* du *Chapitre 1*).

b. Racontez des vacances désastreuses que vous avez passées.

c. Imaginez des vacances catastrophiques qu'une personne réelle ou imaginaire a passées, et racontez-les.

Leçon 3

Cap sur le vocabulaire!

A. C'est vous, l'interprète! Vous arrivez à un petit hôtel, et vous trouvez un groupe de touristes américains et anglais à la réception. Puisqu'ils ne parlent pas très bien le français, ils vous demandent de les aider. Traduisez l'essentiel de ce qu'ils disent pour le réceptionniste. Utilisez le vocabulaire des sections *Expressions typiques pour...* et *Mots et expressions utiles*.

MODÈLES: *On vous dit:* "I wonder if all the rooms are reserved. We didn't call ahead, so we hope there's something left."

Vous dites: «*Est-ce qu'il y a une chambre de libre?*»

On vous dit: "We need some change, because we've got a lot of big bills. Do you think we could pay for the room now instead of tomorrow morning—and in cash?"

Vous dites: «*Ils voudraient régler la note tout de suite — et en espèces.*»

1. *On vous dit:* "I'm trying to save money, so I'd really rather have a room without a bath. I don't mind walking down the hall to take a shower. I don't mind if the room isn't very large, either."

   Vous dites: _____.

2. *On vous dit:* "I left my key here before going out as they asked me to, and now I don't remember what my room number is! My name is Christine Smith."

   Vous dites: _____.

3. *On vous dit:* "We're feeling tired. Do you think we could have something to eat in the room tonight? I didn't ask whether they have room service here."

   Vous dites: _____.

4. *On vous dit:* "We're the Blackthornes. We booked a room for tonight by phone."

   Vous dites: _____.

5. *On vous dit:* "We want a room with a bath, but my husband can't stand bathtubs."

   Vous dites: _____.

6. *On vous dit:* "I'm short of cash and I don't really have time to change any money. Do they accept any other means of payment here?"

   Vous dites: _____.

7. *On vous dit:* "We'd like a separate room for our two kids, but they simply can't sleep in the same bed. They'd keep each other awake."

   Vous dites: _____.

La grammaire à apprendre

L'emploi du plus-que-parfait

B. L'entre-deux-guerres. Nicole vient de trouver au grenier *(attic)* le journal que son arrière-grand-père a écrit pendant la Seconde Guerre mondiale.

Afin que Nicole comprenne mieux, son arrière-grand-père lui décrit les difficultés qu'il avait connues juste **avant** cette époque-là, pendant la période de l'entre-deux-guerres *(period between the two world wars)*. Reconstruisez ses remarques en mettant le verbe approprié au plus-que-parfait.

MODÈLE: La dernière année de la Première Guerre mondiale (être / avoir) *avait été* terrible.

Attention! Comprenez-vous pourquoi vous utilisez le plus-que-parfait ici? Pour vous aider, étudiez le schéma suivant:

Première Guerre mondiale	Période de l'entre-deux-guerres	Deuxième Guerre mondiale (sujet du journal)	Moment où parlent Nicole et l'arrière-grand-père

Période dont parlent Nicole et l'arrière-grand-père

Vous dites: «[Par rapport à la Deuxième Guerre mondiale], la dernière année de la Première Guerre mondiale **avait été** terrible.» [angl. *had been* terrible.]

La dernière année de la Première Guerre mondiale (être / avoir) _____ (1) terrible. Il (ne pas y avoir / ne pas y être) _____ (2) grand-chose à manger. Le pain, le sucre et le beurre (venir / devenir) _____ (3) très difficiles à trouver. Puis, pendant les mois qui avaient suivi la signature de la paix, les gens du village (prendre / peindre) _____ (4) leur courage à deux mains et (vouloir / trouver) _____ (5) reconstruire les maisons et les fermes qui (construire / être) _____ (6) démolies par les boulets de canon. Beaucoup de soldats (revenir / saluer) _____ (7) du front, blessés et gazés *(nerve-gassed)*. Il (dire / falloir) _____ (8) me soigner pendant des mois, mais je (j') (refuser / trouver) _____ (9) du travail dans la ville voisine. Je répétais souvent: «Si seulement la guerre (ne pas détruire / ne pas devoir) _____ (10) notre ferme!» Plus tard, je (j') (se disputer /

se présenter) _____ (11) aux élections municipales et je (j') (se faire / se plaire)

_____ (12) élire maire *(mayor)* du village. Je (J') (attendre enfin / pouvoir enfin)

_____ (13) retourner à la terre que je (j') (avoir tant / aimer tant)

_____ (14) avant la guerre. Alors, au moment où j'ai écrit ce journal, les choses com-

mençaient à aller mieux pour moi.

Après avoir fini l'exercice, regardez bien vos réponses. Il y a 4 verbes qui sont conjugués avec **être**, et 3 participes passés auxquels il faut ajouter **e, s,** ou **es.** Les avez-vous trouvés?

Le passé du passé. Nommez trois choses que vous aviez déjà faites avant de commencer vos études au lycée *(high school)*.

MODÈLE: Avant de commencer le lycée, *j'avais déjà étudié le karaté pendant 4 ans.*

1. _____

2. _____

3. _____

C. Un voyage raté. Dans cette lettre, Julia Henker écrit à son amie Bénédicte pour lui raconter quelque chose de décevant *(disappointing)* qui lui est arrivé récemment. Lisez sa lettre en faisant attention aux temps des verbes et aux détails.

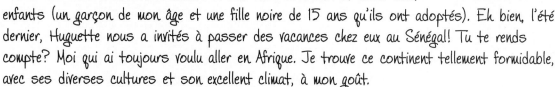

Créteil, le 15 mai 2004

Chère Bénédicte,

Je suis vraiment au bord du désespoir! C'est vrai, ce sont toujours les mêmes personnes qui ont de la chance. Pourquoi Christelle et pas moi? Je te le demande...

Est-ce que je t'ai déjà parlé de nos amis qui habitent au Sénégal? Huguette et ma mère sont amies depuis longtemps. Elles travaillaient ensemble à Paris quand elles étaient jeunes (et je crois qu'elles fréquentaient les boîtes de nuit ensemble aussi!). Maintenant Huguette est éducatrice de rue à Dakar. Elle habite là-bas avec son mari et leurs deux enfants (un garçon de mon âge et une fille noire de 15 ans qu'ils ont adoptés). Eh bien, l'été dernier, Huguette nous a invités à passer des vacances chez eux au Sénégal! Tu te rends compte? Moi qui ai toujours voulu aller en Afrique. Je trouve ce continent tellement formidable, avec ses diverses cultures et son excellent climat, à mon goût.

Alors, j'étais tout à fait ravie de pouvoir passer les vacances de Pâques au Sénégal. J'en avais déjà vu des photos, et j'avais été complètement charmée par ce que j'avais vu. Bien sûr, c'est un pays très pauvre, mais les gens ont l'air très accueillants. Et puis, les couleurs sont très attirantes. Elles sont très vives—ce qui change un peu de la France, où on essaie de passer inaperçus—habillés en gris, blanc, beige, noir... J'étais impatiente de découvrir les cultures sénégalaises, qui sont tellement différentes des cultures européennes. Sans oublier tous les magnifiques bijoux, toutes les statuettes, les masques, les tissus aux couleurs de l'Afrique que j'allais ramener. Je m'imaginais déjà ma chambre, à mon retour, ressemblant plus à un musée qu'à une véritable chambre!

Les dates du voyage étaient fixées, et j'en rêvais depuis des semaines. Puis—coup de théâtre—mon père nous a annoncé: Pas de Sénégal pour les vacances! J'ai été très déçue (disappointed)! Adieu le soleil (j'allais rester blanche comme un cachet d'aspirine), adieu les bananiers et les fruits exotiques, adieu même les beaux Africains. À la place de tout ça, j'allais passer mes vacances en Allemagne, chez mes grands-parents. C'est vrai que les Allemands sont très accueillants et que les paysages allemands sont très beaux. Mais, bon, même si c'est très joli, ça n'a rien à voir avec le Sénégal...

Pour me consoler, j'ai décidé de suivre des cours de danse africaine. Mais le plus rageant pour moi est arrivé la semaine dernière. Mon amie Christelle est arrivée au cours toute contente—elle venait de passer les vacances au Sénégal! Ce n'est pas juste! Si seulement mon père n'avait pas changé d'avis...

Écris-moi bientôt. Je suis vraiment déprimée. En attendant de tes nouvelles, plein de bisous.

Julia

Maintenant,

a. Trouvez:

1. un verbe à l'imparfait dans une description ... *quand elles étaient jeunes; Les dates étaient fixées*

2. un verbe à l'imparfait qui décrit une action habituelle ou répétée _____

_____

3. un verbe à l'imparfait qui décrit une émotion ou un état d'esprit qui continue _____

_____

4. un verbe à l'imparfait qui décrit une action en cours ou une action qui est interrompue par une autre

action _____

5. un verbe à l'imparfait qui décrit une action au futur imaginée dans le passé _____

_____

6. un verbe au passé composé qui décrit une action terminée ou qui avance l'histoire _____

_____

7. un verbe au passé composé qui décrit un changement d'émotion, une réaction _____

_____

8. un verbe au plus-que-parfait qui décrit un «passé dans le passé» _____

_____

9. un verbe au plus-que-parfait qui exprime un regret _____

_____

10. un verbe au présent qui décrit une «vérité générale» _____

_____

11. un verbe au présent qui décrit le moment où Julia écrit sa lettre _____

_____

b. Écrivez un petit résumé *(summary, condensed version)* de cette histoire (6 à 8 phrases). Utilisez au moins 3 verbes au passé composé, 2 verbes à l'imparfait, et un verbe au plus-que-parfait. Utilisez une autre feuille de papier.

D. À vous, maintenant! Imaginez que vous avez visité un des châteaux de la Loire, et que vous avez été enfermé(e) dans le château après la fermeture *(closing)*. Racontez la nuit que vous avez passée dans le château. Écrivez au moins 12 phrases, et utilisez au moins 4 verbes au passé composé, 4 verbes à l'imparfait, et 3 verbes au plus-que-parfait. Amusez-vous! Utilisez une autre feuille de papier.

EXERCICES DE LABORATOIRE

Phonétique

Les sons vocaliques [e] et [ɛ]   CD3–11

Pour prononcer la voyelle française [e], souriez en gardant vos lèvres tendues. Le son [e] rappelle le son dans le mot anglais *bait* mais plus bref et plus tendu. Il s'écrit **é**, **ez**, **et**, **er** ou **ai**. Écoutez et répétez ces mots:

et	chez	téléphoner
découragé	Désiré	volé

A. Pratiquez maintenant la prononciation de [e] avec des phrases complètes. Répétez.

1. Didier est allé téléphoner.

2. Mélanie et Cécile n'ont pas regardé la télé.

3. Écoutez, l'étranger est arrivé à Bagnolet en mai.

Il faut ouvrir la bouche un peu plus grand pour prononcer le [ɛ] français. Ce son vocalique est un peu plus tendu que le **e** dans le mot anglais *net*. Il s'écrit **è**, **ê**, **e**, **ei** ou **ai** dans une syllabe fermée. (Ajoutez à cela le mot **est**.) Écoutez et répétez:

fidèle	être	permettre	Lisette
verveine	Maine	elle	

B. Faites le même exercice avec les phrases qui suivent.

1. La fidèle Lisette aime la verveine *(verbena tea)* fraîche.

2. Elle n'accepte pas qu'on peine sa belle-mère.

3. Sept frères permettent de faire une sélection prospère.

C. Écoutez maintenant les sons [e] et [ɛ] dans le paragraphe suivant. Ensuite, lisez ce passage à haute voix.

Mon frère Dédé est allé à la mer l'année dernière. Son rêve était de rester près de l'eau, de regarder et d'écouter les oiseaux. Il s'est réalisé cet été-là. En fait, mon frère espère désormais passer le reste de ses étés loin des problèmes des grandes cités. Ce n'est pas la peine de travailler sans arrêt, dit-il. Même les ouvriers devraient mettre leurs rêves en premier.

Les sons [y] et [u]   CD3–12

Pour prononcer le [y] français (qui n'a pas d'équivalent en anglais), il faut d'abord sourire en étirant les lèvres, comme pour prononcer [i]. Arrondissez alors immédiatement les lèvres. Le [y] français s'écrit **u** et **û**. Écoutez et répétez soigneusement les mots suivants:

du	salut	étudier	curiosité
naturel	sûr	Lucie	

D. Maintenant, écoutez et répétez le même son dans les phrases suivantes.

1. Gertrude a naturellement dû étudier.

2. Salut! Tu as entendu la superbe musique?

3. Naturellement, les adultes punissent les enfants têtus.

Le son vocalique [u] est semblable au son dans le mot anglais *soup*, mais il est plus bref et plus tendu. Il s'écrit **ou**, **où** et quelquefois aussi **oû**. Ce son est suivi par une consonne ou il termine le mot. (Quand **ou** est suivi d'une voyelle, il se prononce [w]: par exemple, **oui**.) Écoutez et répétez les mots qui suivent:

nous	où	goût	Jean-Loup
Toulouse	trouver	nouveau	

E. Écoutez et répétez les phrases suivantes.

1. Jean-Loup a trouvé un nouveau boulot à Toulouse.

2. Vous souvenez-vous avoir souvent joué aux boules?

3. Minou a oublié de se nourrir aujourd'hui et boude sous le tabouret.

F. Écoutez maintenant le paragraphe suivant. Ensuite, répétez-le à haute voix.

En août, les touristes vont presque tous dans le sud. La Côte d'Azur s'ouvre comme un ultime refuge pour vous soulager de la routine journalière. Pourquoi une telle unanimité? La cuisine y est sublime; goûtez la soupe au pistou à Fréjus ou la bouillabaisse à Toulon. Et bien sûr, la plage est toujours super!

Leçon 1

Conversation   CD3–13

En français, il y a plusieurs façons de demander à quelqu'un de raconter ses souvenirs. Il existe également beaucoup d'expressions pour dire qu'on se souvient ou qu'on ne se souvient pas de quelque chose. Écoutez la Conversation (manuel, **chapitre 4**, leçon 1) en prêtant attention à ces expressions.

A. L'intonation des phrases. Maintenant, écoutez et répétez les phrases suivantes. Imitez l'intonation de la phrase en répétant les expressions qu'on utilise pour parler des souvenirs.

1. Qu'est-ce qui vous est arrivé?

2. Tu te souviens, Marc?

3. Tu te rappelles?

4. Oui, je ne l'oublierai jamais.

5. Ah, bon? Je ne me souviens pas de ça, moi, c'est marrant! C'était quand?

6. Je ne sais plus, mais pendant la nuit, je crois.

7. On l'a cherchée partout, tu ne te rappelles pas?

8. Ah, si, si! Je me souviens maintenant! Quelle horreur!

B. La bonne réponse. Écoutez les mini-conversations, et dites s'il s'agit d'un bon souvenir ou d'un mauvais souvenir.

1. bon   mauvais

2. bon   mauvais

3. bon   mauvais

4. bon   mauvais

La grammaire à apprendre

Le passé composé   CD3–14

C. J'ai séché mes cours. Maude a manqué l'école hier: elle voulait faire toutes les choses qu'elle dit n'avoir jamais le temps de faire d'habitude. Décrivez les activités de Maude en regardant les dessins ci-dessous et en répondant avec le passé composé aux questions que vous entendez.

MODÈLE: Vous entendez: Est-ce que Maude s'est levée à huit heures hier?

Vous répondez: **Non, Maude s'est levée à midi.**

1.

2.

3.

4.

5.

6.

7.

D. Pardon, Maman! La mère de Maude vient d'apprendre que sa fille a séché ses cours hier. Elle lui pose des questions pour savoir exactement ce que Maude a fait. Jouez le rôle de Maude.

MODÈLE: *Vous lisez:* Non, nous... (une comédie)

          Vous entendez: Vous avez vu un film violent?

          Vous répondez: **Non, nous avons vu une comédie.**

1. Non,... (à midi).

2. Euh, non,... (me promener dans le parc)

3. Oui,...

4. Mais non!... (à la maison)

5. Mais non, Maman!... (de l'eau minérale)

6. Euh, non,...

7. Eh bien, oui,...

8. Oui, Maman!... (ne pas te mentir)

Leçon 2

Conversation   CD3–15

En français, il existe plusieurs expressions pour prendre la parole, céder la parole à quelqu'un et pour lier une suite d'événements. Écoutez la Conversation (manuel, **chapitre 4**, leçon 2) en prêtant attention à ces expressions.

A. L'intonation des phrases. Maintenant, écoutez et répétez les phrases suivantes. Imitez l'intonation de la phrase en répétant les expressions qu'on utilise pour raconter une histoire.

1. Alors, tu as mentionné la Louisiane.

2. Allez, raconte, j'aimerais y aller un jour!

3. C'était vraiment extraordinaire! Tu sais, d'abord, on est allé à La Nouvelle-Orléans.

4. Mais tu ne croiras jamais ce qui nous est arrivé!

5. Un jour, on est allé dans les «bayous».

6. Tout à coup, il y en a un qui a arraché le nounours d'un enfant.

7. Hein? Tu plaisantes!

La grammaire à apprendre

L'emploi de l'imparfait et du passé composé   CD3–16

B. C'est parce que... Jacques ne fait jamais ce qu'il faut et il trouve toujours des excuses. Jouez le rôle de Jacques et répondez aux questions de ses parents.

MODÈLE: *Vous lisez:* ne pas avoir faim

          Vous entendez: Pourquoi est-ce que tu n'as rien mangé?

          Vous répondez: **Je n'ai rien mangé parce que je n'avais pas faim.**

1. être malade

2. ne pas avoir le temps

3. ne pas pouvoir étudier tous les soirs

4. coûter trop cher

5. vouloir des disques de très bonne qualité

6. lire des magazines très intéressants

C. Raconte-moi tout! Frédérique a manqué la soirée de son amie Élise. Maintenant elle veut qu'Élise lui raconte tout ce qui s'est passé. Jouez le rôle d'Élise. Créez des phrases avec les éléments donnés et en employant un verbe à l'imparfait et un verbe au passé composé pour aider Frédérique à mieux imaginer les événements de la soirée.

MODÈLE: *Vous lisez:* tout le monde / parler de politique

Vous entendez: Qu'est-ce qu'on faisait quand Yves est arrivé?

Vous répondez: **Tout le monde parlait de politique quand Yves est arrivé.**

1. je / nettoyer la maison

2. Dominique / choisir des disques

3. nous / danser

4. Alain et Claire / s'embrasser

5. nous / manger

6. ils / regarder la télévision

Leçon 3

Conversation   CD4–2

Lorsqu'on parle français, il faut savoir réagir de façon appropriée quand on vous raconte une histoire. Il faut aussi connaître des expressions pour gagner du temps quand on parle. Écoutez la Conversation (manuel, **chapitre 4**, leçon 3) en prêtant attention à ces expressions.

A. L'intonation des phrases. Maintenant, écoutez et répétez les phrases suivantes. Imitez l'intonation de la phrase en répétant les expressions qu'on utilise pour gagner du temps ou pour réagir à un récit.

1. Mais, dis-moi encore…

2. Qu'est-ce que vous avez fait après?

3. Tu sais, ça nous a fait tellement peur que nous sommes partis tout de suite.

4. C'est même difficile à imaginer…

5. Qu'est-ce qu'il y a d'intéressant à voir?

6. Bon, euh, il y a le quartier français, euh, le Vieux Carré…

7. Les balcons, les maisons, enfin, tout est de style espagnol.

8. Et puis il y a le jazz, partout.

B. La bonne réponse. En français, il existe plusieurs façons différentes d'exprimer une réaction à ce qu'on vous dit. Écoutez ce qu'on dit, et choisissez la phrase qui veut dire plus ou moins la même chose.

1. Vous voyez? / Ça alors!

2. Je comprends. / C'est vachement bizarre!

3. C'est tout? / Hein?

4. C'est pas vrai! / Ça ne m'étonne pas.

La grammaire à apprendre   CD4–3

C. Dis, Papa! Jean-Charles voudrait en savoir plus sur l'époque où son père a rencontré sa mère. Alors, il pose beaucoup de questions à son père. Jouez le rôle du père et utilisez le plus-que-parfait pour répondre aux questions de Jean-Charles.

MODÈLE: *Vous lisez:* déjà / la connaître à Bordeaux

Vous entendez: Alors, tu as connu Maman à Paris?

Vous répondez: **Non, je l'avais déjà connue à Bordeaux.**

1. je / déjà / finir mes études
2. il / déjà / se marier
3. elle / déjà / commencer à travailler
4. elle / déjà / mourir
5. je / déjà / acheter un appartement
6. nous / déjà / faire d'autres voyages

Dictée   CD4–4

D. Un voyage mouvementé. Marguerite, étudiante française dans une université américaine, nous raconte un mauvais souvenir de vacances. Écoutez son histoire et transcrivez-la *(transcribe it)* aussi fidèlement que possible. D'abord, vous entendrez le passage en entier. Ensuite, chaque phrase sera lue deux fois. Enfin, tout le passage sera répété afin que vous puissiez corriger votre travail. Écoutez.

MOTS UTILES: enregistrer (des bagages)   *to check in (luggage)*
retarder   *to delay*
quand même   *in spite of everything*

_____

_____

_____

_____

_____

_____

_____

_____

_____

_____

_____

_____

_____

_____

Compréhension

Les vacances et la circulation CD4–5

Dans ce chapitre, vous avez appris à raconter une histoire et à décrire vos
souvenirs. Vous avez beaucoup parlé de vacances et de moyens de
transport. Maintenant, imaginez que nous sommes le 1er juillet.
En France, la plupart des vacanciers *(vacationers)* partent en
vacances le 1er et le 15 juillet et le 1er et le 15 août. Étudiez
la carte et les *Mots utiles* ci-dessous, puis écoutez ce bulletin
d'informations donné par la station de radio Europe 1.

MOTS UTILES: meurtrier   *deadly*
blessés   *injured people*
la route patinoire   *road like an ice-skating rink*
un bouchon   *traffic jam*
le Grand Prix de formule 1   *[famous car race]*
encombrer   *to congest, block*
une lame de fond   *ground swell*
intervention   *life-saving attempts*
la noyade   *drowning*
une insolation   *sunstroke*

E. Quelles vacances! Choisissez toutes les réponses qui sont correctes.

_____ 1. C'est aujourd'hui le 1er juillet. Un ami part en vacances. Vous lui conseillez de (d')...

   a. prendre l'avion.

   b. attendre jusqu'au 3 juillet.

   c. partir en voiture.

_____ 2. Le présentateur nous dit que c'est le début des vacances et qu'il y a déjà...

   a. beaucoup d'accidents.

   b. des morts.

   c. des heures d'attente dans les aéroports et des bouchons sur les autoroutes.

_____ 3. L'embouteillage du trafic aérien est dû...

   a. au week-end et au début de la période des vacances.

   b. à une course automobile qui a lieu au moment des départs en vacances.

   c. à une grève des aiguilleurs du ciel *(air traffic controllers)*.

_____ 4. Vous êtes en Languedoc-Roussillon. Vous...

   a. allez faire attention au vent.

   b. allez vous baigner après avoir pris le soleil.

   c. n'allez pas vous baigner pour le moment.

À l'aéroport   CD4–6

Vous rentrez aux États-Unis d'un voyage en Europe. Vous êtes dans une salle d'embarquement à l'aéroport international de Genève. Une demi-heure avant le départ, cette annonce est faite aux passagers.

MOT UTILE: un siège *seat*

F. Dans la salle d'embarquement. Vous expliquez en anglais à votre ami qui ne parle pas français l'annonce que vous venez d'entendre.

1. Ce qu'il faut faire avec la carte d'accès à bord: _____

_____

2. Ce qu'il faut faire avec les bagages à main: _____

_____

G. À bord de l'avion. Remplissez les renseignements ci-dessous selon l'annonce que vous venez d'entendre.

1. Ligne aérienne: _____

2. Destination du vol: _____

3. Correspondance pour New York —numéro du vol: _____

ville de débarquement: _____

Agnès parle de son arrière-grand-père   CD4–7

Dans ce chapitre, vous vous êtes familiarisé(e) avec le récit d'événements passés. Étudiez les **Mots utiles** ci-dessous, puis écoutez l'histoire d'Agnès.

MOTS UTILES: une maquette *model*   recoller *to reglue*
une voile *sail*   la cale *hold of a boat*
l'arrière-grand-père *great-grandfather*   la coque *hull of a boat*
un canon *cannon*   le gage *token*
déchiré *torn*   trahi *betrayed*

H. Oui ou non? Selon l'histoire racontée par Agnès, indiquez si *oui* ou *non* les faits suivants sont exacts.

_____ 1. L'arrière grand-père a commencé à travailler dans la marine à l'âge de 35 ans.

_____ 2. Le bateau en question est une maquette d'un bateau de guerre.

_____ 3. À l'intérieur, on a trouvé la photo d'un ami de l'arrière-grand-père.

_____ 4. La famille a été surprise d'apprendre que l'arrière-grand-père n'avait pas construit ce bateau.

_____ 5. Cette histoire amuse la famille d'Agnès.

EXERCICES ÉCRITS

Exprimez-vous!

La grammaire à réviser

Avant la première leçon

Le subjonctif

La vie estudiantine: mode d'emploi *(directions for use)*. On a interviewé professeurs, étudiants et parents pour connaître leurs avis sur ce qu'un(e) étudiant(e) doit faire pour réussir. Malheureusement, leurs conseils ont été mélangés. Trouvez ce que chaque personne a dit, et complétez la liste de conseils. Remarquez que toutes les constructions exigent un verbe au subjonctif.

arriver aux cours à l'heure
assister régulièrement aux cours
conserver une bonne moyenne *(GPA)*
se détendre
~~leur donner souvent des nouvelles~~
dormir suffisamment
leur écrire régulièrement
~~établir un bon rythme de vie~~
étudier sérieusement
~~lire un bon livre de temps en temps~~
manger équilibré
pratiquer un sport trois fois par semaine
remettre leurs devoirs à temps
répondre vite à leurs lettres
~~les respecter~~
réussir aux examens
rire avec vos amis
sortir au moins une fois par mois
~~suivre un certain nombre de cours obligatoires~~
leur téléphoner

1. FRANÇOISE D. (étudiante): Pour obtenir ton diplôme, il faut que tu...

   suives un certain nombre de cours obligatoires; _____

   _____

   _____

   _____

2. PAUL V. (professeur): Pour entretenir de bons rapports avec les profs, il est important que les étudiants...

les respectent; _____

_____

_____

_____

3. MARTIN G. (étudiant): Pour rester en bonne forme physique, il est nécessaire que nous...

établissions un bon rythme de vie; _____

_____

_____

_____

4. MARION T. (mère): Pour maintenir le moral, il faut aussi que vous...

lisiez un bon livre de temps en temps; _____

_____

_____

_____

5. Hélène B. (étudiante): Et pour rassurer mes parents qui habitent loin, il est essentiel que je...

leur donne souvent des nouvelles; _____

_____

_____

_____

Leçon 1

Cap sur le vocabulaire!

A. Test. Quel rôle la télévision joue-t-elle dans votre vie? Passez ce petit test pour le savoir.

1. Il y a _____ poste(s) de télé chez moi.

2. Je regarde la télé... (cochez [*check*] la réponse appropriée)

   _____ entre 0 et 5 heures par semaine.

   _____ entre 6 et 10 heures par semaine.

   _____ entre 10 et 20 heures par semaine.

   _____ plus de 20 heures par semaine.

3. J'allume la télé... (cochez toutes les réponses appropriées), et ça me donne envie de regarder

   _____. (précisez le type d'émission que vous avez envie de regarder dans ces circonstances)

   MODÈLE: *x* quand je suis fatigué(e), et ça me donne envie de regarder *une rediffusion d'une émission que j'ai déjà vue.*

   _____ quand je me sens seul(e), et ça me donne envie de regarder _____

   _____.

   _____ quand j'ai besoin de me détendre, et ça me donne envie de regarder _____

   _____.

   _____ quand je n'ai pas envie de parler aux autres, et ça me donne envie de regarder_____

   _____.

   _____ quand j'ai envie d'apprendre quelque chose, et ça me donne envie de regarder _____

   _____.

   _____ quand je suis déprimé(e), et ça me donne envie de regarder _____

   _____.

4. Mes amis tiennent à ce que je sorte avec eux, mais mon émission préférée passe à la télé ce soir. (cochez la réponse appropriée)

   _____ Je sors quand même; les amis sont plus importants que la télé.

   _____ J'utilise mon magnétoscope pour enregistrer l'émission. J'ai l'intention de la regarder demain.

   _____ Je reste à la maison. Je ne rate jamais cette émission.

5. Je suis en train de regarder la télé quand une amie arrive chez moi. (cochez la réponse appropriée)

_____ J'éteins la télé pour parler avec elle. Il vaut mieux rater l'émission et préserver l'amitié.

_____ Je baisse le son, et je continue à regarder l'écran du coin de l'œil pendant que je lui parle.

_____ J'augmente le son pour ne rien rater. J'espère qu'elle partira bientôt.

6. J'ai un(e) ami(e) qui n'a pas du tout les mêmes goûts que moi (*the same tastes as I do*). Il/Elle regarde plutôt... (cochez les 4 types d'émissions qu'il/qu'elle regarde le plus — celles que vous, vous ne regardez pas très souvent)

_____ les feuilletons.

_____ les jeux télévisés.

_____ les séries.

_____ le journal télévisé (les actualités).

_____ les causeries.

_____ les émissions de variétés.

_____ les reportages.

_____ le sport (matchs de football, etc.).

_____ les films.

_____ les débats politiques.

_____ les dessins animés *(cartoons)*.

_____ _____ (précisez)

7. Quelles émissions comptez-vous regarder cette semaine? Pourquoi les aimez-vous?

_____

8. À propos de la télécommande... (cochez la réponse appropriée)

_____ Elle est à moi — j'aime mieux que les autres n'y touchent pas!

_____ Ça ne me gêne pas que quelqu'un d'autre la prenne.

_____ Je n'ai pas de télécommande. Je me lève de mon fauteuil pour changer de chaîne.

9. J'aime (J'aimerais) avoir la télévision par câble afin de pouvoir... (cochez les réponses appropriées)

_____ regarder les films étrangers.

_____ regarder les émissions de sport.

_____ avoir plus de chaînes.

_____ regarder les nouveaux films.

_____ regarder des émissions éducatives.

_____ _____ (précisez)

10. Préférez-vous regarder les films étrangers en version originale avec des sous-titres ou sans sous-titres?

_____

11. Qu'est-ce qu'on peut faire au lieu de regarder la télé, si on a envie de se détendre?

_____

Interprétez maintenant! Maintenant, analysez vos réponses (ou les réponses d'un[e] camarade de classe). Que révèlent-elles à propos du rôle de la télévision dans votre vie? Y occupe-t-elle une place raisonnable ou êtes-vous son esclave? Écrivez votre analyse sur une autre feuille de papier.

La grammaire à apprendre

Le subjonctif: formation irrégulière; la volonté

B. Mais, décidez-vous! Suzanne est stagiaire *(intern)* depuis deux mois dans les studios d'une chaîne de télévision, mais elle commence à être un peu frustrée. Elle a deux patrons, et ils se contredisent *(contradict)* constamment. Complétez ces bribes *(snippets)* de leurs conversations, et utilisez le subjonctif quand c'est nécessaire.

MODÈLE: M. LE GALL: Je préférerais que vous (finir) *finissiez* ce projet pour vendredi prochain.

SUZANNE: Mais M. Delavigne exige que je le (finir) *finisse* pour demain!

1. M. LE GALL: J'aimerais bien que vous nous (tutoyer) _____.

   SUZANNE: Mais M. Delvigne insiste pour que je vous (vouvoyer) _____.

2. M. LE GALL: OK, mais je souhaite que vous (prendre) _____ le café avec nous.

   SUZANNE: Euh… M. Delavigne préfère que je le (prendre) _____ avec les autres stagiaires.

3. M. LE GALL: Bon, d'accord. Pourtant, j'exige que vous (venir) _____ à la réunion demain.

   SUZANNE: Eh bien, M. Delavigne ne veut pas que j'y (aller) _____.

4. M. LE GALL: Alors, j'aimerais que vous (aller) _____ à la bibliothèque universitaire pour faire ces recherches.

   SUZANNE: Écoutez, M. Delavigne désire que je les (faire) _____ sur Internet.

5. M. LE GALL: Notre équipe a besoin de parler cet après-midi. J'aimerais bien que vous (être)

   _____ là.

   SUZANNE: Mais, monsieur, M. Delavigne m'a dit que vous n'aviez pas besoin de moi. Il veut plutôt

   que je (rendre) _____ ces dossiers au Service de documentation.

6. M. LE GALL: J'aimerais bien que vous (avoir) _____ un peu plus de responsabilités maintenant. Ça vous permettra de recevoir une formation professionnelle (*training*) plus approfondie (*in-depth*).

SUZANNE: J'ai l'impression que M. Delavigne ne veut pas que je (recevoir) _____ cette formation pour le moment.

7. M. LE GALL: Suzanne, je souhaite que vous (appeler) _____ la directrice du personnel cette semaine pour voir s'il y a un poste permanent pour vous.

SUZANNE: Hmmm. M. Delavigne préfère que je la (voir) _____ dans quelques mois.

8. M. LE GALL: Ah bon? Écoutez, j'ai une petite suggestion pour vous. Je voudrais que vous (s'acheter)

_____ des vêtements plus «professionnels» pour travailler ici.

SUZANNE: Eh bien, alors, pour une fois, vous êtes d'accord sur quelque chose. M. Delavigne veut,

lui aussi, que je _____ (s'en acheter)!

Deux patrons, c'est trop! C'est difficile de travailler pour deux personnes, n'est-ce pas? Relisez les échanges entre Suzanne et M. Le Gall, et décidez lequel de ses deux patrons vous préférez. Citez des détails des conversations pour justifier votre opinion. Écrivez trois ou quatre phrases.

_____

_____

_____

_____

C. Exigences et désirs. Un père de famille donne son opinion sur différents aspects de la télévision aujourd'hui. Ensuite, un étudiant s'exprime sur le même sujet. Terminez chacune de leurs phrases en choisissant une expression appropriée de la liste ci-dessous. Mettez le verbe de la proposition subordonnée au subjonctif, si l'expression de volonté l'exige. Utilisez chaque expression une fois seulement.

apprendre à apprécier les films étrangers
avoir la télévision par câble
ne pas choisir d'émissions trop violentes
croire tout ce que tu vois à la télé
~~nous dire la vérité~~
ne pas être trop controversées

faire des spots publicitaires adaptés à tous les
    publics
passer à la télé ce week-end
pouvoir apparaître dans *Survivor*
savoir limiter le nombre d'heures que tu passes
    devant la télé

MODÈLE: Je souhaite que les journalistes *nous disent la vérité.*

C'est le père qui parle à sa fille de 10 ans:

1. Je ne veux pas que tu _____.

2. J'exige que les émissions que tu regardes _____.

3. Je désire que tu _____.

4. À mon avis, les bons parents espèrent que leurs enfants _____

_____.

5. Ta mère et moi, nous aimerions que les agences publicitaires (*advertising agencies*) _____

_____.

Maintenant, à l'étudiant de s'exprimer:

6. Simon et moi, nous préférerions bien que notre nouvel appartement _____

_____.

7. Ma copine Marie rêve d'être célèbre. Je souhaite qu'elle _____

_____.

8. Maman est trop intellectuelle! Elle voudrait bien que j(e) _____

_____.

9. Mes amis et moi, nous espérons que ce match de foot important _____

_____.

Vocabulary: Personality
Grammar: Subjunctive

D. Les désirs des autres. Qu'est-ce que les personnes suivantes exigent de vous? Choisissez quatre expressions de volonté différentes (**aimer [bien], désirer, espérer, exiger, préférer, souhaiter, vouloir, vouloir bien**) et utilisez quatre verbes différents dans les propositions subordonnées.

MODÈLE: mes amis

Mes amis souhaitent que je les soutiennent (support).

1. mon/ma colocataire (*roommate*) _____.

2. mes parents _____.

3. mon professeur de français _____.

4. mon employeur (actuel ou futur) _____.

E. Médias pour enfants. Les enfants ont des difficultés à distinguer entre la fantaisie et la réalité, et ils sont facilement influencés. Que souhaitez-vous que les médias fassent pour créer des émissions qui sont adaptées aux enfants? Écrivez un petit paragraphe de 5–6 phrases. Utilisez une autre feuille de papier.

Leçon 2

Cap sur le vocabulaire!

A. Psychiatrie pour débutants. Selon certaines
écoles de psychiatrie, il faut laisser parler le patient/la
patiente, sans faire de commentaires. Jouez le rôle du
psychiatre. Répétez avec d'autres mots ce que disent
vos patients, pour montrer que vous les écoutez.
Utilisez le vocabulaire de la *Leçon 2*.

MODÈLE: «Ça m'a beaucoup déçue.»

   Ah, vous avez été très déçue.

1. «Je suis un peu inquiet.»

   Ah, _____.

2. «Je suis très en colère.»

   Ah, _____.

3. «Ça m'agace!»

   Ah, _____.

4. «J'en ai marre!»

   Ah, _____.

5. «Je trouve ça formidable!»

   Ah, _____.

6. «Ça me barbe!»

   Ah, _____.

7. «Je ne suis pas heureux.»

   Ah, _____.

8. «Ça ne me dit rien de faire ça.»

   Ah, _____.

B. Portrait d'une publication. Prenez un numéro *(an issue)* d'un journal ou d'un magazine américain, et faites-en le «portrait» pour le présenter à un public français qui ne le connaît pas.

1. Comment s'appelle cette publication?

   _____

   _____

2. Est-ce ____ un quotidien, ____ un hebdomadaire,

   ____ un mensuel, ____ un bimensuel, ____

   _____ (précisez)?

3. Le magazine/journal a un tirage de combien d'exemplaires?

   _____

4. Êtes-vous abonné(e) à ce journal/magazine? Pourquoi (pas)?

   _____

5. Combien coûte un abonnement?

   _____

6. Qui sont les lecteurs/lectrices de ce journal/magazine? (Précisez leur(s) âge, sexe, groupe socio-économique, intérêts, orientation politique, etc.)

   _____

   _____

   _____

7. Quel genre d'articles le journal/magazine contient-il? (Par exemple, y a-t-il des reportages, des bandes dessinées, des lettres écrites par des lecteurs, des petites annonces, etc.?) Pour donner une idée du contenu, du ton et du style, citez quelques rubriques qu'on trouve dans le journal/la revue.

   _____

   _____

   _____

   _____

8. Analysez les publicités que contient le journal/magazine. Qu'est-ce qu'elles révèlent sur ses éditeurs *(publishers)* et/ou ses lecteurs?

   _____

   _____

   _____

   _____

C. Un nouveau magazine. Écrivez la description d'un nouveau magazine que vous allez proposer à un éditeur. Comment s'appellera le magazine? De quoi parlera-t-il? Il paraîtra avec quelle fréquence? Combien coûtera-t-il? Qui le lira? Quelles sortes d'articles et de publicités contiendra-t-il? Quel genre de photos mettrez-vous sur la couverture?, etc. Utilisez une autre feuille de papier.

La grammaire à apprendre

Le subjonctif: l'émotion, l'opinion et le doute

D. La télévision et les enfants. Une jeune mère a lu un article sur les enfants et la télévision, et elle exprime son opinion sur ce qu'elle a appris de l'article. Terminez les phrases 1 à 5 en choisissant une des phrases de la liste ci-dessous. Faites les changements nécessaires.

> Les enfants lisent très peu aujourd'hui.
> Les enfants regarderont de plus en plus la télé.
> Beaucoup d'enfants ont une télé dans leur chambre.
> Les programmateurs de télévision choisissent des émissions éducatives pour les enfants.
> Les chaînes de télévision interdisent *(prohibit)* les publicités pour les jouets et les fast-foods.

1. Il vaut mieux que _____.

2. Il est souhaitable que _____.

3. Il est honteux que _____.

4. Il est étonnant que _____.

5. Il est probable que _____.

Cette jeune femme continue à exprimer son opinion sur la télé. Imaginez ce qu'elle dit. Refaites les phrases suivantes en employant chaque fois une des expressions d'émotion données.

> Je suis déçue   Je suis furieuse
> Je suis désolée   Je suis heureuse
> Je suis étonnée   Je regrette
> Je suis fâchée   Je suis ravie

6. On ne peut pas s'amuser sans télé aujourd'hui.

_____

_____

7. On perd son temps à regarder des émissions débiles.

_____

_____

8. On ne va presque plus au musée ou au théâtre.

_____

_____

9. Mes enfants ne veulent pas toujours regarder la télé! Ça me console un peu!

_____

_____

E. Réactions, prédictions, suggestions. Il vaut mieux ne pas critiquer sans faire de suggestions utiles. Écrivez un petit paragraphe, sur une autre feuille de papier, dans lequel vous réagissez à la qualité actuelle de la télé. Vous faites aussi des prédictions sur l'avenir de la télé, et vous offrez des suggestions pour l'améliorer. Utilisez les expressions d'émotion, d'opinion et de doute de la *Leçon 2* (Je pense... , Je suis triste..., Je crains..., Il vaut mieux..., etc.).

F. Des projets d'avenir. Anne, une étudiante canadienne qui se spécialise en journalisme, vous parle de ses projets d'avenir. Mettez les verbes entre parenthèses au mode et au temps appropriés (le futur de l'indicatif ou le présent du subjonctif). Ensuite, décrivez l'avenir que vous imaginez pour vous-même. Dans chaque phrase, utilisez une des expressions suivantes: **il est certain (sûr, possible, impossible, douteux, probable, peu probable); il n'est pas certain (sûr); il se peut; il semble; il est évident, je (ne) pense/crois (pas).**

MODÈLE: Je crois que je (vivre) *vivrai* mieux que mes parents.

Et vous?

Moi aussi, je crois que je vivrai mieux qu'eux. / Moi, je ne pense pas que je vive mieux qu'eux.

1. «Il est certain que je (recevoir) _____ mon diplôme en 2008.»

   Et vous? _____

2. «Je ne pense pas que le chômage *(unemployment)* (être) _____ un problème dans ma profession.»

   Et vous? _____

3. «Quand même, il est possible que j'(avoir) _____ plus d'une carrière pendant ma vie.»

   Et vous? _____

4. «Il se peut que je (vivre) _____ dans un pays étranger un jour.»

   Et vous? _____

5. «Il est peu probable que je (vouloir) _____ me marier ou avoir des enfants.»

   Et vous? _____

L'infinitif pour éviter le subjonctif

G. Conversations. Complétez les extraits de conversations suivants avec le subjonctif ou l'infinitif des verbes entre parenthèses. Faites attention aux sujets donnés. Ajoutez **que** ou, si nécessaire, **de** selon le cas.

MODÈLES: Je suis content (je / avoir) _____ un ordinateur.

Je suis content d'avoir un ordinateur.

Je suis contente (tu / avoir) _____ un ordinateur.

Je suis contente que tu aies un ordinateur.

1. — Martine, est-ce que tu veux (tu / emprunter) _____ mon dernier numéro de *l'Express*?

    — Non... Tu es gentille, mais je préfère (je / lire) _____ les hebdos féminins comme *Femme actuelle.*

    — Je sais, mais j'aimerais bien (tu / lire) _____ cet article de *l'Express* sur

    le salaire des femmes. Il n'est pas normal (les femmes / gagner) _____

    _____ moins d'argent que les hommes.

    — Ah oui alors, c'est révoltant! À travail égal, salaire égal! J'emprunte ton magazine, mais je ne suis

    pas sûre (je / pouvoir) _____ le lire cette semaine.

2. — Le prof d'anglais veut (nous / regarder) _____ une vidéocassette sur la publicité américaine. C'est super, hein?

    — J'ai peur (je / ne rien comprendre) _____.

    Les Américains parlent si vite.

    — Moi, je suis ravie (je / voir) _____ de «vraies» publicités américaines

    «made in America» et pour les Américains. Le prof désire (nous / analyser) _____

    _____ les techniques psychologiques et les éléments culturels. C'est

    vachement intéressant, je trouve.

    — Oui, c'est vrai que ce sera intéressant (comparer) _____ les publicités

    américaines avec les pubs françaises. Tu sais, il se peut (je / aller) _____
    aux États-Unis l'été prochain.

    — Oh, tu as de la chance! Je voudrais tant (je / pouvoir) _____ y aller!

H. Famille et télé. On n'est pas toujours d'accord chez les Dupré! Traduisez en français le paragraphe suivant. Utilisez une autre feuille de papier.

Marc wants to watch an American series on TF1. But his sister Hélène would prefer to watch a game show on France 3. Their parents are tired of hearing their arguments *(leurs disputes)*. They want Marc and Hélène to go and study in their rooms. Finally, everyone watches the news and a broadcast on Japan together.

La télé et nous. Comparez la situation de la famille Dupré et la vôtre. Est-ce que vous vous disputez souvent avec votre famille ou vos colocataires en ce qui concerne la télé? Au sujet de quoi? Du choix des émissions que vous allez regarder? du nombre d'heures par jour que la télé est allumée? de la télécommande? Qui gagne ces disputes? Pourquoi? Écrivez un petit paragraphe de 5 à 6 phrases sur la «télécompatibilité» de votre «tribu» *(tribe)*. Utilisez une autre feuille de papier.

Leçon 3

Cap sur le vocabulaire!

A. Relations professionnelles. Complétez l'histoire de cette dispute entre collègues en utilisant les mots et expressions utiles de la liste suivante.

aboutir à un compromis	une dispute	prendre une décision
changé d'avis	efforcé	renoncer
convaincre	l'esprit ouvert	des remords
décidé	indécis	têtu
défendre	le point de vue	

M. Desondes et M. Sansfil gèrent *(manage)* ensemble une station de radio. Un jour, leur patron leur a

demandé de _____ **(1)** importante: la station allait-elle

_____ **(2)** aux disc jockeys de diffuser des chansons avec des paroles

sexuelles, violentes ou vulgaires? Depuis le début, M. Desondes était convaincu qu'il fallait qu'on interdise

ces chansons, et il n'a jamais _____ **(3)**. Voyant des justifications pour

deux points de vue différents, M. Sansfil était _____ **(4)**. Il n'avait

jamais aimé ce genre de chansons, mais il s'était _____ **(5)** à garder

_____ **(6)**. Il a fini par conclure qu'il était contre la censure

(censorship). Il comprenait _____ **(7)** de M. Desondes, mais il s'est

quand même _____ **(8)** de le persuader de

_____ **(9)** à sa position — ou au moins de la modérer un peu. Mais

M. Desondes est demeuré _____ **(10)**. Les deux hommes n'ont jamais

pu _____ **(11)**. Chaque discussion qu'ils ont eue a fini par

_____ **(12)**. Leur patron se demandait: «Qu'est-ce qu'il faut leur dire pour les _____ (13) de mieux s'entendre?» Découragé, leur patron

a dû résoudre le problème pour eux. Les deux hommes ne sont toujours pas d'accord, mais chacun a

_____ (14) parce qu'ils travaillent moins bien ensemble maintenant.

Quel dommage!

La grammaire à apprendre

Le subjonctif: la nécessité et l'obligation

B. Les exigences de votre vie. À partir des thèmes donnés, dites ce qu'il est nécessaire (ou non) de faire. Finissez les phrases en utilisant les éléments donnés et en faisant attention au choix entre le subjonctif et l'infinitif.

MODÈLE: *La santé:*

faire de l'exercice / manger équilibré / dormir huit heures chaque nuit

Il faut que *je dorme huit heures chaque nuit.*

Les études:

payer les droits d'inscription universitaire / avoir une moyenne de B / choisir ma spécialisation bientôt / suivre des cours l'été prochain / prendre des cours particuliers

1. Il n'est pas nécessaire que je _____.

2. Je dois _____.

3. Il suffit que je _____.

Les cours de français:

faire attention en classe / avoir un(e) correspondant(e) français(e) / lire des magazines français / écrire des rédactions / aller voir des films français / étudier tous les jours

4. Il est obligatoire de _____.

5. Le prof insiste pour que nous _____.

6. Nous devrions _____.

L'argent:

trouver du travail / faire des économies / avoir une carte de crédit / devenir riche / donner de l'argent aux autres / s'endetter

7. Il est essentiel que je _____.

8. Il n'est pas nécessaire que je _____.

9. Il ne faut pas que je _____.

Le compagnon ou la compagne idéal(e):

très intelligent(e) (beau/belle, riche) / avoir de l'humour (du courage, de la patience, etc.) / aimer la musique (le sport, les voyages, la nature, etc.)

10. Il est indispensable qu'il/elle _____.

11. Il/Elle doit _____.

12. Je ne demande pas qu'il/qu'elle _____.

Le passé du subjonctif

C. Quelle histoire! Vous connaissez M. Sansfil (voir l'exercice *A. Relations professionnelles* (p. 117). Après avoir entendu son histoire, vous lui donnez vos réactions. Combinez les phrases en utilisant le passé du subjonctif.

MODÈLE: Je suis content(e). Vous avez essayé de voir le point de vue de M. Desondes.

Je suis content(e) que vous ayez essayé de voir le point de vue de M. Desondes.

1. Je suis impressionné(e). Votre patron vous a demandé de prendre cette décision.

   _____

   _____

2. Je regrette. M. Desondes n'a jamais changé d'avis.

   _____

   _____

3. Je suis ravi(e). Vous vous êtes décidé à garder l'esprit ouvert.

   _____

   _____

4. Ce n'est pas bien. Chaque discussion est devenue une dispute.

   _____

   _____

5. C'est dommage. Vous n'avez jamais pu aboutir à un compromis.

   _____

   _____

6. Je suis soulagé(e). Votre patron s'est efforcé de trouver une solution.

   _____

   _____

7. Je suis désolé(e). Vous n'êtes pas restés amis.

_____

_____

D. Une fin heureuse? Barbara (voir la *Lecture II* dans votre livre) retrouve son amant, Pierre, après la guerre. Imaginez ce qu'elle lui dit, en complétant les phrases suivantes. Attention! Faut-il utiliser l'indicatif, le subjonctif ou un infinitif? (Parfois, comme dans le modèle, il y a plusieurs possibilités.) Écrivez au moins une phrase au passé du subjonctif.

MODÈLE: Oh, chéri, je voulais tellement _____.

Oh, chéri, je voulais tellement que tu reviennes.

Oh, chéri, je voulais tellement te revoir.

1. Je suis ravie _____.

2. J'avais peur _____.

3. Je regrette _____.

4. Il est possible _____.

5. Il ne faut pas que tu _____.

6. Ne penses-tu pas que _____?

7. Il suffit de _____.

8. Je voudrais bien _____.

9. Je serai si heureuse de _____.

10. J'espère que _____.

Maintenant, écrivez un petit paragraphe dans lequel vous décrivez la réaction de Pierre à ce que dit Barbara, et vous inventez la «fin» de cette histoire d'amour. A-t-elle une fin heureuse, ou est-ce que la guerre a gâché *(ruined, spoiled)* le bonheur de ce couple?

EXERCICES DE LABORATOIRE

Phonétique

Révision des *chapitres 1 à 4*   CD4–8

A. Écoutez et répétez les mots suivants en faisant attention à l'accentuation.

latitude	opportunité	caractère	natation	infirmité
ordinateur	sélection	impressionnisme	habituellement	démocratie

B. Écoutez et répétez les phrases suivantes en faisant attention à l'intonation montante ou descendante de chaque groupe de mots.

1. Après avoir payé la facture, tu as été au supermarché où tu as acheté des provisions pour la semaine prochaine.

2. Nous avons gagné.

3. Quand je la recevrai, je lirai cette lettre et puis j'écrirai ma réponse.

4. Monique est très belle.

5. Monique est très belle, mais elle n'est pas gentille.

C. Écoutez et répétez les questions suivantes.

1. Combien de côtelettes est-ce que tu veux?

2. Tu te souviens de cette histoire?

3. Quelle était sa réaction?

4. Où allons-nous?

5. Faut-il que tu ailles en classe ce soir?

D. Écoutez et répétez les phrases suivantes. Barrez *(Put a slash through)* le [ə] quand il n'est pas prononcé.

1. Je ne vais que rarement dans cette grande boucherie.

2. Mercredi prochain, il se lèvera tôt et emmènera sa cousine en Allemagne.

3. Le Chemin Vert est une ruelle entre le marchand de journaux et l'appartement d'Évelyne.

4. Demain, elle ira chez le dentiste pour se faire extraire une dent de sagesse.

5. Même si on me le demande, je n'ai pas le temps de travailler en ce moment.

E. Écoutez et répétez les phrases suivantes.

1. Je n'ose pas dire que cette photo de Maurice n'est pas bonne.

2. Notre-Dame est trop loin de l'Opéra pour y aller sans auto.

3. La chose la plus drôle, c'est quand vos gosses répondent au téléphone.

F. Écoutez et répétez les phrases suivantes.

1. Félicité était un être fidèle à sa maîtresse.

2. Les sept frères de Michelle buvaient du thé, mais elle préférait la bière.

3. Elle a été élevée dans une vieille maison dans le Maine.

G. Vous allez entendre des mots qui contiennent le son [y] ou le son [u]. Pour chaque mot, mettez une croix dans la colonne à laquelle appartient le son que vous identifiez. Ensuite, répétez ce mot.

MODÈLE: *Vous entendez:* pousser

              Vous faites: une croix dans la colonne [u]

              Vous répétez: **pousser**

	[y]	[u]
1. puce	_____	_____
2. dégoût	_____	_____
3. surveiller	_____	_____
4. secousse	_____	_____
5. éperdu	_____	_____

H. Écoutez et répétez ce paragraphe, un peu absurde, qui contient tous les sons que vous avez pratiqués dans les **chapitres 1 à 4.**

À quel sport est-ce que tu vas jouer aujourd'hui? Vraiment, je pense que tu ne t'intéresses qu'à cela! Et il y a tellement d'autres choses à faire! Tu devrais rechercher les autres opportunités qu'offre la vie. Tu ne regardes pas autour de toi? On trouve de tout.

Leçon 1

Conversation   CD4–9

En français, il existe beaucoup d'expressions pour dire ce que l'on veut ou ce que l'on préfère. Écoutez la Conversation (manuel, **chapitre 5**, leçon 1) en prêtant attention à ces expressions.

A. L'intonation des phrases. Maintenant, écoutez et répétez les phrases suivantes. Imitez l'intonation de la phrase et les expressions qu'on utilise pour dire ce que l'on veut ou ce que l'on préfère.

1. J'aimerais bien voir Vanessa Paradis.

2. Il vaut mieux monter dans ta chambre maintenant.

3. J'ai l'intention de faire des exercices qui ressemblent à ceux du livre.

4. Il faut en refaire quelques-uns maintenant.

5. Je voudrais bien voir Vanessa Paradis.

B. La bonne réponse. Il existe en français plus d'une façon de dire la même chose. Écoutez les phrases suivantes, et choisissez la phrase qui exprime plus ou moins la même idée.

_____ **1. a.** Il vaut mieux aller à ce concert.

   b. Je compte aller à ce concert.

   c. Je veux vraiment aller à ce concert.

_____ **2. a.** J'ai l'intention de finir ce travail demain.

   b. Il vaut mieux finir ce travail demain.

   c. J'ai envie de finir ce travail demain.

_____ **3. a.** Je préfère lire un bon livre.

   b. J'espère lire un bon livre.

   c. Je voudrais bien lire un bon livre.

La grammaire à apprendre

Le subjonctif: formation irrégulière   CD4–10

C. Un égoïste. Philippe est très égoïste: il ne pense jamais qu'à lui. Son ami Jacques doit sans cesse lui rappeler que les autres, ses amis en particulier, existent aussi. Jouez le rôle de Jacques. Mettez à la première personne du pluriel (**nous**) les phrases que Philippe prononce à la première personne du singulier (**je**). Faites tout autre changement nécessaire.

MODÈLE: *Vous entendez:* Il faut que je prenne soin de ma santé.

   Vous dites: **Il faut que nous prenions soin de notre santé.**

(Items 1–5)

D. Les élections. La candidate Julie Froissard participe à un débat électoral à la télévision. Jouez son rôle et modifiez les phrases que vous entendez en utilisant les expressions données.

MODÈLE: *Vous lisez:* On ne croit pas…

   Vous entendez: Nous avons de la chance d'être français.

   Vous dites: **On ne croit pas que nous ayons de la chance d'être français.**

1. Il est temps…   4. Exigez…

2. Il est important…   5. Il est essentiel…

3. Je veux…

Le subjonctif: la volonté CD4–11

E. Les nouvelles. Pierre, étudiant à l'université de Caen, lit les nouvelles dans le journal universitaire. Son amie fait des remarques sur ce qu'il lit. Jouez le rôle de son amie en utilisant les phrases que vous entendez et les expressions données. Le présent du subjonctif va remplacer le futur ou le présent de l'indicatif dans chacune de vos phrases.

MODÈLE: *Vous lisez:* Je ne veux pas que...

Vous entendez: L'université va être fermée pour la visite du président de la République.

Vous dites: **Je ne veux pas que l'université soit fermée pour la visite du président de la République.**

1. J'aime bien que...

2. Son père ne désire pas que...

3. Leurs parents préfèrent que...

4. Je souhaite que...

5. J'aimerais que...

Leçon 2

Conversation CD4–12

En français, il existe beaucoup d'expressions pour exprimer ses émotions. Écoutez la Conversation (manuel, **chapitre 5**, leçon 2) en prêtant attention à ces expressions.

A. L'intonation des phrases. Maintenant, écoutez et répétez les phrases suivantes. Imitez l'intonation de la phrase et les expressions qu'on utilise pour exprimer le contentement, la joie, l'inquiétude et la crainte.

1. Ah, Paul, je suis content de te voir!

2. J'ai peur qu'elle finisse par redoubler sa seconde.

3. Au fond, c'est ça qui m'inquiète peut-être encore plus que ses notes.

4. Ça m'étonne mais je suis content.

5. Qu'est-ce que vous avez de la chance!

B. La bonne réponse. Écoutez ce que disent les personnes suivantes, et choisissez la réponse appropriée.

_____ 1. a. C'est très beau.

      b. Ouf! On a eu chaud!

      c. C'est parfait.

_____ 2. a. Ça ne me dit rien.

      b. J'en ai assez de ces histoires.

      c. Ça m'a beaucoup déçu.

_____ 3. a. Heureusement.

      b. Ça me barbe.

      c. Ça m'inquiète.

La grammaire à apprendre

Le subjonctif: l'émotion, l'opinion et le doute   CD4–13

C. Une opinion sur tout. Christine Ferrand n'hésite jamais à exprimer ses opinions. Jouez son rôle en utilisant les expressions données.

MODÈLE: *Vous lisez:* J'ai peur que…

Vous entendez: Croyez-vous que la pollution soit un problème grave?

Vous répondez: **J'ai peur que la pollution soit un problème grave.**

1. Je crains que… / ne… pas

2. Je serais heureuse que…

3. Je regrette que… / ne… pas

4. Je suis sûre que nous…

5. Je suis étonnée que nous…

L'infinitif pour éviter le subjonctif   CD4–14

D. Tout à fait d'accord. Vous entrez à l'université dans quelques jours et votre mère vous fait part de ses sentiments. Vous approuvez tout ce qu'elle dit et vous reprenez ses commentaires selon le modèle.

MODÈLE: *Vous lisez:* Moi, aussi…

Vous entendez: Je suis contente que tu commences l'université la semaine prochaine.

Vous répondez: **Moi aussi, je suis content(e) de commencer l'université la semaine prochaine.**

(Items 1–5)

Leçon 3

Conversation   CD4–15

En français, il existe beaucoup d'expressions pour persuader, donner des ordres ou exprimer la nécessité ou l'obligation. Écoutez la Conversation (manuel, **chapitre 5**, leçon 3) en prêtant attention à ces expressions.

A. L'intonation des phrases. Maintenant, écoutez et répétez les phrases suivantes. Imitez l'intonation de la phrase et les expressions qu'on utilise pour persuader, donner des ordres ou exprimer la nécessité ou l'obligation.

1. Ça ne vous tente pas?

2. Passe-moi le programme, s'il te plaît.

3. Ça ne te dit rien de regarder le match de foot?

4. Allez, sois sympa, je t'en prie.

5. Regarde le match avec nous, quoi.

6. Je vous propose un compromis.

7. Qu'est-ce vous diriez d'une partie de «Scrabble®»?

8. C'est toi qui vas chercher le jeu dans le placard de ma chambre.

La grammaire à apprendre

Le subjonctif: la nécessité et l'obligation   CD4–16

B. La discipline. Vous devez partir d'urgence pour une autre ville où on vous a offert un fabuleux travail. Vous ne pouvez pas emmener vos deux enfants avec vous et vous allez les laisser pour une semaine chez votre voisine. C'est une personne sévère qui ne plaisante pas avec la discipline. Elle accepte de garder vos enfants sous certaines conditions. Formulez ses exigences en utilisant les expressions et les verbes donnés.

MODÈLE: *Vous lisez:* Il faut que... (se coucher)

Vous entendez: Les enfants doivent se coucher à dix heures.

Vous dites: **Il faut que les enfants se couchent à dix heures.**

1. Il est essentiel que... (se taire)
2. J'insiste pour que... (faire)
3. Il est nécessaire que... (obéir)

4. Je demande que... (regarder)
5. J'empêche que... (sortir)
6. Il est essentiel que... (revenir)

Le passé du subjonctif   CD4–17

C. À l'étranger. Paul et Marie-Christine vivent en Suisse depuis un mois. Ils ont eu le temps de s'habituer un peu à leur nouvelle vie. Paul téléphone à des amis pour leur donner de leurs nouvelles. À chacune des affirmations de Paul, ses amis expriment leur approbation *(approval)*. Jouez leur rôle en suivant le modèle.

MODÈLE: *Vous lisez:* Nous sommes heureux que...

Vous entendez: Nous avons trouvé un appartement splendide.

Vous répondez: **Nous sommes heureux que vous ayez trouvé un appartement splendide.**

1. Nous sommes contents que...
2. Nous sommes ravis que...
3. Nous sommes enchantés que...

4. Nous sommes heureux que...
5. Nous sommes rassurés que...

Dictée   CD4–18

D. À suivre. La speakerine va vous donner un condensé *(summary)* des programmes de ce soir sur France 2. Écrivez les phrases qui le composent. Notez que «Le commissaire Maigret» est un feuilleton policier français adapté des romans de Georges Simenon. D'abord, écoutez le passage en entier. Ensuite, chaque phrase sera lue deux fois. Enfin, le passage entier sera répété pour que vous puissiez vérifier votre travail. Écoutez.

_____

_____

_____

_____

_____

_____

_____

_____

_____

_____

_____

_____

_____

_____

Compréhension

Le chauffeur de taxi   CD4–19

Dans ce chapitre, vous avez appris à exprimer vos émotions. Un chauffeur de taxi a failli entrer en collision avec une autre personne qui se dit *(claims)* être commissaire de police. Vous entendez d'abord quelques échanges désagréables entre les conducteurs. Ensuite, le chauffeur de taxi parle avec sa passagère de l'accident dont ils ont failli être victimes quelques minutes auparavant. Écoutez.

MOTS UTILES: un farfelu   *eccentric*   brûler un feu rouge   *to run a red light*
                 le feu   *traffic light*   minable   *hopeless, pathetic*

E. Descriptions. Complétez les phrases suivantes en indiquant les réponses qui conviennent.

_____ 1. Le chauffeur de taxi est...

      a. peureux.

      b. fâché.

      c. heureux.

_____ 2. La passagère est...

      a. étrangère.

      b. farfelue.

      c. parisienne.

_____ 3. Le chauffeur de taxi se plaint parce que (qu')...

      a. la passagère l'a insulté, le traitant de minable.

      b. il a eu une contravention.

      c. un automobiliste a brûlé le feu rouge.

_____ 4. D'après le chauffeur de taxi, la circulation à Paris...

    a. est réglée par des commissaires de police.

    b. est un véritable cauchemar.

    c. ne pose généralement pas de problèmes.

F. Une lettre. Imaginez que la passagère écrit une carte à son amie Julie, et qu'elle raconte son expérience dans le taxi. Complétez la carte ci-dessous, d'après le passage que vous avez entendu. Écoutez à nouveau le passage si nécessaire.

_____ (1), le 25 juillet

Chère Julie,

Tout va bien. J'ai eu une petite expérience qui m'a fait _____ (2).

J'étais dans _____ (3) pour aller rejoindre mes amis au restaurant.

Tout d'un coup, une voiture a failli entrer en collision avec nous. Le chauffeur n'était pas du

tout _____ (4). Il a proclamé que l'autre personne n'était pas

_____ (5) comme il le prétendait. Il insistait que l'autre personne avait

brûlé _____ (6). J'étais sûre et certaine qu'ils allaient se battre dans

_____ (7). Je voulais continuer à pied mais j'ai décidé de rester. Quelle

ville intéressante, mais pleine de conducteurs _____ (8)! Je te verrai

dans trois semaines, j'espère!

    Je t'embrasse,

    Sylvie

Les annonces   CD4–20

Vous partez en vacances à la plage. Vous allez faire des achats avant de partir. Considérez les produits suivants. Écoutez les annonces.

MOTS UTILES: désaltérant(e)   *thirst-quenching*   équipé(e) de   *equipped with*
  les circuits touristiques   *tours*   un objectif   *lens*
  un coup de soleil   *sunburn*   à peine   *hardly, scarcely*
  un événement   *event*   une pellicule   *film*
  le prêt-à-photographier   *ready-*   un appareil   here, *camera*
      to-photograph

G. Les produits. Maintenant, complétez le résumé de chaque produit.

1. *Blanca:* C'est _____ qui est _____.

2. *Le Parisien:* C'est _____. Pendant les mois de juillet et août, il y aura

   _____.

   On trouvera diverses rubriques pour l'été, par exemple _____

   _____.

3. *Quick-Snap Fuji Color:* C'est un appareil photo. L'avantage du Quick-Snap Fuji Color, c'est

   _____.

   Vous pouvez mettre le Quick-Snap Fuji Color dans _____

4. Les deux produits qui seraient les plus utiles à la plage: _____

   _____

5. Le produit qui coûte probablement le plus cher *(costs the most):* _____

   _____

Faites attention!   CD4–21

Dans ce chapitre, vous avez appris à donner des ordres et à exprimer la nécessité. Le reportage suivant présente le problème des noyades *(drownings)* en France et propose quelques conseils préventifs.

MOTS UTILES: imparable   *unstoppable*
  un gamin   *kid*
  une clôture   *fence*

H. Complétez. Choisissez toutes les réponses qui sont correctes selon le reportage.

_____ 1. En France, les morts par noyade sont...

    a. la deuxième cause de morts accidentelles chez les enfants.

    b. de plus en plus rares.

    c. un type de morts accidentelles qui frappe beaucoup les enfants.

_____ 2. Les noyades risquent de devenir plus fréquentes parce que (qu')...

    a. on installe plus de piscines privées.

    b. plus de parents travaillent en dehors de la maison.

    c. il y a un nombre croissant de jeunes en France.

_____ 3. Si on installait..., il y aurait moins d'accidents de noyades.

    a. des barrières

    b. une alarme sonore

    c. un chien de garde

_____ 4. Ce sont surtout les enfants de... qui sont exposés à la noyade.

    a. cinq à six ans

    b. deux à trois ans

    c. un à quatre ans

EXERCICES ÉCRITS

À mon avis...

La grammaire à réviser

Avant la première leçon

Les pronoms objets directs et indirects

A. Faisons quelque chose de nouveau. Éric cherche un nouveau travail. Identifiez la fonction des mots en italique en écrivant **D** s'il s'agit d'un objet direct ou **I** si c'est un objet indirect, puis récrivez les phrases en remplaçant ces mots par le pronom qui convient (**le, la, l', les, lui, leur**).

MODÈLE: *D*   Éric n'aime pas son travail d'employé de bureau. Il trouve *son travail* débile.

Il le trouve débile.

_____ 1. Le patron embête les employés. Il ne laisse aucune initiative *aux employés* non plus.

_____

_____ 2. L'ambiance du bureau est presque insupportable. Elle ne plaît pas du tout *à Éric*.

_____

_____ 3. Il trouve ses collègues ennuyeux. Il est difficile de supporter *ses collègues*.

_____

_____ 4. Éric en a marre, alors il prend une décision à propos de son travail. Il est nécessaire qu'il quitte *son travail*.

_____

_____ 5. Sa sœur Mélanie travaille pour la chaîne de télévision France 2. Il téléphone *à Mélanie* pour lui demander conseil.

_____

_____ 6. Mélanie dit *à son frère* qu'à France 2 on cherche un nouvel envoyé spécial pour faire des reportages sur l'Inde.

_____

_____ 7. Comme Éric parle hindi et anglais, et connaît bien l'Inde, elle convainc *Éric* d'envoyer son curriculum vitae à la directrice.

_____

_____ 8. Il s'efforce d'écrire une belle lettre *à la directrice*.

_____

_____ 9. Il attend la réponse avec impatience. Quel soulagement quand il reçoit *la réponse*!

_____

_____ 10. Il vient de commencer son nouveau travail et il trouve *ce travail* génial!

_____

_____ 11. Il est ravi de pouvoir travailler pour ses nouveaux patrons et cherche à plaire *à ses patrons*.

_____

Avant la deuxième leçon

La position des pronoms objets

B. Un douanier impatient. Deux diplomates russes arrivent à Roissy, un des trois aéroports de Paris. Aujourd'hui, le douanier est de mauvaise humeur. Récrivez les réponses en remplaçant les mots en italique par les pronoms objets directs ou indirects correspondants (**le, la, l', les, lui, leur**). Attention aux accords nécessaires du participe passé.

MODÈLE: LE DOUANIER: Avez vous déjà montré votre passeport à l'agent de l'Office d'immigration?

          LE DIPLOMATE: Oui, bien sûr que j'ai déjà montré mon passeport *à l'agent de l'Office d'immigration.*

                       Oui, bien sûr que je lui ai déjà montré mon passeport.

1.   LE DOUANIER: Complétez cette déclaration de douane. Vous n'avez pas rempli la dernière partie.

    LE DIPLOMATE: Ah bon, je n'ai pas rempli *la dernière partie*?

_____

2.   LE DOUANIER: Un instant, s'il vous plaît, je dois téléphoner immédiatement à mon assistant pour qu'il m'aide à inspecter tous vos bagages.

    LE DIPLOMATE: Allez-y. Téléphonez *à votre assistant*.

_____

3.   LE DOUANIER: Je voudrais inspecter toutes les valises.

    LE DIPLOMATE: Très bien. Inspectez toutes *les valises*.

_____

4. LE DOUANIER: Ouvrez cette grosse malle.

    LE DIPLOMATE: Je regrette mais je ne peux pas ouvrir *cette grosse malle.*

_____

5. LE DOUANIER: Comment? Vous n'avez pas votre clé?

    LE DIPLOMATE: Non, je n'ai pas *ma clé.*

_____

6. LE DOUANIER: Ne laissez pas tous ces sacs sur la table.

    LE DIPLOMATE: Alors, où est-ce que je mets *ces sacs?*

_____

7. LE DOUANIER: Monsieur, je vous demande de vider vos poches de manteau tout de suite.

    LE DIPLOMATE: Très bien, je vais vider *mes poches.*

_____

8. LE DOUANIER: Avez-vous acheté cette bouteille de vodka en Russie?

    LE DIPLOMATE: Avons-nous acheté *cette bouteille de vodka* en Russie?! Bien sûr que oui!

_____

9. LE DOUANIER: Monsieur, voyons, dépêchez-vous! Dites à votre collègue de vous aider à ranger toutes vos affaires.

    LE DIPLOMATE: Comment?

    LE DOUANIER: Dites *à votre collègue* de vous aider à ranger *toutes vos affaires.*

_____

Monsieur le diplomate s'énerve… «Monsieur, savez-vous qui je suis? Je suis Boris Rostakov, le représentant du gouvernement russe venu pour un sommet important! Vous ne pouvez pas me traiter de cette façon!»

10. LE DIPLOMATE: Ne réalisez-vous pas les conséquences de vos actions? Je répète: ne réalisez-vous pas *les conséquences de vos actions?*

_____

11. LE DIPLOMATE: Voulez-vous que je dise à vos supérieurs comment vous traitez un diplomate?

    LE DOUANIER: S'il vous plaît, ne parlez pas *à mes supérieurs* de cela.

_____

12. LE DIPLOMATE: Alors, terminez cette inquisition insupportable immédiatement! Vous m'avez entendu? Terminez *cette inquisition* tout de suite!

_____

Leçon 1

Cap sur le vocabulaire!

A. Le journal télévisé. Vous travaillez pour une chaîne de télé. C'est à vous de trouver les titres des différents reportages de ce soir. Ces titres (énumérés ci-dessous) apparaîtront sur l'écran. Écrivez le titre devant le reportage approprié.

Une paix éventuelle
Pourparlers en cours
150 morts
Campagne électorale
Lutte contre la drogue
Mort de plusieurs soldats
Attentats contre les étrangers
Otages libérés

MODÈLE: *Lutte contre la drogue:* Les membres de l'Union européene continuent leurs discussions afin de créer une politique commune à l'égard de l'interdiction des stupéfiants.

1. _____: Les quatre candidats à la présidence continuent leur lutte pour l'Élysée. Ce soir, un débat télévisé sur notre chaîne à partir de 20h00.

2. _____: Cinq membres de l'armée américaine sont tombés dans une embuscade près de Bagdad; tous sont morts.

3. _____: Le gouvernement et les rebelles ont accepté un cessez-le-feu dans l'espoir de mettre fin à la longue guerre civile qui les oppose.

4. _____: Une voiture a explosé à Tel Aviv ce matin; il y aurait eu cent cinquante victimes.

5. _____: À Kabul ce matin: deux touristes occidentaux ont disparu. Et à Bagdad: une nouvelle explosion devant le bâtiment où travaillent les représentants des Nations Unies.

6. _____: Deux hommes d'affaires japonais qui avaient été pris en otage la semaine dernière par des extrémistes à Jakarta ont retrouvé la liberté cet après-midi.

La grammaire à apprendre

Les pronoms *y* et *en*

Grammar: Locative pronoun **y**; pronoun **en**

B. Une campagne électorale. M. Parlebien est candidat à des élections régionales. Il est interviewé par un journaliste. Donnez les réponses de M. Parlebien, un homme de peu de mots, aux questions du journaliste en remplaçant les mots en italique par le pronom **y** ou **en**.

MODÈLE: JOURNALISTE: Alors, vous avez décidé de vous présenter *aux élections régionales*...

        CANDIDAT: Oui, *j'ai décidé de m'y présenter.*

1. JOURNALISTE: Vous connaissez bien la région puisque vous êtes né *en Bretagne*, n'est-ce pas?

    CANDIDAT: Oui, _____.

2. JOURNALISTE: Avez-vous beaucoup *d'expérience pour négocier avec les indépendantistes bretons?*

    CANDIDAT: Non, j'admets que _____.

3. JOURNALISTE: Parlerez-vous *de votre programme électoral* avec nous ce soir?

    CANDIDAT: Oui, _____.

4. JOURNALISTE: Répondrez-vous *aux questions des électeurs?*

    CANDIDAT: Oui, _____.

5. JOURNALISTE: Avez-vous réfléchi longuement *au problème du chômage dans la région?*

    CANDIDAT: Non, franchement _____.

6. JOURNALISTE: Vous avez déjà dit que vous avez l'intention de visiter une quinzaine *d'entreprises régionales,* n'est-ce pas?

    CANDIDAT: Oui, _____.

7. JOURNALISTE: Les organisateurs de votre campagne électorale ont-ils recruté plusieurs *étudiants* pour distribuer et afficher des tracts électoraux?

    CANDIDAT: Non, _____.

À vous! À votre avis, quelles deux réponses de Monsieur Parlebien vous aident le plus à déterminer s'il est un bon candidat? Pourquoi?

_____

_____

_____

_____

C. Des questions supplémentaires. Vous n'êtes pas satisfait(e) des réponses du candidat. Préparez d'autres questions que vous allez lui poser. Écrivez-les en vous servant des expressions ci-dessous et du pronom **y** ou **en**. Suivez le modèle.

avoir besoin de	s'intéresser à	réfléchir à
avoir peur de	parler de	répondre à
céder à *(to give in to)*	penser à *(to think of)*	renoncer à *(to give up)*
discuter de	penser de *(to have an opinion of)*	rêver de *(to dream of)*
s'inquiéter de *(to worry about)*	réagir à *(to react to)*	tenir à *(to value, to insist [on])*

MODÈLE: En ce qui concerne la réforme de la Sécurité sociale, *qu'en pensez-vous?*

1. Vous n'avez pas parlé de l'immigration. _____ ?

2. Aspirez-vous à la présidence de la République? C'est-à-dire, _____ ?

3. Je trouve que la pollution est un problème social grave. Et vous, _____ ?

4. À propos du problème des sans-abri, _____ ?

5. Certains proposent une Bretagne indépendante. _____ ?

6. Je voudrais vous entendre parler de la lutte contre la toxicomanie *(drug addiction)*. _____

_____ ?

7. En ce qui concerne les attentats terroristes, _____ ?

D. Le nouveau candidat aux élections. François Leblanc veut être élu maire aux prochaines élections municipales. Il répond aux questions des électeurs et essaie de les convaincre de voter pour lui. Complétez les phrases avec un pronom direct (**le, la, l', les**), indirect (**lui, leur**), **y** ou **en**. Les référents appropriés des pronoms sont soulignés.

Rappel — Les verbes suivants sont suivis de la préposition **à**: permettre (à quelqu'un), promettre (à quelqu'un), s'intéresser (à quelque chose), réfléchir (à quelque chose), demander (à quelqu'un).

MODÈLE: — Nous aimerions que vous répondiez <u>à nos questions</u>.

— Je suis heureux d'**y** répondre. Allez-y!

— Pourquoi avez-vous décidé de vous présenter? Croyez-vous <u>que vous serez un maire efficace pour cette ville?</u>

— Oui, je (j') _____ (1) crois. Je pense que <u>les habitants de cette ville</u> demandent les

réformes que je propose. Il est grand temps de _____ (2) permettre de réaliser leurs vœux.

— Vous êtes très ambitieux; j'ai entendu dire que vous avez <u>de nombreux projets de construction!</u>

— Oui, c'est vrai, je (j') _____ (3) ai plusieurs. Je m'intéresse surtout <u>à la construction d'une nouvelle autoroute</u> pour diminuer les embouteillages en ville.

— Pourquoi vous _____ (4) intéressez-vous? Croyez-vous que nous _____ (5) ayons un besoin urgent?

— Oui, les embouteillages sont un très gros problème.

— Et vous voulez faire agrandir <u>le lycée technique</u>?

— C'est exact, je veux _____ (6) faire agrandir. <u>Le directeur</u> se plaint qu'il n'y a pas assez de salles

de classe pour tous les élèves. Je (j') _____ (7) ai promis de réunir les fonds nécessaires pour commencer les travaux aussitôt que je serai élu.

— Mais combien aurons-nous <u>d'élèves</u> l'année prochaine?

— Nous _____ (8) aurons environ deux mille.

— Avez-vous réfléchi <u>à tout l'argent qu'il vous faudra pour payer ces frais</u>?

— Oui, je (j') _____ (9) ai bien réfléchi et j'espère avoir la collaboration active des gens de la ville.

— Alors, vous allez demander <u>aux citadins</u> *(city residents)* de payer plus d'impôts?

— Non, je ne (n') _____ (10) demanderai pas de payer plus d'impôts. Tant que je serai maire, je vous
promets de ne jamais les augmenter.

E. Des promesses de campagne électorale. Vous êtes candidat(e) à des élections. Écrivez un petit discours *(speech)* dans lequel vous présentez votre programme électoral aux électeurs. Incorporez au moins
six pronoms objets (**le, la, l', les, lui, leur, y, en, me, te, nous, vous**).

MODÈLE: *Je crois vivement à la liberté individuelle. Je vous promets d'essayer de la préserver pour tous
nos citoyens. J'y tiens et je n'y renoncerai pas...*

_____

_____

_____

_____

_____

Leçon 2

Cap sur le vocabulaire!

A. Qu'en pensez-vous? Répondez aux questions en donnant votre opinion personnelle. Employez les adjectifs et les expressions pour exprimer l'indécision ou l'indifférence que vous trouvez dans la liste ci-dessous.

chouette	honteux(-euse)	moche	remarquable
ennuyeux(-euse)	insupportable	passionnant(e)	scandaleux(-euse)
génial(e)	laid(e)	réussi(e)	spectactulaire
Je ne sais pas quoi dire.	super		
Au fond, je ne sais pas très bien.			
Bof!			

MODÈLE: Selon vous, comment est la comédie musicale *Le Fantôme de l'Opéra?*

Elle est spectaculaire! OU *Je la trouve absolument géniale.*

1. Qu'est-ce que vous pensez des tableaux de Vincent Van Gogh?

_____

2. Que pensez-vous de la tour Eiffel?

_____

3. Comment trouvez-vous les films de la série *Le Seigneur des Anneaux?*

_____

4. Selon vous, comment est le ballet *Casse-noisettes (The Nutcracker)?*

_____

5. Qu'est-ce que vous pensez de la musique de Britney Spears?

_____

6. Est-ce que les peintures cubistes vous attirent? Pourquoi ou pourquoi pas?

_____

7. Comment trouvez-vous la neuvième symphonie de Beethoven?

_____

8. Selon vous, comment sont les romans de la série *Harry Potter?*

_____

9. Que pensez-vous des films avec Adam Sandler?

_____

10. D'après-vous, quel bâtiment est-ce qu'il faut rénover sur votre campus? Comment est-ce qu'il est?

_____

La grammaire à apprendre

La position des pronoms objets multiples

B. Une visite au Louvre. Vous servez de guide à un groupe de touristes québécois à Paris qui va visiter le musée du Louvre. Répondez à leurs questions en remplaçant les mots soulignés par des pronoms objets (le, la, l', les, lui, leur, me, te, nous, vous, y, en).

MODÈLE: Pourrons-nous trouver <u>des œuvres impressionnistes</u> <u>au Louvre</u>?

Non, *vous ne pourrez pas y en trouver.*

1. Vous <u>nous</u> donnerez <u>nos billets</u> quand nous arriverons au musée?

   Oui, _____.

2. Est-il nécessaire d'apporter <u>de l'argent</u> pour entrer <u>au musée</u>?

   Non, _____.

3. À la fin de la visite, est-ce que nous devons <u>nous</u> retrouver <u>près de la sortie?</u>

   Oui, _____.

4. Le gardien <u>nous</u> permettra-t-il <u>de toucher les statues</u>?

   Non, _____.

5. Pourrons-nous poser <u>des questions</u> <u>aux employés du musée</u>?

   Oui, _____.

6. Faut-il laisser <u>nos sacs à dos</u> <u>à la dame du vestiaire</u> *(checkroom attendant)*?

   Oui, _____.

7. Est-il possible de prendre <u>des photos</u> <u>à l'intérieur du musée</u>?

   Oui, _____.

8. Aurons-nous le temps de <u>nous</u> acheter <u>des cartes postales</u>?

   Oui, _____.

Les pronoms disjoints

C. La pyramide. Trois des touristes québécois se détendent dans un café après leur visite guidée du Louvre. Ils discutent de la pyramide en verre qui se trouve à l'entrée du musée. Encerclez la forme correcte du pronom. Attention: il y a des pronoms sujets, des pronoms objets et des pronoms disjoints!

MODÈLE: Cet appareil photo est à **te** / ⟨**toi**⟩ / **tu**?

CÉCILE: **(1) Moi / Je / Me**, j'aime beaucoup l'entrée du Louvre. La pyramide en verre est vraiment spectaculaire. Et **(2) vous / tu / toi**, qu'est-ce que vous en pensez?

ALAIN: **(3) Moi / Je / Me**, je **(4) la / elle / lui** trouve très laide.

CHRISTINE: **(5) Moi / Je / Me** suis d'accord avec **(6) toi / tu / te**, Alain. **(7) Il / La / Elle** est moche, cette pyramide!

CÉCILE: **(8) Toi / Tu / Te** m'étonnes, Christine! Normalement, c'est **(9) toi / tu / te** qui aimes les bâtiments modernes.

CHRISTINE: Ça, c'est vrai. Mais cette fois-ci, il me semble que la pyramide gâche la beauté classique de l'extérieur du Louvre.

ALAIN: Qui a eu l'idée de faire construire la pyramide?

CHRISTINE: L'ancien président, François Mitterand. C'était **(10) le / lui / il** qui voulait un nouveau monument à Paris. Pas mal de Français étaient moins enthousiastes que **(11) le / lui / il**.

CÉCILE: Bien sûr, Monsieur le Président n'a pas créé la pyramide **(12) eux / lui / il** -même. Ce sont les architectes, **(13) eux / ils / les**, qui **(14) l' / lui / elle** ont dessinée.

CHRISTINE: Écoutez, **(15) moi / je / me** vais aller acheter des cartes postales. Qui veut venir avec **(16) moi / je / me**?

CÉCILE: Pas **(17) moi / je / me**.

ALAIN: **(18) Moi / Je / Me** non plus. Mais vas-y. Cécile et **(19) moi / je / toi**, nous allons rester ici regarder les gens.

CHRISTINE: D'accord, à tout à l'heure...

Grammar: Imperative; pronouns

D. Une situation tendue. Des terroristes ont pris en otage un groupe de diplomates étrangers. Pendant cette crise, le Président, qui s'occupe des négociations, donne des ordres à ses ministres. Il se répète pour mieux se faire comprendre. Complétez sa répétition à l'impératif en employant des pronoms objets multiples ou disjoints pour remplacer les mots soulignés.

MODÈLE: Amenez-moi <u>leur chef</u>!

      J'ai dit: *Amenez-le-moi!*

1. M. Duval, passez-moi <u>la communication des terroristes.</u>

   S'il vous plaît, _____!

2. Mme Chevalier, montrez <u>les photos de l'ambassade au général.</u>

   J'ai dit: _____!

3. Mme Lepain, informez-vous <u>de la santé des otages.</u>

   J'ai dit: _____!

4. M. Parlehaut, occupez-vous <u>des journalistes.</u>

   Encore une fois, _____!

5. M. Painpont, accoutumez-vous <u>au stress.</u>

   Vous m'avez entendu? _____!

6. M. Robert, ne vous préoccupez pas <u>de votre femme.</u>

   Je répète, _____!

7. S'il vous plaît, ne faites pas attention <u>à Monsieur le Maire.</u>

   D'accord? _____!

8. Tout le monde, écoutez! Ne cédons pas beaucoup <u>de choses aux terroristes.</u>

   Entendu? _____!

9. Ne permettez pas <u>aux terroristes</u> de passer <u>la frontière.</u>

   Vous avez compris? _____!

10. M. Forêt, donnez-moi <u>de l'aspirine.</u>

    S'il vous plaît, _____!

E. Reportage. Vous êtes journaliste. Écrivez un petit reportage sur la situation décrite dans l'exercice D. Vous pouvez ajouter d'autres détails pour mieux décrire la situation. Incorporez des pronoms objets et des pronoms disjoints dans votre paragraphe.

MODÈLE: *Aujourd'hui un groupe de terroristes a pris en otage un groupe de diplomates étrangers. Parmi eux, il y avait deux diplomates britanniques...*

_____

_____

_____

_____

_____

Leçon 3

Cap sur le vocabulaire!

A. *La Haine:* un film de Matthieu Kassovitz. Lisez l'article sur *La Haine,* un film de Matthieu Kassovitz (1995), puis répondez aux questions.

Résumé de l'histoire: Les personnages principaux sont trois amis: Saïd, un Beur, Hubert, un noir et Vincent, un blanc. À la suite d'une bavure pendant une garde à vue, les policiers ont gravement blessé Abdel, un jeune banlieusard. Les habitants de son quartier manifestent violemment. Ils attaquent les policiers. Un policier perd son arme. Vinz, l'ami d'Abdel, trouve l'arme. Il veut venger Abdel. Saïd et Hubert essaient de le convaincre de ne rien faire...

La haine, c'est un sentiment qui s'empare de jeunes qui habitent une banlieue parisienne. *La Haine* a reçu la célèbre Palme d'Or au festival de Cannes. Kassovitz a été surpris par l'immense succès de son film. La critique, le grand public et les jeunes des banlieues ont tous adoré son film.

MOTS UTILES: un(e) Beur = une personne issue de la deuxième génération maghrébine en France
une bavure = une erreur
une garde à vue = *to be held in police custody for questioning*
venger = *to seek revenge (here: to seek revenge for Abdel)*

1. Est-il plus probable que l'action du film se déroule à la campagne ou en banlieue?

_____

2. Le film se passe-t-il probablement dans un quartier riche ou dans un quartier défavorisé?

_____

3. Pourquoi les jeunes manifestent-ils?

_____

4. Quel thème principal le film semble-t-il révéler?
   a. la violence croissante dans les banlieues
   b. les problèmes des Maghrébins à Marseille
   c. les jeunes qui rouent de coups les policiers

5. Le film est en noir et blanc. Quel(s) effet(s) est-ce que cela doit accroître?

_____

B. Êtes-vous optimiste, pessimiste ou indifférent(e)? Faites ce test pour déterminer si vous êtes optimiste, pessimiste ou indifférent(e)/indécis(e). Indiquez la phrase qui exprime le mieux votre opinion.

_____ 1. a. Je trouve que le racisme disparaît aux États-Unis.
         b. J'ai l'impression que le racisme s'aggrave aux États-Unis.
         c. Ça m'est égal.

_____ 2. a. Il ne me semble pas que la xénophobie se répande.
         b. Sans aucun doute, la xénophobie se répandra.
         c. Au fond, je ne sais pas très bien.

_____ 3. a. Je crois qu'il y aura moins d'attentats terroristes.
         b. Il est probable qu'il y aura plus de terrorisme.
         c. On verra.

_____ 4. a. Je suis sûr(e) qu'un jour on libérera tous les otages dans le monde.
         b. Cela me semble peu probable.
         c. On verra.

_____ 5. a. Il me semble qu'on aura enfin la paix mondiale dans les années à venir.
         b. Il est douteux qu'on ait la paix dans les années à venir.
         c. Je ne suis pas sûr(e).

_____ 6. a. Il est peu probable que le chômage empire.
         b. Il est bien probable que le chômage s'aggravera.
         c. Tout cela est sans importance.

_____ 7. a. J'ai l'impression qu'on arrêtera la destruction de la couche d'ozone.
         b. Il est improbable qu'on l'arrête.
         c. L'environnement? Bof!

_____ 8. a. Avec le président américain actuel, sans doute que les impôts diminueront.
         b. Cela me semble peu probable.
         c. Ça m'est égal.

_____ 9. a. Je crois qu'on arrivera à un compromis au sujet de l'avortement aux États-Unis.
         b. Il est peu probable qu'on arrive à un compromis sur cette question.
         c. Ça m'est égal.

_____ 10. a. Il est bien probable qu'on trouvera un vaccin contre le sida.
          b. Il est douteux qu'on trouve un vaccin contre cette maladie.
          c. Au fond, je ne sais pas très bien.

Résultats: *Comptez les réponses «A», les réponses «B» et les réponses «C». Si la majorité de vos réponses sont «A», vous êtes optimiste. Si la majorité de vos réponses sont «B», vous êtes terriblement pessimiste. Une majorité de réponses «C» indique une personne plutôt indécise ou indifférente.*

Êtes-vous optimiste, pessimiste ou indifférent(e)?

Expliquez! Êtes-vous d'accord avec les résultats de votre test? Comment vous décrivez-vous? Quelle est votre attitude envers les problèmes mondiaux? Pourquoi?

_____

_____

_____

_____

_____

_____

_____

_____

La grammaire à apprendre

Le verbe *devoir*

C. Au voleur! *(Stop thief!)* Le musée des Beaux-Arts a été cambriolé *(robbed)*. Le conservateur *(curator)* du musée parle à son assistant peu après la découverte du cambriolage. Remplissez les blancs avec la forme correcte du verbe **devoir**.

ASSISTANT: Alors, qu'est-ce qu'on *(must)* _____ **(1)** faire?

CONSERVATEUR: Vous *(should)* _____ **(2)** prendre contact avec la presse

et je *(will have to)* _____ **(3)** appeler la police.

ASSISTANT: Nous *(should have)* _____ **(4)** téléphoner à la police tout

de suite!

CONSERVATEUR: C'est de ma faute. Je *(was probably)* _____ **(5)** être trop

distrait!

ASSISTANT: Le garde *(must not have)* _____ **(6)** appeler la police non

plus parce que les policiers ne sont pas encore arrivés.

D. Vous êtes l'inspecteur. Quand vous arrivez sur les lieux du crime *(at the scene of the crime)*, vous regardez la salle et faites des hypothèses sur la motivation et les actions des cambrioleurs *(robbers)*. Terminez chaque phrase à l'aide de la forme appropriée de **devoir** (tout en gardant le sens donné en anglais des mots soulignés).

1. Hypothesize about what <u>must have happened</u>.

   MODÈLE: Pour moi, *les cambrioleurs ont dû entrer par cette fenêtre-là.*

   a. J'ai l'impression que _____.

   b. D'après moi, _____.

2. Now tell the curator what the museum employees <u>should have done</u> differently.

   a. Je pense que _____.

   b. De plus, _____.

3. Next, tell him what he <u>will have to do</u> in the future to prevent another theft.

   a. À mon avis, _____.

   b. Il me semble que _____.

4. Then explain what he <u>should</u> do now.

   a. Je crois que _____.

   b. _____, vous ne trouvez pas?

5. Finally, tell him what <u>you must do</u> to solve the crime *(pour élucider le crime)*.

   a. Moi, je _____.

   b. À mon avis, _____.

Les adjectifs et les pronoms indéfinis

E. Le Louvre. Vous regardez un dépliant publicitaire du musée pour vous renseigner. Complétez les phrases avec un des adjectifs indéfinis suivants: **chaque, quelques, plusieurs, tout, toute, tous, toutes.**

1. Le musée est ouvert _____ les jours, sauf le mardi.

2. Le jeudi, il y a _____ groupes scolaires qui suivent des visites guidées.

3. _____ année, des milliers de visiteurs viennent au Louvre.

4. _____ le monde tient à voir la *Joconde* au moins une fois.

5. Le musée est immense. Il faut compter _____ jours si on veut voir

   _____ les salles principales.

6. _____ visiteurs veulent toucher les tableaux, mais c'est absolument interdit.

7. _____ touristes choisissent de se promener dans le musée avec les magnéto-phones portatifs qu'ils ont loués.

F. Tout le monde n'est pas pareil. Écrivez des phrases pour mieux expliquer votre opinion des sujets indiqués. D'abord, choisissez l'expression qui correspond mieux à votre opinion. Ensuite, écrivez deux phrases qui qualifient la phrase d'origine. Utilisez un adjectif indéfini (**chaque, quelques, plusieurs, tout, tous, toute, toutes**) dans la première phrase et un pronom indéfini (**chacun[e], quelques-un[e]s, quelqu'un, plusieurs, tout, tous, toutes**) dans la deuxième. Suivez le modèle.

MODÈLE: Le public s'intéresse aux questions sociales.

Absolument, / En fait, Absolument, le public s'intéresse à quelques questions sociales.

Le public s'intéresse à quelques-unes de ces questions.

1. Les chômeurs sont paresseux.

   Exactement, / En fait, _____

   _____

2. Les immigrés habitent des quartiers défavorisés.

   C'est exact. / Ce n'est pas vrai. _____

   _____

3. Les hommes politiques sont honnêtes.

   Tout à fait. / En réalité, _____

   _____

4. L'électeur individuel est important.

   C'est juste. / Je ne le crois pas. _____

   _____

5. La guerre est bête et jamais justifiable.

   Je suis d'accord. / Pas du tout. _____

   _____

6. Les œuvres d'art des Impressionnistes sont spectaculaires.

   Absolument. / Pas du tout. _____

   _____

7. Les musées sont ennuyeux.

   C'est possible. / Sans doute. _____

   _____

G. On ne partage pas tous les mêmes idées. Choisissez un des deux thèmes ci-dessous. Puis, écrivez un paragraphe dans lequel vous expliquez les différentes opinions de vos amis, de vos camarades de classe ou de vos concitoyens *(fellow citizens)*. Utilisez des adjectifs et des pronoms indéfinis (**tout, toute, tous, toutes, chaque, chacun[e], quelqu'un [de], quelque chose [de], plusieurs**) et le verbe **devoir.**

Thèmes au choix: Notre pays devrait continuer à accueillir des immigrants. OU
Notre pays devrait lutter encore plus contre le terrorisme.

MODÈLE: *Quelques-uns de mes camarades de classe pensent que nous devrions accueillir tous les immigrants qui viennent parce que nous sommes un pays d'immigrés, mais plusieurs personnes pensent qu'il devrait y avoir des limites...*

_____

_____

_____

_____

_____

_____

_____

_____

_____

EXERCICES DE LABORATOIRE

Phonétique

Les semi-voyelles [j], [w] et [ɥ]   CD5–2

Dès que les voyelles **i, y, ou** et **u** sont suivies d'une autre voyelle, leur prononciation change et elles deviennent ce qu'on appelle des *semi-voyelles.*

La semi-voyelle [j] rappelle le son de la lettre *y* dans le mot anglais *yes,* mais le son est plus tendu en français qu'en anglais. La semi-voyelle [j] est représentée par les lettres **i** ou **y** suivies d'une voyelle. Les lettres **il** et **ill** représentent aussi le son [j]. Écoutez et répétez les mots suivants:

papier	étudiant	fille	crayon
avion	pareil	nettoyer	

Exceptions:

mille	**ville**	**tranquille**	**Lille**

A. Écoutez les phrases suivantes et encerclez les mots qui contiennent le son [j].

1. La gentille étudiante a renversé sa bière sur le panier.

2. Il faut bien nettoyer les traits de crayon.

3. Ce premier voyage en avion a inquiété la vieille femme.

B. Maintenant, répétez les mêmes phrases pour pratiquer le son [j].

1. La gentille étudiante a renversé sa bière sur le panier.

2. Il faut bien nettoyer les traits de crayon.

3. Ce premier voyage en avion a inquiété la vieille femme.

La semi-voyelle [w] est proche du *w* anglais, mais les lèvres sont plus tendues en français. Le son [w] est représenté par les lettres **ou** suivies d'une voyelle. Les combinaisons **oi** et **oy** représentent le son [wa], et la combinaison **oin** représente le son [wɛ̃]. Écoutez et répétez les mots suivants.

Louis	boire	besoin	moi
oui	loyer	loin	mademoiselle

C. Écoutez les phrases suivantes et encerclez les mots qui contiennent le son [w].

1. Louis a besoin de boire beaucoup d'eau chaque mois.

2. Voici Mademoiselle Dubois, troisième concurrente de la soirée.

3. Oui, je crois que le voyage de la semaine prochaine sera moins long.

D. Maintenant, répétez les mêmes phrases pour pratiquer le son [w].

1. Louis a besoin de boire beaucoup d'eau chaque mois.

2. Voici Mademoiselle Dubois, troisième concurrente de la soirée.

3. Oui, je crois que le voyage de la semaine prochaine sera moins long.

La semi-voyelle [ɥ] n'a pas vraiment d'équivalent en anglais. Pour reproduire ce son, essayez de prononcer [y] très rapidement avant la voyelle qui suit. L'orthographe du son [ɥ] est **u** suivi d'une voyelle. Écoutez et répétez les mots suivants:

aujourd'**hui**   j**ui**llet   c**ui**llère   je s**ui**s   l**ui**   n**ui**t

E. Écoutez les phrases suivantes et encerclez les mots qui contiennent le son [ɥ].

1. Aujourd'hui, c'est le huit juillet.

2. Je suis rentrée à minuit, puis j'ai parlé avec lui.

3. La poursuite a ensuite continué tard dans la nuit.

F. Maintenant, répétez les mêmes phrases pour pratiquer le son [ɥ].

1. Aujourd'hui, c'est le huit juillet.

2. Je suis rentrée à minuit, puis j'ai parlé avec lui.

3. La poursuite a ensuite continué tard dans la nuit.

Leçon 1

Conversation   CD5–3

A. Les expressions pour faire la conversation. Maintenant, écoutez la Conversation (manuel, **chapitre 6**, leçon 1) en prêtant attention aux expressions pour engager, continuer et terminer une conversation.

B. L'intonation des phrases. Écoutez et répétez les phrases que vous entendrez. Imitez l'intonation de la phrase.

1. Dis donc, Fabien, qu'est-ce que tu m'as dit à propos de Paul?

2. Pardon, messieurs-dames, excusez-moi de vous interrompre.

3. Je pense que c'est une très bonne cause.

4. Bon, il faut que je m'en aille.

5. Bon, alors, à tout de suite.

C. Une réponse appropriée. Écoutez chaque phrase et choisissez entre les deux expressions données la réponse appropriée. Dites-la à haute voix.

1. Justement… / Il faut que je m'en aille.

2. Alors, on se téléphone? / Oui. On vous écoute.

3. Mais pas du tout! Qu'est-ce qu'il y a? / À la prochaine.

4. Bon, allez, au revoir. / Tout à fait.

5. J'ai besoin de te parler. / Oui, mais pas trop quand même.

La grammaire à apprendre

Les pronoms *y* et *en*   CD5–4

D. J'en ai, des soucis, moi! Souvent en français parlé, on utilise un pronom aussi bien que le nom correspondant. Le nom est placé au début de la phrase ou à la fin (comme dans l'exemple ci-dessous). On fait alors une petite pause entre le nom et le reste de la phrase. Répondez aux questions en suivant le modèle.

MODÈLE: *Vous entendez:* Tu as des soucis?

　　　　　Vous répondez: **J'en ai, des soucis, moi!**

(Items 1–7)

E. Au fait... Deux amis attendent le commencement de leur cours de mathématiques. Entre-temps *(In the meantime)*, Jean-David essaie d'intéresser son amie Claire à un article de journal qu'il vient de lire. Jouez le rôle de Claire et répondez aux questions de Jean-David en utilisant le pronom **y** ou **en** et les indications données.

MODÈLE: *Vous lisez:* Non, je... pas beaucoup

　　　　　Vous entendez: Tu as beaucoup de pages à lire avant la classe?

　　　　　Vous répondez: **Non, je n'en ai pas beaucoup.**

1. Oui, je... un peu

2. Oui, je...

3. Non, je ne... pas

4. Non, mais je sais que... plusieurs

5. Oui, ils...

Leçon 2

Conversation   CD5–5

A. Exprimer une opinion. Maintenant, écoutez la Conversation (manuel, **chapitre 6**, leçon 2) en prêtant attention aux expressions pour exprimer une opinion.

B. Pratiquez les expressions. Répétez ces expressions que vous avez entendues dans la Conversation.

1. Je trouve que c'est fantastique.

2. Je trouve que c'est idiot, ça!

3. Moi, je trouve ça assez chouette.

4. Mais pas du tout!

5. Moi, je ne suis pas du tout d'accord!

6. Je trouve que c'est une très mauvaise idée.

7. Moi, je trouve ça bien.

8. Je suis de ton avis.

C. Une réponse appropriée. Écoutez chaque phrase et choisissez entre les deux expressions données la réponse appropriée. Dites-la à haute voix.

1. Ça, c'est vrai. / Je crois qu'on devrait y aller.

2. Je le trouve assez moche. / C'est possible.

3. Tout cela est sans importance. / Vous trouvez?

4. Ce n'est pas vrai. / Moi non plus.

5. Je pense que oui. / Je suis d'accord avec toi: il est assez laid.

La grammaire à apprendre

La position des pronoms objets multiples   CD5–6

D. Vraiment? Pascal, qui adore lire le journal le matin, résume les événements du jour à sa femme, Marie, pendant qu'ils prennent le petit déjeuner. Jouez le rôle de Marie, qui reprend ce que dit Pascal sous forme d'une question exclamative. Faites attention à l'ordre des pronoms.

MODÈLE: *Vous lisez:* Tu veux rire? Elle...

   Vous entendez: L'équipe de football de Toulon a perdu le dernier match dans son propre stade.

   Vous répondez: **Tu veux rire? Elle l'y a perdu?**

1. Vraiment? Il...

2. Sérieusement? Il...

3. Sans blague? On...

4. Sans plaisanter? Il...

5. Non! Il...

Les pronoms disjoints   CD5–7

E. Qu'en pense-t-on? Parlez au nom des personnes mentionnées et donnez leur avis sur l'art impressionniste. Pour souligner *(emphasize)* à qui est l'opinion, utilisez le pronom disjoint qui correspond au nom. Suivez le modèle.

MODÈLE: *Vous lisez:* fabuleux

   Vous entendez: Comment est-ce que tu trouves l'art impressionniste?

   Vous répondez: **Moi, je le trouve fabuleux.**

   Vous entendez la confirmation: Moi, je le trouve fabuleux.

1. très beau

2. super

3. chouette

4. passionnant

Leçon 3

Conversation   CD5–8

A. La probabilité. Maintenant, écoutez la Conversation (manuel, **chapitre 6,** leçon 3) en prêtant attention aux expressions pour exprimer la probabilité et l'improbabilité.

B. Pratiquez les expressions. Répétez les expressions pour exprimer la probabilité trouvées dans la Conversation.

1. Il ne me semble pas que...

2. Il est probable que...

C. Autrement dit. Refaites les phrases que vous entendrez avec une expression similaire.

MODÈLE: *Vous lisez:* Ils devraient arriver bientôt. / Il est douteux qu'ils arrivent bientôt.

         Vous entendez: Sans doute qu'ils arriveront bientôt.

         Vous dites: **Ils devraient arriver bientôt.**

1. Ils ont dû parler de la prise des otages. / Il est improbable qu'ils aient parlé de la prise des otages.

2. Il ne me semble pas que les immigrés doivent s'assimiler. / Il est probable que les immigrés devront s'assimiler.

3. Il est peu probable que la crise se répande. / La crise a dû se répandre.

4. Il est bien probable qu'ils aimeront cette peinture. / Il est peu probable qu'ils aiment cette peinture.

La grammaire à apprendre

Le verbe *devoir*   CD5–9

D. Pour une vie meilleure. Répondez à la question avec la forme appropriée du verbe **devoir**. Attention au temps des verbes!

MODÈLE: *Vous lisez:* éliminer les impôts

         Vous entendez: Qu'est-ce que notre gouvernement devrait faire?

         Vous répondez: **Il devrait éliminer les impôts.**

Pour une vie meilleure…

1. aider nos voisins
2. travailler dur
3. obtenir mon diplôme
4. chercher un emploi

Pour un monde meilleur…

5. recycler
6. protéger l'environnement
7. faire plus attention à la pollution

Les adjectifs et les pronoms indéfinis   CD5–10

E. Une école expérimentale. La voisine de Mme Lechartier lui pose des questions sur l'école bilingue où elle envoie ses enfants. Jouez le rôle de Mme Lechartier et répondez aux questions de sa voisine en utilisant les mots donnés. Faites tous les changements nécessaires.

MODÈLE: *Vous lisez:* quelqu'un

         Vous entendez: Qui vous a appris l'existence de ce programme?

         Vous répondez: **Quelqu'un m'a appris l'existence de ce programme.**

1. chacun
2. ils / en / plusieurs
3. je / les / tous
4. ils / les / toutes
5. chacun

Dictée   CD5–11

F. Une permission. Isabelle a une permission à demander à son père. Elle lui téléphone à son bureau, et, comme il est absent, elle laisse un long message sur son répondeur automatique *(answering machine)*. Écrivez son message. D'abord, écoutez le message en entier. Ensuite, chaque phrase sera lue deux fois. Enfin, tout le message sera répété pour que vous puissiez vérifier votre travail. Écoutez.

_____

_____

_____

_____

_____

_____

_____

_____

_____

_____

_____

_____

_____

Compréhension

Un bulletin d'informations *(A newsbrief)*   CD5–12

Vous allez entendre les informations de huit heures de la station de radio Europe 1. D'abord, écoutez-en les grands titres *(headlines)*.

MOTS UTILES: à nouveau   *again*   le train fou   *runaway train*
se battre   *to fight, battle*   le freinage   *braking system*
un séisme   *earthquake*   une salle   *here, movie theater*

G. Qu'est-ce qui se passe dans le monde? Dans le bulletin d'informations que vous avez entendu, le journaliste commence par donner un résumé des reportages présentés dans ce bulletin.

Encerclez les sujets qu'il mentionne.

la politique	un désastre ferroviaire *(railroad)*
le cinéma	un scandale politique
le football	la fabrication des missiles
le tennis	trois séismes
la religion	le vol d'une œuvre d'art

La politique intérieure   CD5–13

Maintenant, écoutez le reportage sur le discours *(speech)* du nouveau Premier ministre.

MOTS UTILES: dessiner   *to draw, lay out*
                        moindre   *less, lower*
                        autrement   *differently*

H. Les rêves du politicien. Quels sont les rêves de ce politicien? Choisissez la meilleure réponse pour compléter chaque phrase.

_____ **1.** Il rêve de villes où il y a...

    a. moins de tensions.

    b. moins de pollution.

    c. plus d'habitants.

_____ **2.** Il rêve d'une politique où...

    a. son parti est au pouvoir.

    b. tous les électeurs participent aux élections.

    c. ce qui est dit est plus important que celui qui le dit.

_____ **3.** Il rêve d'un pays où...

    a. tout le monde a assez à manger.

    b. les gens communiquent entre eux.

    c. il n'y a plus de racisme.

_____ **4.** Il rêve de liberté...

    a. pour tous.

    b. qui existe toujours.

    c. *(a et b)*

Voici maintenant un autre reportage sur la politique française.

MOTS UTILES: s'apprêter   *to be about to*   une hausse   *increase, rise*
                        d'ailleurs   *besides*   repousser   *to postpone*

I. Une rumeur désagréable. Complétez chaque phrase en choisissant la bonne réponse.

_____ 1. Dans ce reportage, il s'agit d'une augmentation proposée des prix...

      a. du gaz et de l'eau.

      b. des timbres et des cartes postales.

      c. du gaz et de l'électricité.

_____ 2. Quel est le pourcentage de hausse proposé?

      a. $12\frac{1}{2}$

      b. 10

      c. $2\frac{1}{2}$

_____ 3. Cette augmentation avait été repoussée à l'été à cause...

      a. des élections présidentielles.

      b. du climat d'été plus favorable.

      c. des manifestations.

Coup de téléphone   CD5–14

Dans ce chapitre, vous avez appris comment engager, continuer et terminer une conversation. Ici, Sabine est rentrée, le soir, avant Patrick, et elle reçoit un coup de téléphone de son amie. Écoutez leur conversation.

J. Prenons des notes. Sabine veut écrire quelques notes après sa conversation avec son amie afin de se souvenir d'en parler avec Patrick. Qu'écrirait-elle? Remplissez les blancs.

1. qui a téléphoné

2. où elle veut aller

3. le jour

4. l'heure

5. quand elle va rappeler

EXERCICES ÉCRITS

CHAPITRE
7

Qui vivra verra

La grammaire à réviser

Avant la première leçon

Le futur

A. Un horoscope. Vous recevez ce message publicitaire qui vous offre un horoscope gratuit *(free)*. Complétez le message en choisissant un des verbes entre parenthèses. Mettez tous les verbes au futur.

C'est votre semaine de chance! Notre ordinateur a choisi votre nom, parmi des centaines, pour recevoir cet horoscope gratuit pour la semaine prochaine.

Amour: Une rencontre pleine de promesses! Vous (faire / rencontrer) _____ (1) la connaissance d'une personne intéressante. Cette personne (connaître / savoir)

_____ (2) vous comprendre et vous aimer. Il y (avoir / être)

_____ (3) peut-être même des projets d'avenir à deux.

Amitié: Souvenirs! Vous (envoyer / voir) _____ (4) quelqu'un que vous n'avez pas vu depuis longtemps. De plus, d'autres anciens amis (savoir / se souvenir)

_____ (5) de vous et ils vous (avoir / envoyer) _____ (6) une

lettre ou ils vous (appeler / téléphoner) _____ (7) au téléphone.

Santé: Attention! Il (falloir / valoir) _____ (8) être prudent(e) Vous (courir /

faire) _____ (9) le risque de maux de gorge *(sore throat)*. Buvez beaucoup

d'eau, faites du sport et tout (aller / voir) _____ (10) bien.

Argent: Patience! Vous (avoir / devoir) _____ (11) faire attention aux achats impulsifs. Contrôlez vos désirs et votre carte de crédit, ça (pouvoir / valoir) _____ (12) mieux.

Travail: Dommage. Vous (trouver / perdre) _____ (13) votre poste, mais ne vous en faites pas trop; vous n(e) (aller / être) _____ (14) pas longtemps au chômage. Il faudra vous dire «Tant mieux! J'en (dire / profiter) _____ (15) pour le moment» et puis «Je (être / trouver) _____ (16) un autre emploi».

Offre exceptionnelle! Pour le prix tout à fait exceptionnel de 15€, vous _____ (pouvoir / vouloir) (17) découvrir ce que l'avenir vous réserve pour les douze prochains mois. Avec votre horoscope complet, vous (écrire / recevoir) _____ (18) aussi une étude détaillée de votre caractère. Il suffit que vous envoyiez un chèque de 15€ à SOS Astral, BP 13, 33333 Futura.

Leçon 1

Cap sur le vocabulaire!

A. La vie et le travail. Salima est une jeune femme ambitieuse. Elle nous parle de son avenir dans le monde du travail. Complétez le texte suivant avec les mots ou expressions proposés. Faites les changements nécessaires.

un équilibre	avenir	les offres d'emploi
des entretiens	certainement	on ne m'y prendra pas!
curriculum vitae (C.V.)	trouver du travail	retraite
sûrement	changer de métier	en profiter

Dans la vie, il faut _____ (1). Il est _____ (2) nécessaire de travailler dur, mais il est également indispensable de (d') _____ (3) et de s'amuser. Je suis très optimiste au sujet de mon _____ (4). Je vais _____ (5) devoir _____ (6) plusieurs fois pendant ma carrière, parce que c'est la tendance actuelle. Je sais exactement quoi faire pour _____ (7). Je regarderai _____ (8) dans le journal et je répondrai aux annonces qui m'intéressent. J'enverrai mon _____ (9). Si tout va bien, j'aurai _____ (10). Après une vie bien occupée à travailler, je prendrai ma _____ (11). Mais être au chômage, _____! (12)

B. Le meilleur métier? Quel est le meilleur métier et quel est le pire? Donnez votre opinion des divers métiers mentionnés ci-dessous en indiquant, dans chaque cas, si c'est **le plus** ou **le moins** + un adjectif de la liste suivante.

bien payé   ennuyeux   fatigant   mal payé   prestigieux
dangereux   facile   ingrat   malsain   stimulant
difficile   fascinant   intéressant   passionnant   stressant

MODÈLE: Le travail dans le commerce est le plus / ~~le moins~~ *ingrat.*

1. Le travail dans l'industrie est le plus / le moins _____.

2. Le travail d'un(e) secrétaire est le plus / le moins _____.

3. Le travail dans l'enseignement est le plus / le moins _____.

4. Le travail d'un infirmier/d'une infirmière est le plus / le moins _____.

5. Le travail d'un ingénieur est le plus / le moins _____.

6. Le travail d'un(e) avocat(e) est le plus / le moins _____.

7. Le travail d'un cadre est le plus / le moins _____.

8. Le travail d'un(e) militaire est le plus / le moins _____.

9. Le travail d'un boucher/d'une bouchère est le plus / le moins _____.

10. Le travail d'un ouvrier/d'une ouvrière est le plus / le moins _____.

11. En somme, quel métier préféreriez-vous avoir? Pourquoi? _____

_____.

12. Quel métier préféreriez-vous éviter à tout prix *(avoid at all cost)*? Pourquoi? _____

_____.

La grammaire à apprendre

L'usage du futur

C. Les métiers. Mettez les verbes entre parenthèses au temps qui convient (présent ou futur) et devinez, d'après le contexte, la future profession de ces jeunes.

MODÈLE: Chantal apprend l'anatomie, la biologie, la chimie.

      Si elle (finir) _____ ses études, elle (devenir) _____.

      Si elle *finit* ses études, elle *deviendra médecin.*

1. Marc est passionné par les ordinateurs.

      Si Marc (obtenir) _____ son BTS (Brevet de technicien supérieur), il

      (trouver) _____ sans difficulté un poste de (d') _____.

2. Michèle est à la faculté de droit.

Lorsqu'elle (avoir) _____ son diplôme, elle (commencer)

_____ une carrière de (d') _____.

3. Myriam adore les enfants.

Si elle (réussir) _____ au concours de l'I.U.F.M. (Institut Universitaire de

Formation des Maîtres), elle (occuper) _____ un poste de (d')

_____.

4. Le jeune François est fasciné par les uniformes de police.

Quand il (être) _____ grand, il (vouloir) _____

peut-être devenir _____.

5. Isabelle apprend la dactylo *(typing)* et l'administration des entreprises.

Aussitôt qu'elle (pouvoir) _____, elle (chercher)

_____ un travail de (d') _____.

6. Alain adore les chiffres, les tables de multiplication, les prévisions financières.

S'il (étudier) _____ sérieusement, il (faire)

_____ une carrière de _____.

D. Une visite du patron. Puisque le directeur du personnel est assez satisfait du C.V. d'un candidat, il l'embauche *(hire)*. Le nouvel employé est envoyé voir son nouveau patron qui, lui, veut mieux le connaître. Le patron lui pose donc des questions pour savoir ce qu'il fera dans les situations suivantes. Imaginez les réponses. Attention au temps du verbe (futur ou présent de l'indicatif).

MODÈLE: PATRON: Si je vous demande de déjeuner avec un client important...

        EMPLOYÉ: *Je l'emmènerai dans un bon restaurant.*

1.   PATRON: Si on vous donne beaucoup de responsabilités...

    EMPLOYÉ: Je (J') _____.

2.   PATRON: Si c'est le vendredi soir et vous avez encore beaucoup de travail...

    EMPLOYÉ: Je (J') _____.

3.   PATRON: Ah bon, vous resterez travailler au bureau...

    EMPLOYÉ: Oui, si (s') _____.

4.   PATRON: Et si vous trouvez le moyen de tricher sur les comptes *(to cheat on the accounts)*...

    EMPLOYÉ: Je (J') _____.

Maintenant, c'est à l'employé de poser des questions.

5. EMPLOYÉ: Et je recevrai des promotions...

   PATRON: Oui, bien sûr, si (s') _____.

6. EMPLOYÉ: Et si je suis malade? Je ne serai pas obligé de travailler quand même, j'espère.

   PATRON: Non, vous _____.

7. EMPLOYÉ: Et je pourrai prendre des jours de congé quand je voudrai?

   PATRON: Non, sauf si (s') _____.

8. EMPLOYÉ: On m'encouragera à continuer ma formation professionnelle?

   PATRON: Oui, si (s') _____.

E. Une recette pour réussir. Si on vous embauche *(hires)* pour un nouvel emploi, que ferez-vous ou ne ferez-vous pas pour être sûr(e) d'y réussir? Écrivez au moins 5 phrases avec **quand** et **si** pour parler de votre avenir dans cet emploi. Utilisez une autre feuille de papier.

MODÈLE: *Si on m'embauche, je travaillerai dur parce que je voudrai faire bonne impression. Quand je commencerai mon nouvel emploi, j'essaierai de faire la connaissance de tous mes collègues et je ne dormirai jamais au bureau.*

Le futur antérieur

F. Je le ferai plus tard! Jean-Paul est un enfant difficile qui n'a jamais envie de faire ce que les autres lui demandent de faire. Il dit toujours qu'il le fera lorsque quelqu'un d'autre dans sa famille l'aura fait aussi. Mettez le verbe approprié au futur antérieur.

MODÈLE: LA MÈRE DE JEAN-PAUL: Mange tes légumes!

   JEAN-PAUL: Je n'ai pas envie. Bon, d'accord, je les mangerai aussitôt que tu *auras mangé* les tiens.

1. LA MÈRE DE JEAN-PAUL: Jean-Paul, range ta chambre s'il te plaît!

   JEAN-PAUL: Je la rangerai quand Michel et Anne _____ les leurs.

2. LE PÈRE DE JEAN-PAUL: Il est l'heure d'aller à l'école.

   JEAN-PAUL: J'ai encore le temps. Je partirai après que Michel et Anne

   _____.

3. LE PÈRE DE JEAN-PAUL: Fais tes devoirs tout de suite.

   JEAN-PAUL: Je les ferai lorsque Michel _____ les siens.

4. LE FRÈRE DE JEAN-PAUL: Promets-moi que tu ne parleras pas de notre accident à Papa!

   JEAN-PAUL: Je te le promettrai dès que tu m(e) _____ la même chose.

5. LA MÈRE DE JEAN-PAUL: Tu devrais prendre une douche.

   JEAN-PAUL: D'accord, d'accord. J'en prendrai une après que Michel en

   _____ une.

6. LA MÈRE DE JEAN-PAUL: Il est tard. Va te coucher...

   JEAN-PAUL: Mais je ne suis pas fatigué! Je me coucherai dès que toi et Papa, vous

   _____.

G. Une chose puis une autre. Indiquez les rapports temporels entre les deux verbes par votre choix du futur ou du futur antérieur. Ensuite, réfléchissez à votre propre vie. Indiquez si c'est quelque chose que vous diriez vous-même en cochant «probable» ou «peu probable» pour chaque phrase.

MODÈLE: Après que ~~je~~ (j') (obtenir) *aurai obtenu* mon diplôme, je ~~(j')~~ *voyagerai* autour du monde.

_____ probable   __X__ peu probable

1. Quand je (j') (terminer) _____ mes études, je (j') (payer) _____
   au total $50 000 en frais de scolarité.

   _____ probable   _____ peu probable

2. Aussitôt que mes amis et moi (quitter) _____ l'université / le lycée, nous (obtenir)

   _____ un poste qui nous intéresse.

   _____ probable   _____ peu probable

3. Dès que je (j') (trouver) _____ la personne de mes rêves, je (j') (se ranger, *to settle*

   down) _____.

   _____ probable   _____ peu probable

4. Après que mes parents (prendre) _____ leur retraite, ils (avoir)

   _____ plus de temps libre.

   _____ probable   _____ peu probable

5. Après qu'on (gagner) _____ à la loterie, notre vie (s'améliorer)

   _____.

   _____ probable   _____ peu probable

6. Lorsque je (s'installer) _____ dans mon propre appartement, je (se sentir)

   _____ moins stressé(e).

   _____ probable   _____ peu probable

H. Quelle journée! Vous essayez d'organiser mentalement votre journée de demain. Dites ce qui aura lieu ou aura déjà eu lieu lorsque vous ferez ou aurez fait certaines choses. Utilisez le futur ou le futur antérieur pour compléter les phrases logiquement.

MODÈLE: Je devrai me lever aussitôt que *je me serai réveillé(e) / je me réveillerai.*

1. Après que je me serai levé(e), _____.

2. Le matin, je partirai aussitôt que _____.

3. Je déjeunerai quand _____.

4. Je ferai des courses après que _____.

5. Lorsque je rentrerai chez moi _____.

6. Je dînerai après que _____.

7. Je pourrai regarder mon émission préférée quand _____.

8. Le soir, je me coucherai dès que _____.

H. D'ici... ans. (*. . . years from now.*) Vous aurez bientôt terminé vos études et vous et vos amis avez décidé de faire une liste de prédictions pour l'avenir que vous relirez ensemble quand vous serez beaucoup plus âgés. Vous verrez ainsi si votre vie s'est déroulée comme prévue. Notez vos prédictions personnelles pour les périodes de temps indiquées; qu'est-ce qui (ne) se sera (pas) passé avant la fin de chaque période? Utilisez le futur antérieur.

Voici quelques suggestions:

acheter une maison
aller à l'étranger
changer de métier
commencer à porter des lunettes
connaître beaucoup de monde
devenir chauve
devenir président(e)
divorcer
être candidat(e) à un jeu télévisé

me fiancer
me marier
prendre ma retraite
renoncer à devenir président(e)
réussir dans la vie
trouver ma/mon futur(e) partenaire
   pour le reste de ma vie
trouver un métier d'avenir

MODÈLES: D'ici 5 ans: *Je ne serai toujours pas allé(e) à l'étranger.*

        D'ici 20 ans: *J'aurai acheté une maison.*

1. D'ici 3 ans: _____

2. D'ici 5 ans: _____

3. D'ici 10 ans: _____

4. D'ici 15 ans: _____

5. D'ici 20 ans: _____

6. D'ici 25 ans: _____

7. D'ici 40 ans: _____

8. D'ici 50 ans: _____

J. Emploi de rêve. Qu'est-ce que vous aurez fait avant de décrocher *(get)* l'emploi de vos rêves? Écrivez un petit paragraphe; utilisez le futur antérieur.

MODÈLE: *Avant de décrocher l'emploi de mes rêves, j'aurai déjà travaillé très dur parce que je voudrais être avocat et faire des études de droit n'est pas facile.*

Leçon 2

Cap sur le vocabulaire!

A. À ta place je ferais... En vous servant des *Expressions typiques pour* conseiller et suggérer et des *Mots et expressions utiles* pour parler du logement et de la banque (manuel, **chapitre 7**, leçon 2), donnez des conseils à vos amis basés sur ce qu'ils vous disent.

MODÈLE: VOTRE AMI(E): Je n'ai pas beaucoup d'argent. Toutefois *(However)*, je ne veux pas habiter dans une résidence universitaire.

VOUS: *Moi, à ta place, je prendrais un studio.*

Pour la première partie, imaginez que vous êtes au téléphone avec un(e) ami(e) et que vous parlez du logement. Écrivez vos conseils pour cet(te) ami(e).

1. VOTRE AMI(E): Je n'ai plus envie d'habiter chez mes parents et je pense chercher un appartement. Tu peux me dire quelles caractéristiques sont souhaitables dans un appartement?

   VOUS: _____

2. VOTRE AMI(E): Je préférerais habiter un vieil appartement, mais un qui a tout le confort d'un logement assez moderne quand même.

   VOUS: _____

3. VOTRE AMI(E): Je déteste faire le ménage!

   VOUS: _____

4. VOTRE AMI(E): J'ai horreur d'habiter dans un quartier bruyant!

   VOUS: _____

5. VOTRE AMI(E): Quelle sorte de quartier est-ce que je devrais éviter?

   VOUS: _____

6. VOTRE AMI(E): Je ne sais pas quelles sont les charges pour cet appartement-là. À qui est-ce que je devrais en parler?

   VOUS: _____

7. **VOTRE AMI(E):** Je n'ai pas assez d'argent pour louer un grand appartement. Y a-t-il une autre solution?

VOUS: _____

Pour la deuxième partie, imaginez que vous sortez en ville avec des ami(e)s qui vous demandent conseil sur des questions d'argent. Écrivez vos conseils pour ces ami(e)s.

8. **VOTRE AMI(E):** Zut! Je n'ai pas assez d'argent pour aller au ciné ce soir et toutes les banques sont fermées!

VOUS: _____

9. **VOTRE AMI(E):** Je viens de vendre ma voiture et on m'a payé en espèces.

VOUS: _____

10. **VOTRE AMI(E):** Mon frère veut m'emprunter de l'argent. J'hésite...

VOUS: _____

11. **VOTRE AMI(E):** Je dois aller au supermarché mais je n'ai pas assez de liquide *(cash)* sur moi.

VOUS: _____

B. Le Crédit Lyonnais. Voici une série de publicités pour le Crédit Lyonnais qu'on peut voir dans leur vitrine. En vous servant du vocabulaire suivant, remplissez les blancs avec le(s) mot(s) approprié(s). Faites tous les changements nécessaires.

le carnet de chèques
la carte électronique
changer de l'argent
le compte chèques
un compte en banque
emprunter
encaisser un chèque

l'intérêt
le livret d'épargne
ouvrir un compte
le prêt
prêter
retirer de l'argent
le taux d'intérêt

MODÈLE: Un *carnet de chèques* offert avec chaque nouveau compte chèques ouvert

1. **Notre** _____

_____

7%

Laissez votre argent travailler pour VOUS!

2. _____

un compte au Crédit Lyonnais AUJOURD'HUI!

3.

> **Dollars américains – yen**
>
> **Ici, on**
>
> _____
>
> _____
>
> **Dollars canadiens**

4.

> **Une nouvelle maison?**
>
> **Une voiture neuve?**
>
> **Nos** _____
>
> **sont à 11%**

5.

> **Ouvrez un** _____
>
> _____
>
> **pour votre enfant**
>
> **dès aujourd'hui**

6.

> **Avec une carte**
>
> _____
>
> **vous pouvez**
>
> _____
>
> **l'argent 24 heures sur 24**

La grammaire à apprendre

Les phrases conditionnelles

C. La loterie. Si vous gagniez 10 millions de dollars à la loterie, en quoi votre vie changerait-elle et en quoi ne changerait-elle pas? Inspirez-vous de la liste suivante.

acheter une grande maison
m'acheter une voiture
avoir besoin d'un comptable
avoir besoin d'emprunter de l'argent
avoir un bel avenir
avoir un yacht privé
continuer à travailler
me demander de l'argent
déposer tout l'argent à la banque

distribuer l'argent à des
    associations caritatives (charities)
m'enfermer chez moi
en profiter
ne rien faire
prendre aussitôt ma retraite
prêter de l'argent à mes amis
vouloir partager l'argent

Si je gagnais à la loterie,...

MODÈLE: Moi, je _ne continuerais pas à travailler._

1. Moi, je _____.

2. Mes amis _____.

3. Mes parents _____.

4. Des organisations bénévoles _____.

5. Moi, je _____.

6. Moi, je _____ .

7. Ma famille et moi, nous _____ .

8. Mes amis et moi, nous _____ .

9. Mon frère/Ma sœur _____ .

10. Moi, je _____ .

Si vous gagniez à la loterie, quels seraient les trois grands changements dans votre vie? Pourquoi feriez-vous ces changements? Pourquoi seraient-ils si importants? Notez que vous n'êtes pas obligé(e) d'utiliser les verbes de la liste ci-dessus.

_____

_____

_____

_____

_____

D. Normalement, je... / À l'avenir je... / Si c'était le cas, je... Expliquez votre point de vue par rapport à votre vie active *(your work life)* actuelle, future et hypothétique. Selon le sens de la phrase et le temps du verbe donné, dites ce que vous faites normalement dans les situations suivantes (mettez le verbe au présent de l'indicatif), ce que vous ferez à l'avenir (mettez le verbe au futur) ou ce que vous feriez éventuellement *(might do)* (mettez le verbe au conditionnel). Choisissez un des verbes proposés. Vous pouvez mettre la phrase au négatif si vous voulez.

MODÈLE: Si je travaillais plus... (gagner plus d'argent / être tout le temps fatigué(e) / avoir du temps pour sortir avec mes amis)

je serais tout le temps fatigué(e).

1. Quand je cherche du travail, si je vois une offre d'emploi qui m'intéresse,... (téléphoner tout de suite pour poser ma candidature / leur envoyer mon C.V. / aller voir le directeur ou la directrice du personnel)

_____

_____

2. Si je travaille bien à l'université,... (apprendre beaucoup / avoir un bel avenir / gagner beaucoup d'argent)

_____

_____

3. Si je peux faire ce que je veux,... (devenir médecin / devenir avocat(e) / devenir informaticien[ne], etc.)

_____

_____

4. Si je n'avais pas de travail après l'université,... (m'enfermer chez moi / en profiter / remplir beaucoup de demandes d'emploi)

_____

_____

5. En général, si je n'aime pas mon travail,... (changer de métier / souffrir en silence / le dire à tout le monde)

_____

_____

6. Si mon traitement mensuel n'était pas suffisant,... (demander une promotion à mon patron / trouver un autre emploi / ne rien dire à mon patron)

_____

_____

7. Si j'étais au chômage,... (chercher du travail / partir en vacances / faire un stage de formation professionnelle)

_____

_____

E. Les conditions de vie. Parlez de votre vie par rapport à vos finances et à votre logement. D'abord, mettez le verbe entre parenthèses au temps nécessaire (au présent de l'indicatif, au futur, à l'imparfait ou au conditionnel) et puis complétez la phrase pour vous expliquer.

1. En général, si je n'ai pas assez d'argent pour acheter quelque chose que je veux, je (j') (en emprunter / ne pas en emprunter) _____ à mes parents parce que _____

_____.

2. Je paie par carte de crédit (même si je avoir / si je ne pas avoir) _____ assez de

liquide *(cash)* parce que _____.

3. Si je voyais une voiture que je voulais, je (l'acheter / ne pas l'acheter) _____ parce

que _____.

4. Si je (gagner / ne pas gagner) _____ plus d'argent l'année prochaine, je ferai un beau

voyage parce que _____.

5. Si je n'aime pas mon nouveau propriétaire, je (changer / ne pas changer) _____

d'appartement parce que _____.

6. Si je (refuser / ne pas refuser) _____ de payer le loyer, mon propriétaire me mettrait

à la porte parce que _____.

F. Si j'allais acheter une maison… Expliquez ce que vous feriez si vous alliez acheter une maison. (Si vous êtes déjà propriétaire d'une maison, expliquez ce que vous feriez si vous vouliez acheter une maison différente.) D'abord, décrivez la maison hypothétique et puis les démarches *(steps)* nécessaires pour la trouver et l'acheter. Utilisez le conditionnel et écrivez au moins six phrases. Utilisez une autre feuille de papier.

MODÈLE: *Si je pouvais acheter une nouvelle maison, je regarderais les petites annonces dans le journal pour avoir une idée des maisons disponibles et de leurs prix. Je voudrais acheter une belle maison moderne donc je ne visiterais pas de vieilles maisons.*

Leçon 3

Cap sur le vocabulaire!

A. Les conditions de travail. Qu'est-ce qui est le plus important à votre avis? Regardez la liste suivante et numérotez chaque élément (1 = le plus important; 10 = le moins important) pour indiquer votre opinion.

_____ avoir une bonne assurance-maladie   _____ avoir un horaire flexible

_____ recevoir des augmentations de salaire   _____ avoir des collègues motivés

_____ avoir un joli bureau   _____ avoir une bonne pension de retraite

_____ avoir un(e) patron(ne) compétent(e)   _____ avoir un bon salaire

_____ avoir beaucoup de congés payés   _____ avoir la sécurité de l'emploi

Phrases: Expressing intention
Vocabulary: Working conditions
Grammar: Conditional; impersonal
   il +adjective

SYSTÈME-D

B. À vous! Choisissez maintenant trois des éléments de l'exercice A et dites pourquoi chaque élément est important ou ne l'est pas pour vous.

MODÈLE: Condition: *recevoir des augmentations de salaire*

Explication: *Je voudrais gagner beaucoup d'argent. Il est donc important que je continue à recevoir des augmentations de salaire.*

1. Condition: _____

   Explication: _____

   _____

2. Condition: _____

   Explication: _____

   _____

Nom _____ Date _____

3. Condition: _____

Explication: _____

_____

C. Faire des concessions. Choisissez le mot ou l'expression approprié(e) pour chaque blanc. Faites attention au sens des expressions aussi bien qu'à la structure grammaticale de la phrase.

_____ **1.** _____, ce poste avait beaucoup d'avantages. Ce n'est que plus tard que Paul s'est rendu compte des énormes inconvénients.

    a. Cependant   **b.** À première vue   **c.** Tout de même

_____ **2.** L'économie allait de mal en pis. _____, le Président restait optimiste.

    a. Néanmoins   **b.** En fin de compte   **c.** Quoique

_____ **3.** _____ l'aide de la Sécurité sociale, Michel a quand même dû payer une partie de ses frais médicaux.

    a. En dépit de   **b.** Pourtant   **c.** Avec

_____ **4.** Personne n'aime payer des impôts. _____, il faut le faire.

    a. À première vue   **b.** Bien que   **c.** Tout de même

_____ **5.** Les ouvriers d'aujourd'hui se plaignent toujours et font la grève assez souvent. Mais, _____, les conditions de travail se sont beaucoup améliorées pour la plupart des Français depuis 50 ans.

    a. quoique   **b.** bien que   **c.** malgré cela

_____ **6.** Dans notre ville, ils ont ouvert un restaurant du cœur. _____, beaucoup de personnes ici n'ont toujours pas assez à manger.

    a. En dépit de   **b.** Pourtant   **c.** En fin de compte

La grammaire à apprendre

Le subjonctif après les conjonctions

D. Ma vie professionnelle. Marie-Jeanne travaille dans un magasin de vêtements. Elle parle de son travail à son mari. Voici des extraits de leur conversation. Mettez le verbe entre parenthèses au subjonctif, à l'indicatif ou à l'infinitif.

MODÈLE: Je pourrai changer mon horaire pourvu que j'en (parler) *parle* à mon chef à l'avance.

1. J'aime beaucoup mon travail bien que l'horaire (être) _____ fatigant.

2. J'ai de bons rapports avec mes collègues quoiqu'il y (avoir) _____ de petites jalousies de temps en temps.

3. Mon chef me donnera une augmentation de salaire à condition qu'on (faire) _____ un bon chiffre d'affaires.

4. Je travaillerai dur parce que je (vouloir) _____ avoir une promotion.

5. On a dû baisser les prix de crainte que la concurrence ne nous (prendre) _____ des clients. Ce n'était pas une décision facile.

6. Tous les jeudis on organise des défilés de mode pour (attirer) _____ la clientèle. J'aime beaucoup ça!

7. Dès que les soldes (commencer) _____, je serai obligée de travailler plus tard le soir.

8. Je dois prendre mes vacances avant que ma collègue Anne n'(avoir) _____ son bébé.

9. J'aimerais prendre des vacances en juin à moins que tu ne (pouvoir) _____ pas partir aux mêmes dates que moi. Quand seras-tu libre?

10. J'aimerais suivre des cours du soir afin de (devenir) _____ acheteuse dans un grand magasin. Qu'en penses-tu?

E. Les petites annonces. En lisant les petites annonces, cinq jeunes Français trouvent une offre d'emploi qui les intéresse. Dites ce qu'ils pensent en reliant les phrases avec une conjonction qui convient: **avant que, bien que, quoique, à moins que, sans que, à condition que, pourvu que, pour que, afin que, de peur que, jusqu'à ce que, en attendant que.**

Bénédicte:

> *Pour Salon Paris*
> *du 12 au 16 février,*
> *Claude Valérie*
> *recrute mannequins*
> *professionnels.*
> *Taille 38 femmes.*
> *Tél. pour R.V.*
> *04.94.27.34.42.*

MODÈLE: Ce serait amusant d'être mannequin. On ne me fait pas porter des ensembles moches.

> *Ce serait amusant d'être mannequin pourvu qu'on ne me fasse pas porter d'ensembles moches.*

1. Je vais prendre rendez-vous. Je ne suis pas vraiment une professionnelle.

_____

_____

2. Pour le rendez-vous, je m'habillerai de façon très chic et je me maquillerai avec soin. La personne qui recrute sera favorablement impressionnée.

_____

_____

Marc:

> *Pâtissier pour Libreville (Gabon), références exigées. Tél. 04.93.65.04.77 ou écrire 112, avenue des Alouettes, 06410 Biot.*

3. J'irais bien travailler au Gabon. Le salaire en vaut la peine.

_____

_____

4. Je vais écrire à mes employeurs précédents. Ils envoient des références de travail.

_____

_____

Benoît:

> **URGENT**
> **Recherchons aide-comptable confirmé(e), mi-temps.**
> **Poste Cagnes-sur-Mer.**
> **Tél. 04.93.20.70.76, pour rendez-vous.**

5. Un emploi d'aide-comptable à mi-temps serait idéal. J'obtiens mon diplôme d'expert-comptable.

_____

_____

6. Je vais téléphoner immédiatement. Quelqu'un d'autre prend rendez-vous avant moi.

_____

_____

Isabelle:

> **RANDSTAD TRAVAIL TEMPORAIRE**
> **recrute sténodactylo bilingue.** Se présenter avec certificats de travail 33, rue Hôtel-des-Postes, Nice.

7. J'ai de bonnes chances d'obtenir ce poste. L'employeur exige un niveau d'anglais très élevé.

_____

_____

8. Je ferai du travail temporaire. Je trouve un emploi permanent.

_____

_____

F. Dans un monde du travail fantaisiste. Dans le monde du travail du futur, rien ne sera logique ni sérieux. Comment sera ce monde fantaisiste? Soyez créatif(-ive)! Terminez les phrases suivantes selon la structure de la phrase donnée. (Faut-il utiliser un verbe au subjonctif ou à l'infinitif? C'est-à-dire, est-ce que la phrase a un sujet ou deux sujets différents?)

MODÈLES: Je ne travaillerai que 10 heures par semaine afin de *pouvoir passer plus de temps avec mon chien et mes poissons rouges.*

Je ne travaillerai que 10 heures par semaine afin que *mon chien ne passe pas trop de temps seul(e) à la maison.*

1. Je ne paierai pas d'impôts à moins que _____

_____.

2. Le directeur me donnera une augmentation de salaire toutes les semaines de crainte que _____

_____.

3. J'aurai 10 semaines de congés payés pour _____

_____.

4. Je m'installerai dans le bureau de mon chef sans que _____

_____.

5. Je serai nommé(e) «employé(e) de l'année» à condition de_____

_____.

6. Je voyagerai tout le temps avant de _____

_____.

7. Je déjeunerai avec tous les clients les plus importants quoique _____

_____.

8. Je serai bien payé(e) jusqu'à ce que _____

_____.

G. Des études à l'étranger. Vous aimeriez faire des études à l'étranger, mais seulement sous certaines conditions. Développez un bon paragraphe dans lequel vous décrivez ces conditions. Exprimez vos souhaits pour votre séjour à l'étranger et dites comment vous l'organiseriez. Incorporez dans votre composition au moins 5 de ces expressions: **tout de même, néanmoins, pourtant, cependant, malgré, en dépit de, si, bien que, quoique, à moins (que/de), sans (que), pourvu que, à condition (que/de), pour (que), afin (que/de), de peur (que/de), de crainte (que/de), avant (que/de), jusqu'à ce que, en attendant (que/de)**. Utilisez une autre feuille de papier.

MODÈLE: *J'aimerais passer six mois en France à condition que mon université me donne des unités de valeur* (credits) *pour les cours que je suivrai là-bas.*

EXERCICES DE LABORATOIRE

Phonétique

Le [r] français   CD5–15

Le [r] français se prononce très en arrière de la bouche, pratiquement dans la gorge.

A. Écoutez les mots suivants en vous concentrant sur la prononciation du [r] dans les différentes positions d'un mot; puis répétez-les à votre tour.

au début du mot:

retraite	réussite	remplir	rénové	retirer

à la fin du mot:

avenir	employeur	infirmière	horaire	salaire

après une consonne:

prendre	promotion	malgré	crédit	emprunter

entre deux voyelles:

irai	aurait	seront	sauras	ferais

B. Maintenant, écoutez les phrases suivantes avant de les répéter.

1. Je viendrai mardi soir, c'est promis!
2. Vous pourriez en parler à la locataire.
3. Croyez-moi! Cette infirmière aura un autre horaire la semaine prochaine!
4. Lorsque tu arriveras, tous les autres seront déjà partis.

Les liaisons interdites   CD5–16

La liaison doit absolument être évitée entre certains mots. Examinez les cas présentés ci-dessous. (Voir la suite au **chapitre 8.**)

On ne fait pas la liaison entre:

- un nom propre + un mot commençant par un son vocalique:

  Exemples: Bertrand / est grand.   Denis / et Virginie

- la conjonction **et** + un mot commençant par un son vocalique:

  Exemples: Jacques et / Alice   un frère et / une sœur

- un nom se terminant par une consonne + un mot commençant par un son vocalique:

    Exemple: Ce garçon / aime manger.

    Notez particulièrement un nom pluriel + un verbe commençant par un son vocalique:

    Exemples: Mes sœurs / habitent seules.   Mes parents / ont peur pour elles.

C. Écoutez les groupes de mots suivants. Répétez-les en prenant soin de ne pas faire de liaison interdite.

un monsieur agréable	Georges et Annie
deux chevaux énervés	un croissant et un café
Charles a peur.	Les portes ouvrent mal.

D. Maintenant, écoutez et répétez les phrases suivantes.

1. Albert a pris un croissant et un lait au miel.

2. Bertrand et Georges habitent chez leurs amis.

3. Les animaux approchent et ils leur donnent à manger.

4. Un étudiant intelligent apprendra et inventera plus.

5. Ces gens ont appris que leurs amis avaient attendu longtemps.

6. Marc et Éric arrivent avec des valises assurées.

Leçon 1

Conversation   CD5–17

A. Dire ce qu'on va faire. Maintenant, écoutez la Conversation (manuel, **chapitre 7**, leçon 1) en prêtant attention aux expressions pour parler de ce qu'on va faire.

B. Répétez les phrases. Écoutez et répétez ces phrases tirées de la conversation.

1. Lorsque je terminerai ma formation, j'aurai fait sept années d'études.

2. Il me semble que j'aurai plus de temps libre.

3. Je verrai…

4. Nous allons au cinéma ce soir.

C. Une réponse appropriée. Écoutez chaque mini-conversation et choisissez, entre les deux expressions données, la réponse appropriée. Dites-la à haute voix.

1. On ne m'empêchera pas d'y aller. / On ne m'y prendra pas!

2. Je vais certainement y aller. / Je ne suis pas sûr(e).

3. On ne m'empêchera pas d'y aller. / Je n'ai vraiment pas envie d'y aller.

4. Ça m'étonnerait que je change d'appartement. / Je vais certainement changer d'appartement.

5. J'aimerais aller au bord de la mer. / J'espère rester ici ce week-end.

La grammaire à apprendre

L'usage du futur   CD5–18

D. Quand tu auras 18 ans. Vous êtes majeur(e) *(of age)* mais votre frère ou sœur ne l'est pas. Vous lui racontez ce que vous pouvez faire maintenant que vous êtes majeur(e) mais vous le/la rassurez qu'il/elle pourra faire les mêmes choses un jour aussi.

MODÈLE: *Vous entendez:* Tu sors tous les soirs?

Vous répondez: **Oui, et quand tu auras 18 ans, tu sortiras tous les soirs aussi.**

Vous entendez la confirmation: Oui, et quand tu auras 18 ans, tu sortiras tous les soirs aussi.

(Items 1–6)

E. Je ne m'en ferai pas! Vous et un ami, vous parlez de l'avenir. Votre ami est pessimiste tandis que vous êtes plutôt optimiste. Répondez à ses questions d'après le modèle et en utilisant les éléments donnés ci-dessous.

MODÈLE: *Vous lisez:* ne pas m'en faire

Vous entendez: Si tu n'as pas d'entretiens?

Vous répondez: **Si je n'ai pas d'entretiens, je ne m'en ferai pas!**

Vous entendez la confirmation: Si je n'ai pas d'entretiens, je ne m'en ferai pas!

1. les repasser en automne
2. en trouver un autre
3. changer de métier
4. arrêter de travailler
5. avoir l'allocation de chômage

Le futur antérieur   CD5–19

F. La diseuse de bonne aventure. Vous êtes diseur/diseuse de bonne aventure *(fortune teller)*. Une jeune femme vient vous voir pour apprendre ce qui lui arrivera. Vous répondez à toutes ses questions à l'affirmatif mais, en même temps, vous la prévenez de ce qui devra avoir lieu avant qu'elle ne voie la réalisation de ses rêves.

MODÈLE: *Vous lisez:* travailler dur

Vous entendez: Est-ce que je deviendrai riche?

Vous répondez: **Oui, mais avant de devenir riche, vous aurez travaillé dur.**

1. changer de métier plusieurs fois
2. être longtemps au chômage
3. s'isoler dans son ambition
4. aller autour du monde
5. habiter une petite maison moche
6. se passer longtemps d'amour
7. être malheureuse

Leçon 2

Conversation   CD6–2

A. Hypothèses et suggestions. Maintenant, écoutez la Conversation (manuel, **chapitre 7**, leçon 2) en prêtant attention aux expressions pour faire une hypothèse, conseiller, suggérer et avertir.

B. Répétez les phrases. Écoutez et répétez ces phrases tirées de la conversation.

1. Si j'étais toi, je chercherais plutôt une chambre.

2. Mais pourquoi ne pas vivre entre étudiants?

3. J'ai une idée.

4. Tu pourrais aller à l'église américaine.

5. Je te conseille vraiment d'y aller.

6. Tu as pensé aussi à aller à la bibliothèque?

7. Tu ferais mieux peut-être d'habiter une chambre à la Cité-U.

8. Tiens! Ce sont de très bonnes idées!

La grammaire à apprendre

Les phrases conditionnelles   CD6–3

C. Si je vivais à Paris. Que feriez-vous si vous aviez la chance de vivre à Paris pendant un an? Craig a tout prévu pour une pareille éventualité. Aidez-le à formuler ses réponses en suivant le modèle et en utilisant les éléments donnés.

MODÈLE: *Vous lisez:* sur les Champs-Élysées
Vous entendez: Où est-ce que tu habiterais?
Vous répondez: Si je vivais à Paris, j'habiterais sur les Champs-Élysées.

1. dans les meilleurs restaurants

2. tous les soirs

3. à trois heures du matin

4. aux Galeries Lafayette

5. à Notre-Dame

6. des taxis

D. Les vacances. Les Marchand se disputent toujours quand il s'agit des vacances. Jouez les rôles des différents membres de la famille en répondant aux questions suivantes. Employez le conditionnel et les expressions données.

MODÈLE: *Vous lisez:* louer une villa au bord de la mer

Vous entendez: Martine, si tu avais le choix, qu'est-ce que tu ferais?

*Vous répondez: **Si j'avais le choix, je louerais une villa au bord de la mer.***

1. skier dans les Alpes

2. aller à l'étranger

3. descendre dans un hôtel de luxe

4. apprendre à faire du ski nautique

5. beaucoup se reposer

6. faire du camping dans les Pyrénées

Leçon 3

Conversation CD6–4

A. Faire des concessions. Maintenant, écoutez la Conversation (manuel, **chapitre 7**, leçon 3) en prêtant attention aux expressions pour faire des concessions.

B. Répétez les phrases. Écoutez et répétez ces phrases tirées de la conversation.

1. Mais les gens ne vont quand même pas te refuser les soins élémentaires.

2. C'est quand même incroyable que…

3. … malgré toutes les richesses des États-Unis…

4. … tout le monde n'ait pas accès à une assurance-maladie minimale.

5. Les États-Unis, c'est tout de même un pays…

6. qui a extrêmement peur…

7. de tout ce qui est socialiste.

C. Compréhension orale. Vous entendrez une phrase avec une conjonction. Regardez les deux conjonctions données. Puis, refaites la phrase en remplaçant la conjonction que vous avez entendue par la conjonction qui a à peu près le même sens. Vous entendrez la confirmation après.

1. Nous ferons des investissements _____ l'économie s'améliore. (jusqu'à ce que / à condition que)

2. Le chef de bureau parlera aux employés _____ les motiver. (en attendant de / pour)

3. Nous baisserons les prix _____ la concurrence ne nous prenne des clients. (de crainte que / à moins que)

4. On a construit un restaurant du cœur _____ les sans-abri dans notre ville puissent avoir de quoi manger. (à moins que / afin que)

5. _____ le président reste optimiste, l'économie va de mal en pis. (Sans que / Bien que)

La grammaire à apprendre

Le subjonctif après les conjonctions   CD6–5

D. En voyage. Christiane et Pierre ont prévu un voyage d'une semaine en Touraine mais ils ont des problèmes. Formulez les plans qu'ils élaborent pour remédier à ces problèmes en utilisant le subjonctif après les conjonctions données.

MODÈLE: *Vous lisez:* Je toucherai un chèque s'il y a de l'argent sur mon compte.

Vous entendez: à moins que

Vous dites: **Je toucherai un chèque à moins qu'il n'y ait pas d'argent sur mon compte.**

1. Nous partirons si la banque me donne un prêt.

2. Nous arriverons demain soir si je peux quitter mon travail tôt.

3. Nous nous amuserons même si nous n'avons plus beaucoup d'argent.

4. Nous prendrons la voiture même si ça coûte plus cher.

5. Je ne partirai pas ce week-end si ma santé ne s'améliore pas.

Dictée   CD6–6

E. Un avenir incertain. Les étudiants français doivent réfléchir très tôt à leur avenir. Écoutez Patrick, jeune lycéen de dix-sept ans, et écrivez ce qu'il dit. D'abord, écoutez ce qu'il dit en entier. Ensuite, chaque phrase sera lue deux fois. Enfin, le passage entier sera répété pour que vous puissiez vérifier votre travail. Écoutez.

_____

_____

_____

_____

_____

_____

_____

_____

_____

_____

_____

_____

_____

_____

Compréhension

Travailler pour une société américaine   CD6–7

Dans ce chapitre, vous avez appris à parler de la carrière et de la vie économique. Vous allez entendre une interview avec un homme qui travaille pour une compagnie américaine très connue. Vous devez le présenter à quelqu'un après l'interview. Écoutez l'interview pour en apprendre le plus possible sur cet homme et sa compagnie.

MOTS UTILES: une filiale   *subsidiary*
            les territoires d'outre-mer   *overseas territories*

F. Feuille à remplir. Remplissez la feuille de renseignements ci-dessous concernant la personne qui vient d'être interviewée. Encerclez toutes les réponses correctes.

Nom:	Bonny	Bonnet	Bonna		
Nationalité:	italienne	américaine	française		
Profession:	chef d'entreprise	cadre financier	ingénieur		
Compagnie:	Fila	Nike	Adidas		
Produits fabriqués:	chaussures	nourriture	bonbons		
Endroits desservis:	la Guadeloupe	la Réunion	la Martinique	le Sénégal	
Nombre d'employés:	150	105	115		
Ses responsabilités:	comptabilité	gestion	immobilier	informatique	transports

La garde des enfants   CD6–8

Ce chapitre a abordé le sujet des carrières professionnelles. Maintenant, Sophie, une amie française, vous décrit les problèmes des femmes qui travaillent et de la garde de leurs enfants. Écoutez ce qu'elle dit.

MOTS UTILES: une garderie   *day care center in a school, factory, etc.*
            travailler à plein temps   *to work full-time*
            travailler à temps partiel   *to work part-time*
            une crèche   *day nursery*
            mettre en nourrice   *to put a child in care of a professional babysitter*
            un revenu   *income*

G. Avez-vous bien compris? Pour vérifier si vous avez compris votre amie, indiquez si les affirmations suivantes sont vraies (**V**) ou fausses (**F**). Modifiez les phrases incorrectes.

_____ 1. La garderie à l'école commence à huit heures du matin.

_____ 2. Sophie a mis son enfant à l'école à l'âge de deux ans.

_____ 3. Elle pense que le système de nourrices est une très bonne idée.

_____ 4. Sophie n'aime pas les conditions existant dans les crèches.

_____ 5. Sophie travaille à temps partiel dans la profession médicale.

_____ 6. D'après Sophie, les nourrices n'aiment pas s'occuper des enfants du lundi au vendredi.

_____ 7. Il faut que les écoles prennent les enfants à l'âge de trois ans.

_____ 8. Sophie a résolu son problème en faisant venir chez elle sa mère et une femme de ménage qui s'occupent de son enfant pendant qu'elle travaille.

EXERCICES ÉCRITS

La vie n'est jamais facile

La grammaire à réviser

Avant la première leçon

L'expression négative de base: *ne... pas*

A. Il n'est jamais d'accord. Christophe est un étudiant de Bordeaux en stage à Paris. Il n'a pas l'air d'aimer cette ville. Jouez le rôle de Christophe, et répondez négativement aux questions qu'on lui pose, en utilisant chaque fois **ne... pas**. S'il y a des éléments en italique, remplacez-les par des pronoms.

MODÈLE: N'aimez-vous pas vous asseoir *à la terrasse des cafés*?

Non, je n'aime pas m'y asseoir.

1. Vous êtes de Paris?

   Non, _____.

2. Connaissez-vous bien le Quartier latin?

   Non, _____.

3. Avez-vous des amis à Paris?

   Non, _____.

4. Aimez-vous *la vie parisienne*?

   Non, _____.

5. Est-ce que les Parisiens ont été gentils avec vous?

   Non, _____

   _____.

6. Avez-vous visité *des musées d'art*?

   Non, _____

   _____.

7. Est-ce que les autres stagiaires vous ont emmené *au restaurant?*

   Non, _____.

8. Avez-vous décidé de rester *à Paris?* (Faites la négation de l'infinitif.)

   Non, _____.

B. Un rendez-vous manqué. Georges a manqué un rendez-vous avec ses amis, et il leur téléphone avec son portable. Suivez le modèle, et écrivez les questions qui manquent. N'oubliez pas qu'une réponse affirmative à une question négative commence par **si.**

MODÈLE: *Est-ce que nous avions rendez-vous ce soir?*

   Oui, nous avions rendez-vous.

1. _____

   Si, nous t'avons attendu à la sortie du travail!

2. _____

   Si, nous étions à l'heure!

3. _____

   Si, nous allons manger ensemble!

4. _____

   Oui, nous allons nous retrouver au restaurant.

5. _____

   Si, nous voulons manger avec toi!

C. La vie n'est pas facile. Janine doit garder des enfants plusieurs soirs par semaine pour se faire un peu d'argent de poche. Écrivez les ordres qu'elle donne aux enfants pour qu'ils restent tranquilles. Formulez chaque ordre de deux façons différentes en suivant le modèle.

MODÈLE: Tu touches aux boutons de la télévision. Arrête de faire ça!

   N'y touche pas.

   Je te dis de ne pas y toucher.

1. Tu grimpes *(climb)* sur la table. Arrête de faire ça!

_____

_____

2. Tu déchires *(tear)* mon journal. Arrête de faire ça!

_____

_____

3. Ton frère et toi, vous vous disputez. Arrêtez de faire ça!

_____

_____

Avant la troisième leçon

Les pronoms relatifs: *qui* et *que*

D. Le patron observe le service. Kwame est le patron d'un restaurant parisien. Il fait des observations sur ses clients au serveur. Reliez ses phrases avec le pronom relatif **qui** ou **que**.

MODÈLE: Ce monsieur est directeur du Crédit Agricole. Il vous a laissé un très bon pourboire.

Ce monsieur qui vous a laissé un très bon pourboire est directeur du Crédit Agricole.

1. Voilà le plat du jour. La dame en noir a commandé le plat du jour.

_____

_____

2. Ces deux femmes sont de très bonnes clientes. Elles ont commandé une jambalaya.

_____

_____

3. Je connais l'homme au chapeau melon. Il a refusé son bifteck parce qu'il n'était pas assez cuit.

_____

_____

4. La salade est très bonne. Vous lui avez recommandé cette salade.

_____

_____

5. Le petit garçon n'arrête pas de pleurer. Il dérange le jeune couple à la table d'à côté.

_____

_____

6. L'omelette norvégienne est un dessert succulent. Tous les clients adorent ce dessert.

_____

_____

E. La femme de ma vie. Patrick décrit à ses parents une jeune fille qu'il a rencontrée. Complétez sa description avec le pronom relatif **qui** ou **que.**

J'ai fait la connaissance d'une jeune fille _____ (1) j'aimerais bien vous présenter. Je l'ai rencontrée

pendant le stage _____ (2) j'ai fait à la banque. Elle s'appelle Fleur... Je la trouve jolie et elle a une

personnalité _____ (3) me plaît beaucoup. C'est une fille super dynamique _____ (4) fait des

études de sciences économiques et _____ (5) a beaucoup d'ambition. C'est la femme de ma vie, je

crois! Les filles _____ (6) j'ai rencontrées jusqu'ici n'avaient pas du tout les mêmes goûts que moi.

Avec Fleur, on s'entend bien; on est d'accord sur le style de vie _____ (7) on veut avoir, sur les sor-

ties _____ (8) nous intéressent... Bref, je crois que j'ai trouvé la personne _____ (9) je veux

épouser et _____ (10) me rendra heureux!

Leçon 1

Cap sur le vocabulaire!

A. Mots croisés.

Horizontalement

3. On a appelé de chez le dentiste pour _____ votre rendez-vous.
4. Quelle horreur! Il a _____ aujourd'hui, et j'avais oublié mon parapluie.
6. Paul! L'électricien est là pour _____ la chaîne stéréo.
11. Il n'est jamais content de ce qu'il achète. Il demande constamment des _____.
12. J'ai besoin d'essence. Savez-vous où je peux trouver une station-_____?
13. Excusez-moi, je suis tombé en _____. Je crois que c'est la batterie.
15. Tu ne peux pas me joindre. Notre téléphone ne _____ pas.
16. Non, il n'y a pas de frais de livraison *(delivery)*. C'est _____.
17. Idiot! Tu as mis la glace dans le _____ au lieu de la mettre dans le congélateur!
18. Encore du travail! C'est impossible! Nous n'en _____ plus.

Verticalement

1. S'il vous plaît, monsieur. Ma voiture ne _____ pas.
2. Je vais au grand magasin. Je dois faire une _____ pour ma sœur.
4. Oh là là! Il y a toujours des embouteillages aux heures de _____.
5. En cas d'_____, vous pouvez nous appeler à l'hôtel.
7. S'il te plaît, ne m'en veux pas. Je ne l'ai pas fait _____.
8. Regarde mon nouveau manteau! Je l'ai acheté en _____.
9. Écoute, je ne peux pas te parler maintenant — je suis _____ de travail.
10. J'ai une tache sur ma veste. Je dois l'apporter au _____.
11. Puis-je voir le chef de rayon? Je veux faire une _____.
14. Maman va réparer ça, chéri. Va chercher mes _____.

B. Plaintes et excuses. Choisissez une des situations suivantes et écrivez un petit dialogue d'à peu près quatre répliques *(4 lines)*. Utilisez le vocabulaire de la *Leçon 1*, et écrivez sur une autre feuille de papier.

MODÈLE: Vous êtes au restaurant, et votre bifteck est trop cuit *(overdone)*. Le serveur essaie de trouver une solution.

> — *Pardon, monsieur, mais j'ai commandé un bifteck à point* (medium rare). *Ce steak-ci est un peu trop cuit, vous ne trouvez pas?*
>
> — *Excusez-moi, madame. Vous avez tout à fait raison. Mais je ne peux pas vous en apporter un autre, parce que nous n'en avons plus. Qu'est-ce que je peux vous proposer d'autre?*
>
> — *Apportez-moi le poisson du jour, s'il vous plaît. Ça avait l'air bon aussi.*
>
> — *Tout de suite, madame. Je m'excuse encore.*
>
> — *Écoutez, ce n'est pas de votre faute. Ce genre de choses arrive.*

a. Vous avez emprunté quelque chose à un ami et vous l'avez abîmé *(damaged)*. Il vous fait des reproches et vous demandez pardon.

b. Vous avez eu des ennuis avec votre voiture et vous vous en plaignez. Une amie vous écoute et essaie de vous consoler.

c. Vous faites une réclamation au grand magasin. La vendeuse à qui vous parlez n'est pas très patiente.

d. Une amie vous demande de faire une commission pour elle et vous lui expliquez pourquoi ce n'est pas possible.

La grammaire à apprendre

La négation

C. Pauvre de moi! *(Poor me!)* Les choses se passent toujours bien pour Delphine. Ce n'est pas le cas pour son amie Nadège, qui a, elle, des expériences plutôt… négatives! Imaginez les remarques de Nadège, en utilisant chaque fois une expression négative (ne… aucun[e], ne… guère, ne… jamais, ne… ni… ni, ne… nulle part, ne… pas du tout, ne… pas encore, ne… pas non plus, ne… personne, ne… plus, ne… point, ne… que, ne… rien).

MODÈLE: (Delphine) J'ai déjà fini mon travail pour aujourd'hui!

> (Nadège) *Je n'ai pas encore fini mon travail pour aujourd'hui.*

1. D: Tout s'est bien passé pour moi aujourd'hui!

   N: Quelle chance! _____

2. D: Mes vêtements étaient déjà prêts au pressing.

   N: Comment! _____

3. D: Tous les magasins où je devais aller étaient ouverts à midi.

   N: Ce n'est pas vrai! _____

4. D: J'ai vu beaucoup d'articles en solde.

   N: Zut! Moi, _____

5. D: En fait, je vois toujours quelque chose d'intéressant en ville.

   N: Moi, _____

6. D: J'ai rencontré quelqu'un de gentil dans le bus.

   N: Moi, _____

7. D: Et il y a encore de belles fleurs dans mon jardin.

   N: Chez moi, _____

8. D: J'aime mon travail et mes loisirs.

   N: _____

D. Un grand dépressif. Ce jeune homme se plaint beaucoup. Traduisez en français les phrases suivantes.

1. I'm not at all happy, and nobody loves me.

   _____

   _____

2. Yesterday, none of my friends called me. None came to see me, either.

   _____

   _____

   _____

   _____

   _____

3. And last month I did not receive a single letter from my parents.

   _____

   _____

   _____

   _____

4. Do they think about me? Not at all! Never!

   _____

   _____

5. Do they listen to me? Never!

_____

_____

6. I have nothing interesting to do tonight.

_____

_____

7. My television doesn't work anymore, and the electrician hasn't come yet.

_____

_____

8. I won't see either my friends or my family.

_____

_____

9. I've never had any luck with women.

_____

_____

10. There's only my cat who pretends to love me *(to pretend* = **faire semblant de + infinitif**). And I can't find that selfish beast (**bête égoïste**) anywhere!

_____

_____

E. Encore des plaintes! (***Complaining again!***) Choisissez *deux* des situations suivantes. Mettez-vous chaque fois à la place de la personne en question, et imaginez ses plaintes. Écrivez 3 à 4 phrases pour chaque situation, et utilisez une expression négative dans chacune de vos phrases. Utilisez le vocabulaire de la *Leçon 1,* et écrivez sur une autre feuille de papier.

MODÈLE: un jeune locataire *(renter)* qui écrit à son propriétaire *(landlord)*

> 1. On n'est pas encore venu réparer le frigo.
> 2. Le climatiseur ne marche plus.
> 3. Il n'y a jamais de place dans le parking.
> 4. Quand je téléphone chez vous, personne ne me rappelle.

a. un jeune garçon en colonie de vacances *(summer camp)* qui parle à sa mère

b. un étudiant qui parle à son colocataire

c. une jeune mère avec un nouveau bébé qui écrit à une amie

d. une patronne qui fait une évaluation d'un employé

Leçon 2

Cap sur le vocabulaire!

Phrases: Accepting; asking permission; refusing
and declining; requesting something   SYSTÈME-D

A. Mini-dialogues. Pour chacune des situations suivantes, imaginez un petit dialogue à deux répliques. Utilisez le vocabulaire de la *Leçon 2,* et écrivez sur une autre feuille de papier.

MODÈLE: you ask a friend if he/she will loan you a sweater / the friend agrees to do so

— *Ça t'embête de me prêter ton pull bleu?*

— *Non, ça ne m'embête pas du tout. Tiens, le voici.*

1. your conference has been canceled, and you wonder if you can still change your mind and attend a friend's party / your friend graciously agrees

2. you ask a friend if you may borrow her bike / she's sorry, but she refuses; she needs the bike herself

3. you ask a professor if you may attend his class today / he agrees

4. you ask your boss if you may bring a colleague to the meeting / she denies you permission

La grammaire à apprendre

Prépositions exigées par certains verbes

B. Préparations pour un pique-nique. Martine et Samuel organisent un pique-nique pour ce week-end. Reconstruisez leur conversation en ajoutant dans chaque blanc la préposition **à** ou **de.** Si une préposition n'est pas nécessaire, mettez un X.

MARTINE: J'ai oublié _____ **(1)** faire le plein d'essence.

Je me dépêche _____ **(2)** y aller tout de suite.

SAMUEL: Est-ce que tu vas _____ **(3)** t'arrêter à la

boulangerie?

MARTINE: Oui, mais souviens-toi _____ **(4)** prendre du

jambon et du saucisson à la charcuterie.

SAMUEL: D'accord.

MARTINE: Tu as réussi _____ (5) mettre toutes les affaires dans le coffre?

SAMUEL: Oui, et je te conseille _____ (6) ne rien y ajouter. Il n'y a plus de place.

MARTINE: Pourquoi est-ce que tu veux toujours _____ (7) m'empêcher _____ (8) t'aider

_____ (9) charger *(load)* la voiture?

SAMUEL: Arrête-toi _____ (10) rouspéter *(complain)* et attends-toi _____ (11) faire une bonne

petite excursion reposante. Et remercie-moi _____ (12) faire le travail le plus

désagréable!

Avez-vous compris? Relisez le texte de la conversation entre Martine et Samuel. Dites quelles courses *(errands)* ou tâches *(tasks)* ils doivent faire avant de partir en pique-nique, et qui va les faire.

Course ou tâche   Personne qui va la faire

1. _____   _____

2. _____   _____

3. _____   _____

4. _____   _____

C. Au bureau des réclamations. Claude et Micheline n'ont pas de chance. La télévision qu'ils viennent d'acheter ne marche pas. Complétez le dialogue avec les prépositions **à** et **de.** Si une préposition n'est pas nécessaire, mettez un X dans le blanc.

L'EMPLOYÉ: Bonjour, messieurs-dames. Vous désirez?

CLAUDE: Nous vous rapportons cette télévision parce qu'elle ne marche pas. Nous venons tout juste

_____ (1) l'acheter. Nous tenons _____ (2) être remboursés immédiatement.

L'EMPLOYÉ: Je regrette _____ (3) ne pas pouvoir _____ (4) donner satisfaction à votre demande.

La direction refuse _____ (5) rembourser tout article acheté en solde. Mais attendez...

j'hésite _____ (6) le faire, mais on m'a autorisé _____ (7) téléphoner à M. Briand.

C'est le patron. Peut-être consentira-t-il _____ (8) échanger votre poste contre un autre

modèle. Mais vous devez _____ (9) attendre un peu. Je vous invite donc _____ (10)

vous asseoir là-bas.

MICHELINE: Bon, nous attendons, mais nous commençons _____ (11) nous impatienter...

LE PATRON: Messieurs-dames, je suis désolé _____ (12) apprendre que ce poste ne marche pas.

Avez-vous essayé _____ (13) le brancher (*plug in*) dans une pièce différente? Peut-être

que votre prise de courant est défectueuse?

CLAUDE: Oui, monsieur, nous avons tout essayé. Il ne semble pas du tout _____ (14) s'allumer

quand nous le branchons. Alors, nous désirons _____ (15) être remboursés immédiate-

ment. Cette fois-ci, nous espérons _____ (16) acheter une télé qui marche!

LE PATRON: Je regrette, mais cela n'est pas possible. J'ai quand même décidé _____ (17) faire

quelque chose pour vous. Je vais tâcher _____ (18) vous compenser en vous offrant une

bonne affaire. Je vous propose un autre modèle de qualité supérieure dont, j'espère, vous

serez contents.

MICHELINE: En effet, c'est un très bon modèle. Merci de votre gentillesse, monsieur.

Note de service. *(Memo.)* Vous êtes le patron du magasin. Laissez un petit mot pour l'employé qui s'occupe de l'inventaire *(inventory)* pour dire pourquoi il manque une télévision. Décrivez la réclamation que
le couple a faite, et expliquez comment vous avez résolu le problème. Écrivez 3 ou 4 phrases.

D. Auto-portrait. Écrivez un petit auto-portrait, dans lequel vous parlez de vos études, de vos activités
de loisir et de vos projets d'avenir *(future plans)*. Utilisez au moins six expressions différentes de la liste
suivies d'un infinitif. Ajoutez la préposition appropriée avant l'infinitif, si l'expression en exige une.
Utilisez une autre feuille de papier.

aimer	avoir envie	choisir	encourager	rêver
s'amuser	avoir l'intention	compter	se mettre	savoir
apprendre	avoir peur	détester	préférer	souhaiter

MODÈLE: *Quand je me mets à travailler sérieusement, je réussis bien dans mes études.*

Les prépositions et les noms géographiques

E. Vive les voyages! Les employés d'une agence de voyages populaire savent proposer beaucoup de voyages différents à leurs clients indécis *(indecisive)*. Complétez leurs propositions avec un article défini, une
préposition ou une préposition + un article défini, selon le cas (**le, la, l', les, à, à la, à l', au, aux, en, de, d',
de la, de l', du, des, dans le, dans l'**).

1. Oui, madame, nous avons des vols réguliers pour _____ Afrique. Par exemple, vous pouvez aller

   _____ Dakar _____ Sénégal ou bien _____ Abidjan _____ Côte d'Ivoire ou encore

   _____ Lomé _____ Togo.

2. Ah bon! Si vous voulez passer des vacances à la fois ensoleillées et culturelles, je vous conseille de

   séjourner _____ Italie, _____ Grèce ou _____ Mexique.

3. **Regardez ce dépliant *(flyer),* monsieur. En ce moment, nous avons des tarifs spéciaux pour aller**

_____ Cuba, _____ Tunisie, _____ Antilles, _____ Haïti ou _____ La Nouvelle-

Orléans.

4. **Mademoiselle, pendant votre voyage _____ États-Unis, vous devriez visiter _____ Californie.**

Louez une voiture _____ San Francisco et puis, de là, vous pouvez facilement voyager _____

Oregon aussi.

5. **Un endroit francophone? Vous préférez _____ Belgique, _____ France, _____ Québec? Ah,**

une île plutôt? Alors, je vous propose un voyage organisé _____ Martinique. Vous serez enchantés

de parler français avec les habitants de l'île!

6. **J'ai oublié de vous dire que vous aurez des réductions *(discounts)* si vous partez [*from*] _____**

Paris, _____ Espagne, _____ Suède, _____ Pays-Bas ou _____ Portugal.

F. Les vacances sont encore trop loin. Vous venez d'arriver au bureau d'American Express à Paris pour demander des renseignements. Vous y rencontrez un groupe d'étudiants qui discutent de leurs voyages passés et futurs. Complétez les discussions avec la préposition qui convient (avec ou sans article défini) si nécessaire. Sinon, mettez un X dans le blanc.

1. **Quand je gagnerai à la loterie, j'irai passer le week-end _____ New York ou _____ Miami**

_____ Floride, mais pour le moment tout ce que je peux me permettre, c'est d'aller _____

Deauville _____ Normandie.

2. **L'été dernier, nous avons participé à un voyage organisé _____ Europe centrale. Nous nous**

sommes arrêtés _____ Salzbourg et _____ Innsbruck _____ Autriche; puis, nous avons

passé quelques jours _____ Allemagne.

3. **J'ai réservé un studio _____ Alger _____ Algérie, où mes amis et moi, nous passerons le mois**

d'août. Nous irons également _____ Maroc. Il se peut que nous visitions _____ Tunisie aussi.

4. **Claude, sa sœur et son copain visiteront _____ États-Unis cette année. Ils s'envoleront pour**

_____ Washington D.C. Ils loueront une voiture _____ Boston et ils s'aventureront jusqu'aux

chutes du Niagara. Ils passeront la plupart de leur temps _____ Michigan et _____ Illinois.

Claude a toujours eu envie de voir _____ Chicago.

5. **Moi, je viens de rentrer _____ Caraïbes et ma cousine, elle rentre _____ Israël. Et toi, Robert,**

tu viens juste d'arriver _____ Chicago, n'est-ce pas?

Phrases: Sequencing events
Vocabulary: City; countries; traveling
Grammar: Future tense; prepositions
with places

G. Une offre à ne pas refuser. Vous venez de gagner le voyage de vos rêves, et vous avez le droit d'inviter une autre personne à voyager avec vous. Préparez trois itinéraires qui vous semblent très agréables. Ensuite, écrivez un mél *(e-mail)* à un(e) de vos amis, l'invitant à vous accompagner. Décrivez vos trois itinéraires, et demandez-lui lequel il/elle préfère. Utilisez au moins 5 des expressions suivantes dans votre mél et écrivez 8 à 10 phrases. Utilisez une autre feuille de papier.

avoir besoin de + *infinitif*
demander à quelqu'un de + *infinitif*
finir de + *infinitif*
s'intéresser à + *infinitif*
inviter quelqu'un à + *infinitif*

parler de + *infinitif*
penser + *infinitif*
promettre à quelqu'un de + *infinitif*
C'est/Ce serait + *adjectif* + à + *infinitif*
Il serait + *adjectif* + de + *infinitif*

MODÈLE: *Ce serait formidable de voyager ensemble. Je voudrais d'abord aller en Suède parce que je suis d'origine suédoise. Mais j'ai aussi envie d'aller à Oslo, en Norvège. J'en ai vu des photos, et c'est une très belle ville…*

Leçon 3

Cap sur le vocabulaire!

A. Autrement dit… Vous commencez à faire de vrais progrès en français! La preuve? Vous savez au moins deux façons de dire certaines choses. Reformulez chacune des idées suivantes de façon plus ou moins équivalente. Utilisez les expressions de la liste suivante.

avoir du mal
avoir du retard
bouleversé(e)
faire la queue

l'importance
mal comprendre
provoquer
signifier

MODÈLE: Qu'est-ce qui a causé ces changements?

Qu'est-ce qui a provoqué ces changements?

1. Qu'est-ce que cela veut dire?

_____

2. Je suis vraiment choqué(e)!

_____

3. J'ai des difficultés à comprendre cela.

_____

4. Il ne voit pas la signification de cet événement.

_____

5. Une fois de plus, il n'est pas à l'heure!

_____

6. Il a fallu que nous attendions devant le cinéma.

_____

7. Je pense que tu n'as pas bien compris.

_____

La grammaire à apprendre

Les pronoms relatifs

B. Les problèmes de la vie. Nous avons tous des problèmes! Combinez les deux phrases en une seule en utilisant le pronom relatif qui convient (**qui, que, dont, où, lequel, laquelle, lesquels, lesquelles** [avec ou sans préposition]). Suivez le modèle.

MODÈLE: Le propriétaire de mon appartement menace de m'expulser. Je loue cet appartement.

Le propriétaire de l'appartement que je loue menace de m'expulser.

1. Il y a deux mois, Marc a acheté un ordinateur. L'ordinateur est tombé en panne.

_____

Il a fait une réclamation à Carrefour. Il y avait acheté l'ordinateur.

_____

Le vendeur de Carrefour refuse de rembourser l'ordinateur. Marc a acheté l'ordinateur.

_____

2. Je vis dans une ville. La circulation est très dense dans la ville aux heures de pointe.

_____

Je travaille dans une banque. La banque se trouve au centre-ville.

_____

À cause de la circulation, j'ai raté une réunion. Je devais assister à la réunion ce matin.

_____

3. Le syndicat *(labor union)* a lancé un ordre de grève. M. Péret est membre de ce syndicat.

_____

Le gouvernement refuse d'accorder l'augmentation de salaire. Les enseignants revendiquent *(demand)* cette augmentation.

_____

Ce matin, les professeurs du lycée se sont mis en grève. M. Péret enseigne dans ce lycée.

_____

4. Ma voisine a eu un accident de voiture très grave. Je fais du jogging avec la voisine.

_____

Elle est à l'hôpital Saint-Georges. Je vais lui rendre visite à l'hôpital ce soir.

_____

Je vais lui apporter des affaires personnelles. Elle a besoin de ces affaires personnelles.

_____

C. Qu'est-ce que je vais faire de ma vie? Paul quittera bientôt l'université, et il commence à avoir des doutes sur son avenir. Voici un extrait d'une lettre qu'il a écrite récemment à sa famille. Complétez le texte de la lettre en ajoutant les pronoms relatifs convenables (**qui, que, dont** [avec ou sans **ce**]; **où**; **lequel, laquelle, lesquels, lesquelles** [avec ou sans préposition]; **quoi**).

Je vais bientôt finir mes études, et il y a une chose _____ (1) j'ai très peur actuellement. Je ne sais

pas _____ (2) je veux faire. La carrière _____ (3) j'ai choisie il y a quatre ans me semble

moins intéressante maintenant. Je voulais être avocat, mais l'ambiance du cabinet d'avocats dans

_____ (4) j'ai fait un stage *(internship)* l'été dernier me fait hésiter. L'avocate pour _____ (5)

j'ai travaillé ne me semblait pas très heureuse. Elle m'a dit qu'elle en avait marre de travailler avec des

clients _____ (6) les problèmes sont assez sordides. Je pourrais peut-être choisir une autre branche

du système juridique _____ (7) soit plus intéressante, mais je ne sais pas... Vous savez

_____ (8) me plairait, je crois? Enseigner. Passer mes journées dans une école primaire

_____ (9) je pourrais faire un travail important _____ (10) je m'intéresse! Est-ce qu'il est

trop tard pour changer de carrière? _____ (11) j'ai besoin maintenant, c'est de finir mes études,

après _____ (12) je pourrai à nouveau penser à mon avenir.

Lire entre les lignes. *(Reading between the lines)*. À votre avis, pourquoi est-ce que Paul avait choisi d'étudier le droit *(law)*? Pourquoi est-ce qu'il hésite maintenant? Quelle autre carrière l'intéresse maintenant? Selon vous, pourquoi a-t-il changé d'avis?

_____

_____

_____

_____

D. Au secours! Vous venez de vous installer dans un pays francophone et vous avez besoin de beaucoup de choses dont vous ne savez pas le nom en français. Expliquez aux vendeurs dans les magasins où vous allez ce dont vous avez besoin. Suivez le modèle et servez-vous des mots et expressions donnés. Variez les pronoms relatifs que vous utilisez.

> quelque chose
> une chose
> un outil
> une sorte de _____
> un produit *(used for liquids, chemical compounds, etc.)*
> un liquide
>
> qui est utilisé pour + *infinitif*
> qu'on utilise pour
> dont on se sert pour
> *préposition* + lequel (laquelle, lesquels, lesquelles) on + *verbe*

MODÈLE: *(dental floss) C'est quelque chose qu'on utilise pour nettoyer entre les dents.*

1.   *(a vase)* _____

_____

_____

2.   *(a corkscrew)* _____

_____

_____

3.   *(laundry detergent)* _____

_____

_____

4.   *(chopsticks)* _____

_____

_____

5.   *(sunscreen)* _____

_____

_____

6.   *(a highlighter)* _____

_____

_____

E. Parler de l'immigration... Après avoir lu les lectures sur l'immigration dans le *Chapitre 8* de *Bravo!*, vous avez l'occasion de participer à une conversation en français sur l'immigration. Terminez les phrases suivantes, en faisant attention à la structure exigée par le pronom relatif donné et en contribuant des idées intéressantes à la conversation.

MODÈLE: Ceci me rappelle un texte que *j'ai lu dans un de mes manuels de français.*

1. On voit souvent dans le journal des articles sur des immigrants qui _____

   _____.

2. Quand ils arrivent dans leur nouveau pays, ils doivent souvent vivre dans des quartiers où_____

   _____.

3. Ils découvrent souvent une langue étrangère qu(e) _____

   _____.

4. Et beaucoup d'employeurs exigent des études universitaires, sans lesquelles _____

   _____.

5. Ils ne savent pas comment gagner l'argent dont _____

   _____.

6. Les parents, dont les soucis _____

   _____.

7. Leurs enfants sont souvent l'objet de discrimination à l'école, ce qui _____

   _____.

8. Et les familles n'ont souvent personne avec qui _____

   _____.

9. Ils doivent souvent se demander ce qu(e) _____

   _____.

10. Mais la grande majorité des immigrés réussissent à se faire une nouvelle vie, ce dont _____

    _____.

EXERCICES DE LABORATOIRE

Phonétique

Les sons vocaliques [i] et [a]   CD6–9

Pour produire la voyelle française [i], gardez les lèvres tendues et souriez! Le son [i] est similaire au son dans le mot anglais *me,* mais il est plus bref et plus tendu. Écoutez, puis répétez les mots suivants qui contiennent tous le son [i].

ici   vit   suivi   souris   Yvelines   discipline   abîme

A. Maintenant, écoutez et répétez les phrases suivantes.

1. Minnie est arrivée ici avec une amie.

2. Sylvie vit près de Paris, dans les Yvelines.

3. L'ivrogne a fini sa vie dans l'abîme.

Il faut arrondir la bouche pour prononcer le [a] français. Imaginez que vous êtes chez le médecin et que vous faites un *ah!* bref. Considérez maintenant le son [a] dans les mots suivants. Écoutez et répétez.

papa   assis   Cannes   canapé   patte   hâte   véranda

B. Écoutez et répétez les phrases suivantes.

1. Papa est assis sur le canapé de la véranda.

2. Charles habite à Cannes mais le climat ne lui va pas.

3. Le chat a mal à la patte.

C. Continuez à pratiquer les sons [i] et [a] en lisant le paragraphe suivant. Écoutez-le d'abord. Lisez ensuite les phrases à haute voix.

Sylvana est très amicale avec les animaux abandonnés de l'abri. Elle a pris l'habitude d'y aller chaque après-midi à quatre heures. Sa vie à Paris est si triste car elle n'a ni chien ni chat qui la fasse sourire. Sa maman lui a appris qu'elle va lui offrir un petit chat pour son anniversaire.

Les liaisons interdites (SUITE)   CD6–10

Voici d'autres cas de liaison interdite:

- **ils, elles, on** dans une inversion + un participe passé ou un infinitif commençant par un son vocalique:

   Exemples: Ont-ils / eu une bonne note?
   Vont-elles / être jalouses?
   Est-on / aidé par les professeurs?

- un article + un mot commençant par un **h** aspiré (**h** traité comme une consonne):

   Exemples: les / haricots verts
   un / Hollandais d'Amsterdam
   des / hamacs confortables

- un adverbe interrogatif se terminant par une consonne + un verbe commençant par un son vocalique:

> *Exemples:* Quand / arriverez-vous demain?
> Comment / êtes-vous venus?
> Combien / avez-vous payé?

D. Écoutez les phrases suivantes et répétez-les en prenant soin de ne pas faire de liaisons interdites.

1. Un Hollandais mange des haricots verts.
2. Quand as-tu fini?
3. M'ont-ils aperçue?
4. Sont-ils arrivés à l'heure?
5. Suzanne et Arnaud ont-ils eu un hamac en cadeau de mariage?
6. Tes amies vont-elles aller aussi en Suisse?
7. Quand aimerais-tu aller en vacances?

Leçon 1

Conversation CD6–11

A. Expressions pour se plaindre et s'excuser. En français, il y a plusieurs expressions pour se plaindre et s'excuser. Écoutez la Conversation (manuel, **chapitre 8**, leçon 1) en prêtant attention à ces expressions.

B. L'intonation des phrases. Maintenant, écoutez et répétez les phrases suivantes. Imitez l'intonation de la phrase en répétant les expressions qu'on utilise pour se plaindre et s'excuser.

1. Bonjour, madame. Excusez-moi, mais je vous ramène ce pantalon.
2. Je compte sur vous maintenant que vous avez vu ce qu'il en est.
3. Je regrette de vous rapporter du travail, mais…
4. Je suis vraiment désolé(e).
5. Écoutez, ne vous inquiétez pas. Je vais m'en occuper.
6. Nous allons nettoyer le pantalon et rectifier l'erreur.
7. Eh bien, écoutez, je vous remercie.
8. Vous pouvez compter sur moi.

C. La bonne réponse. Quand on se plaint, on n'est pas toujours satisfait des résultats de la plainte. Écoutez les mini-conversations suivantes, et dites si la personne qui se plaint sera satisfaite ou non des résultats de sa plainte.

1. Satisfaite   Pas satisfaite
2. Satisfaite   Pas satisfaite
3. Satisfaite   Pas satisfaite
4. Satisfaite   Pas satisfaite

La grammaire à apprendre

La négation   CD6–12

D. Une vendeuse aux Galeries Lafayette. Caroline adore son travail aux Galeries Lafayette. Sa collègue se plaint sans arrêt et la contredit toujours. Jouez son rôle et contredisez Caroline à votre tour en utilisant les expressions négatives suivantes.

MODÈLE: *Vous lisez:* mon travail / ne… guère

   Vous entendez: Mon travail est passionnant.

   Vous répondez: **Mon travail n'est guère passionnant.**

1. je / ne… que
2. je / ne… aucune
3. je / ne… rien

4. personne… ne
5. elle / ne… nulle part
6. je / ne… ni… ni

E. À la station-service. Votre sœur vous demande ce qui s'est passé quand vous avez fait réparer votre voiture à la station-service. Répondez à ses questions en suivant le modèle et en utilisant les expressions négatives suivantes.

MODÈLE: *Vous lisez:* ne… rien

   Vous entendez: Qu'est-ce que le mécanicien a fait?

   Vous répondez: **Il n'a rien fait.**

1. pas du tout
2. ni… ni… ne
3. ne… jamais
4. personne… ne

5. ne… aucune
6. ne… nulle part
7. ne… plus

Leçon 2

Conversation   CD6–13

A. Demander, donner ou refuser la permission. En français, il y a plusieurs expressions pour demander, donner ou refuser la permission — implicitement ou explicitement. Écoutez la Conversation (manuel, **chapitre 8, leçon 2**) en prêtant attention à ces expressions.

B. L'intonation des phrases. Maintenant, écoutez et répétez les phrases suivantes. Imitez l'intonation de la phrase en répétant les expressions qu'on utilise pour demander, donner ou refuser la permission.

1. Je voulais rentrer tôt ce soir, mais, justement, j'ai un petit problème…
2. Le patron me demande de dîner avec eux ce soir. Ça ne t'embête pas?
3. Si! Ça m'embête.
4. Je ferai quelque chose de spécial… Ce n'est vraiment pas possible ce soir.
5. Bon, je comprends… puisque tu n'y peux rien.
6. Euh, est-ce que vous permettez que je fume pendant que je travaille?
7. Je suis désolé(e), mais ce n'est pas possible.

C. La bonne réponse. On vous demande la permission de faire certaines choses. Comment répondez-vous? Choisissez la réponse que vous donneriez dans chaque situation.

_____ 1. a. Mais non, pas du tout!

   b. Si! Ça m'embête. Ça m'empêche de me concentrer.

_____ 2. a. Certainement. Je vous en prie.

   b. Je suis désolé(e), mais ce n'est pas possible.

_____ 3. a. Mais bien sûr. Je n'y vois pas d'inconvénient.

   b. Je regrette, mais il n'y a pas assez de place.

La grammaire à apprendre

Prépositions exigées par certains verbes CD6–14

D. Une fille obéissante. Marie-Hélène est une fille très bien élevée qui demande toujours la permission pour faire quoi que ce soit. Jouez le rôle d'une mère indulgente et donnez-lui la permission de faire tout ce qu'elle veut.

MODÈLE: *Vous entendez:* Est-ce que je peux aider Suzanne à faire ses devoirs?

   Vous répondez: **Oui, tu peux aider Suzanne à faire ses devoirs.**

(Items 1–8)

E. Conversations. Vous parlez avec une amie au café, mais elle ne fait pas très attention à ce que vous dites. Chaque fois qu'elle vous pose une question, vous répétez ce que vous venez de dire en utilisant les expressions données ci-dessous. Ajoutez une préposition, si c'est nécessaire, pour relier vos deux phrases. Suivez le modèle.

MODÈLE: *Vous lisez:* Oui, elle apprend…

   Vous entendez: Elle nage dans une piscine, tu as dit?

   Vous répondez: **Oui, elle apprend à nager dans une piscine.**

1. Non, mais nous rêvons…

2. Non, Frank a oublié…

3. Eh bien, le bébé essaye…

4. Eh bien, mon père veut…

5. C'est ça, elles ont choisi…

6. Eh bien, je me mets…

7. Euh, il espère…

Les prépositions et les noms géographiques CD6–15

F. Où habitez-vous? Regardez la liste des endroits géographiques ci-dessous. Puis écoutez les descriptions et dites les noms des villes et des régions ou des pays où chaque personne habite. Suivez le modèle. (Attention! Les noms géographiques ne sont pas donnés dans le bon ordre!)

MODÈLE: *Vous entendez:* Jean peut visiter la tour Eiffel.

   Vous répondez: **Il habite à Paris, en France.**

Acapulco, Mexique
Londres, Angleterre
Québec, Québec
La Havane, Cuba

Fort-de-France, Martinique
Moscou, Russie
Munich, Allemagne
Floride, États-Unis

Tokyo, Japon
Normandie, France
Paris, France

(Items 1–10)

G. Les globe-trotters. Nous sommes à l'aéroport de Marseille, où plusieurs jeunes touristes parlent de leurs voyages. Terminez les phrases que vous entendez en utilisant les éléments donnés. Faites tous les changements nécessaires.

MODÈLE: *Vous lisez:* je / préférer / Maroc

Vous entendez: Je vais en Espagne mais…

Vous dites: **Je vais en Espagne mais je préfère le Maroc.**

1. nous / aller / États-Unis
2. je / retourner / Antilles
3. nous / venir / Texas
4. je / aller / Pays-Bas

5. ils / aimer mieux / Irlande
6. elle / connaître bien / États-Unis
7. nous / rentrer / Congo
8. je / aller enfin / Cameroun

Leçon 3

Conversation   CD7–2

A. Expliquer ou demander une explication. En français, il y a plusieurs expressions pour demander une explication ou pour expliquer quelque chose. Écoutez la Conversation (manuel, **chapitre 8**, leçon 3) en prêtant attention à ces expressions.

B. L'intonation des phrases. Maintenant, écoutez et répétez les phrases suivantes. Imitez l'intonation de la phrase en répétant les expressions qu'on utilise pour demander ou pour donner une explication.

1. Écoute, j'ai quelque chose d'absolument incroyable à te raconter!
2. Figure-toi que ce soir la nourrice, Brigitte, a dû être transportée à l'hôpital.
3. Je ne comprends pas. Qu'est-ce qui s'est passé?
4. Alors, qu'est-ce que ça veut dire pour nous?
5. Autrement dit, c'est moi qui dois m'occuper de ce problème!
6. C'est ce que tu veux dire?
7. On dirait que tu ne veux plus aucune responsabilité!
8. Oh, écoute! Tout ce que je te demande, c'est de téléphoner.

La grammaire à apprendre

Les pronoms relatifs   CD7–3

C. On m'a volé ma voiture. Paul Marchand arrive au commissariat de police pour signaler le vol de sa voiture. Dans son affolement, il parle trop vite et l'inspecteur l'arrête pour lui poser des questions. Jouez le rôle de Paul, et répondez aux questions de l'inspecteur en utilisant les pronoms relatifs **qui** ou **lequel** (**laquelle**, etc.). Le début de votre réponse est donné entre parenthèses.

MODÈLE: *Vous lisez:* Ma voiture était dans un parking. Ce parking se trouve au centre-ville. (Elle était…)

Vous entendez: Votre voiture était dans quel parking?

Vous répondez: **Elle était dans le parking qui se trouve au centre-ville.**

1. Un homme passait dans la rue. Il avait l'air bizarre. (L'homme…)
2. Heureusement que j'ai Auto-Soleil. Je souscris à cette assurance. (C'est l'assurance…)

3. Voilà Mme Poiriel. J'ai parlé à cette femme juste après le vol. (C'est la femme...)

4. Ma pauvre voiture! Elle était en très bon état. (C'était une voiture...)

Maintenant, utilisez les pronoms relatifs **que** ou **dont** dans vos réponses.

5. Je dois signer ces papiers. Ils sont très importants. (Les papiers...)

6. Vous m'avez parlé d'un certain criminel. Je voudrais voir ce criminel. (Je voudrais voir...)

7. Vous avez trouvé un sac. Je peux l'identifier. (Je peux...)

8. Mon sac! J'ai très besoin de ce sac! (Oui, c'est un sac...)

Finalement, utilisez **ce qui** ou **ce que** dans vos réponses.

9. Il m'est arrivé cette catastrophe. Mes parents ne sont pas au courant de cela. (Mes parents...)

10. Je devrais faire quelque chose. Je ne sais pas quoi. (Je ne sais pas...)

11. Ils vont me dire quelque chose. J'ai peur de cela. (J'ai peur...)

D. Après le vol. Peu après le vol de la voiture, on en parle avec les parents de Paul, mais ils ne sont pas encore au courant des détails du crime. Jouez le rôle des parents, en utilisant **ce qui** ou **ce que** dans vos réponses.

MODÈLE: *Vous entendez:* Qu'est-ce qu'il y avait dans la voiture?

Vous répondez: **Nous ne savons pas ce qu'il y avait dans la voiture.**

(Items 1–6)

E. Des précisions. Vous faites des recherches généalogiques sur une grand-tante française qui s'appelle Paulette Rivière. Un ami regarde vos notes et vous pose des questions sur la vie de Paulette. Répondez à ses questions en utilisant le pronom relatif **où**.

Paulette Rivière:

    née le 14 décembre 1901 à Quimper
    a étudié à l'école normale d'institutrices de Rennes
    a travaillé comme enseignante à Dinan
    mariée à Concarneau en 1921
    morte à Venise, en Italie, en 1975
    enterrée au cimetière du Père Lachaise à Paris

MODÈLE: *Vous lisez:* (ville)

    Vous entendez: Quimper, c'est quoi?

    Vous répondez: **C'est la ville où elle est née.**

1. (l'école)

2. (le jour)

3. (le pays)

4. (la ville)

5. (l'année)

6. (le cimetière)

Dictée CD7–4

F. Tout va mal. Julien décrit sa journée à son ami Paul. Écoutez sa description, puis transcrivez-la. D'abord, vous entendrez la description entière. Ensuite, chaque phrase sera lue deux fois. Enfin, la description entière sera répétée pour que vous puissiez vérifier votre travail. Écoutez.

_____

_____

_____

_____

_____

_____

_____

_____

_____

_____

_____

_____

_____

_____

_____

_____

_____

_____

Compréhension

Grève des chantiers navals *(naval shipyards)* de l'Atlantique   CD7–5

Vous allumez la radio, ce matin, pour écouter les actualités, mais les nouvelles ne sont pas très positives. Cependant, vous vous intéressez aux informations sur la grève des chantiers navals, parce que votre beau-frère y travaille. Voici ce que vous entendez à la radio.

MOTS UTILES: la direction *management*
parvenir *to reach, attain*
mine désabusée *disillusioned look*
la préfecture *regional administrative headquarters*
la suppression *elimination, removal*

G. On en a marre! Avez-vous compris le reportage sur la grève dans le détail? Faites le test en choisissant la bonne réponse.

_____ 1. Combien d'heures les négociations récentes ont-elles duré?
   a. neuf heures
   b. sept heures
   c. dix heures

_____ 2. Quel progrès a-t-on fait?
   a. aucun progrès
   b. un petit peu de progrès
   c. de grands progrès

_____ 3. Pourquoi les travailleurs sont-ils en grève?
   a. Ils veulent plus d'argent.
   b. On va supprimer beaucoup d'emplois.
   c. Ils veulent de meilleures conditions de travail.

_____ 4. Depuis combien de temps est-ce qu'il y a la grève?
   a. depuis une semaine
   b. depuis un mois
   c. depuis deux semaines

_____ 5. Combien de grévistes y a-t-il?
   a. 3 000
   b. 8 008
   c. 135 000

À Darty CD7–6

Pendant la pause, la station pratique le commerce. Écoutez l'annonce publicitaire suivante. Il s'agit du magasin Darty.

MOT UTILE: électroménager *household appliances*

H. Publicité. Indiquez si les phrases suivantes sont vraies (**V**) ou fausses (**F**) d'après l'annonce publicitaire que vous venez d'entendre.

_____ **1.** Les prix Darty sont un peu élevés mais la qualité des produits est garantie.

_____ **2.** À Darty, on peut acheter un four à micro-ondes.

_____ **3.** Les prix Darty sont très bas toute l'année.

Les hypermarchés Continent CD7–7

Avant d'éteindre la radio, vous entendez une annonce publicitaire pour une vente spéciale de téléviseurs aux hypermarchés Continent.

MOTS UTILES: crever *to burst, break*
une télécommande *remote control*
foncer *to rush, charge on*

I. Darty ou Continent? Vous voulez acheter un nouveau téléviseur. Les magasins Darty vous intéressent à cause de leurs prix bas. Mais vous entendez l'annonce publicitaire de Continent. Pour vous permettre de comparer avec Darty, vous notez les caractéristiques données par Continent.

1. marque du téléviseur: _____

2. téléviseur-couleur ou noir et blanc: _____

3. dimensions de l'écran: _____

4. nombre de watts consommés par heure: _____

5. prix: _____

6. nombre de téléviseurs en vente: _____

EXERCICES ÉCRITS

Je prendrais bien celui-ci...

La grammaire à réviser

Avant la première leçon

Les adjectifs démonstratifs

A. Un peu de shopping. La famille Amegboh fait des courses dans un grand magasin. Complétez les dialogues avec l'adjectif démonstratif qui convient (**ce, cet, cette, ces**). Ajoutez **-ci** ou **-là** si nécessaire.

1. *Au rayon femmes:*

   — Chéri, comme accessoire à ton avis, je devrais prendre _____ collier-_____ en argent ou

   _____ collier-_____ en perles?

   — À mon avis, _____ colliers sont trop gros. Regarde _____ petite chaîne en or. Elle serait plus

   jolie, je crois.

2. *En passant au rayon des jouets:*

   — Maman, tu as promis de m'acheter quelque chose. J'aimerais bien _____ voiture téléguidée

   (radio-controlled) et aussi une de _____ nouvelles voitures de la série formule 1.

   — Je t'en achète une, pas deux. Choisis! Tu veux _____ voiture-_____ ou _____

   voiture-_____ ?

3. *Et enfin au rayon photo:*

   — Pardon, madame. Pourriez-vous me dire combien coûtent _____ deux appareils photos?

   — Bien sûr, monsieur. _____ appareil-_____ coûte 430€. Et celui-là fait 650 €. C'est un

   excellent appareil.

   — C'est un gros achat. Nous allons y réfléchir. Merci, madame.

Les adverbes

B. Traits de caractère. Complétez les phrases avec l'adverbe correspondant à l'adjectif donné dans la première phrase. Puis, indiquez pour chaque phrase si le trait de caractère vous semble plutôt positif ou négatif.

	positif	négatif
MODÈLE: André est objectif. Il analyse les faits *objectivement*.	X	☐
1. Maïwenn est généreuse. Elle partage _____ ce qu'elle a.	☐	☐
2. Colin est attentif. Il écoute _____ ce qu'on lui dit.	☐	☐
3. Julie est élégante. Elle s'habille _____.	☐	☐
4. Anissa est très polie. Elle salue toujours les gens très _____.	☐	☐
5. Karim est sérieux. Il parle toujours très _____.	☐	☐
6. Clémentine est franche. Elle dit _____ ce qu'elle pense.	☐	☐
7. Foued est intelligent. Il s'exprime _____.	☐	☐
8. Le petit Clément est doux. Il parle _____.	☐	☐
9. Le petit Médoune est bruyant. Il joue _____.	☐	☐
10. Francine est timide. Elle répond _____ aux questions qu'on lui pose.	☐	☐
11. Joseph est lent. Il fait les choses _____.	☐	☐
12. Madeleine est spontanée. Elle fait les choses _____.	☐	☐

C. Personnalités. Trois personnes racontent leur vie à un psychiatre qui essaie d'identifier leur type de personnalité. Traduisez les adverbes donnés entre parenthèses. Référez-vous à la présentation «Avant la première leçon, Les adverbes» de votre livre en faisant cet exercice. Ensuite, décidez quel est le type de personnalité de chacun.

FRANÇOIS: Généralement je me lève à la dernière minute, je me prépare *(quickly)*

_____ (1) et je pars *(immediately)* _____ (2) à

la fac. Aujourd'hui j'ai *(first)* _____ (3) un cours de maths à onze

heures, *(then)* _____ (4) un cours de français, et le soir, un cours

d'anglais. Heureusement *(the day after tomorrow)* _____ (5), c'est

samedi. Je pourrai dormir *(a long time)* _____ (6) et me réveiller

très *(late)* _____ (7).

François est-il du type pessimiste nostalgique, éternel fatigué ou rêveur poète?

_____

MARIE-JEANNE: Je rêve de partir *(far away)* _____ (8), de visiter des pays exotiques,

de vivre *(someplace else)* _____ (9). Comme le poète Baudelaire,

je rêve de voyages: «Mon enfant, ma sœur, songe à la douceur d'aller *(over there)*

_____ (10) vivre *(together)* _____ (11)!...

(There) _____ (12), tout n'est qu'ordre et beauté, luxe, calme et

volupté.» J'aimerais *(so much)* _____ (13) m'évader vers des

contrées inconnues.

Marie-Jeanne est-elle du type pessimiste nostalgique, éternel fatigué ou rêveur poète?

_____

PHILIPPE: *(Formerly)* _____ (14), la vie était plus facile. On mangeait *(well)*

_____ (15), on voyait *(often)* _____ (16) sa

famille et ses amis, on s'aidait *(willingly)* _____ (17). Maintenant

on travaille *(too much)* _____ (18), on mange *(badly)*

_____ (19), on a *(scarcely)* _____ (20) le temps

de voir sa propre famille, on n'est en sécurité *(nowhere)* _____ (21).

Bref, on ne vit pas.

Philippe est-il du type pessimiste nostalgique, éternel fatigué ou rêveur poète?

_____

Leçon 1

Cap sur le vocabulaire!

A. De quoi a-t-on besoin? Lisez les contextes ci-dessous et décidez de quoi chaque personne a besoin (en vous inspirant de la liste de vocabulaire présentée dans la *Leçon 1*). [RAPPEL: Avec des noms concrets au singulier, utilisez **avoir besoin d'un(e)**; avec des noms concrets au pluriel, utilisez **avoir besoin d(e)**.]

MODÈLE: Françoise s'installe dans son premier appartement.

Elle a besoin d'appareils-ménagers.

CONTEXTE: Dans la première partie, ces personnes habitent des appartements qui ne sont pas encore complètement meublés.

1. Marie en a marre *(is sick and tired)* de toujours aller à la laverie automatique. (2 choses)

   _____

2. Frédérique passe beaucoup trop de temps à faire la vaisselle.

   _____

3. Marcel veut pouvoir vite préparer ses repas le soir.

   _____

4. Jean-Claude laisse traîner *(leaves lying around)* tous ses livres par terre parce qu'il n'a aucun endroit où les ranger.

   _____

5. Claudette laisse traîner tous ses vêtements par terre parce qu'elle n'a pas d'endroit où les ranger.

   _____

6. Suzanne a froid aux pieds parce qu'il n'y a rien qui couvre le plancher *(the floor)* dans son appartement.

   _____

CONTEXTE: De quels vêtements ou accessoires ces personnes ont-elles besoin?

7. Marie-Laure est une femme d'affaires qui cherche de nouveaux vêtements.

   _____

8. Pierre est un homme d'affaires qui doit s'habiller pour une réunion *(meeting)* importante.

   _____

9. Il va pleuvoir. De quoi avez-vous besoin? (2 choses)

_____

10. Vous partez en vacances pour faire du ski. De quoi aurez-vous besoin? (2 choses)

_____

11. Vous allez à la plage ce week-end. De quoi aurez-vous besoin?

_____

La grammaire à apprendre

Les pronoms démonstratifs

B. À la bijouterie *(jewelry store).* Monsieur Moreau cherche un cadeau pour sa femme qui adore les bijoux, mais il a du mal à trouver ce qui lui plairait le mieux. Complétez sa conversation avec le bijoutier en ajoutant les pronoms démonstratifs qui conviennent: **celui, celle, ceux, celles, celui-ci(-là), celle-ci(-là), celles-ci(-là), ceux-ci(-là), ceci, cela.**

M. Moreau: Oui… je pense acheter des bijoux pour ma femme.

_____ **(1)** que je lui ai offerts l'an dernier

lui ont fait beaucoup plaisir.

Bijoutier: Très bien, monsieur. Aimerait-elle une de ces bagues?

M. Moreau: Ah oui, elle aimerait _____ **(2)**. Puis-je

voir aussi _____ **(3)** d'en haut, s'il vous

plaît?

Bijoutier: Bien sûr. Je pourrais vous montrer _____ **(4)**

qui sont en vitrine également.

M. Moreau: Merci, mais ce ne sera pas nécessaire.

Bijoutier: Peut-être ce beau bracelet?

M. Moreau: Non, _____ **(5)** ne lui plairait pas.

Bijoutier: Pourquoi ne pas lui offrir une montre?

M. Moreau: Je ne sais pas… voyons… entre ces deux montres, je préfère

_____ **(6)**

à _____ **(7)**.

BIJOUTIER: Toutes les femmes adorent les boucles d'oreilles. En voici quelques paires.

M. MOREAU: Je n'aime pas tellement _____ (8), mais

_____ (9) ne sont pas mal.

BIJOUTIER: Aime-t-elle les perles? J'ai des ravissants colliers en perles à vous proposer…

M. MOREAU: Vous avez raison, _____ (10) est

particulièrement ravissant! Mais lequel est le moins cher?

_____ (11) de droite ou

_____ (12) de gauche?

BIJOUTIER: _____ (13) de gauche. Il coûte 1 500

euros, un prix tout à fait correct.

M. MOREAU: Bon, écoutez, monsieur, c'est un anniversaire très important.

Je lui offrirai ce collier-ci et des boucles d'oreille aussi:

je vais prendre _____ (14). Vous me

mettrez tout _____ (15) dans un

paquet cadeau.

Comptez! M. Moreau a regardé plusieurs choses à la bijouterie avant de prendre une décision. Indiquez le nombre d'accessoires qu'il a regardé dans chaque catégorie.

Il a regardé… _____ bague(s) _____ bracelet(s)

_____ montre(s) _____ collier(s)

C. Vos choix et vos préférences. Répondez aux questions suivantes en utilisant un pronom démonstratif.

MODÈLE: Vous allez sortir mais vous vous rendez compte qu'il ne reste que deux chemises dans votre armoire: l'une est sale mais en bon état, l'autre est propre mais usée. Laquelle mettrez-vous?

Je mettrai celle qui est propre mais usée.

1. Au rayon confiserie *(candies)*, vous choisissez des chocolats pour vos grands-parents. Il y a des chocolats [m] à la crème, aux fruits, à la menthe, à la liqueur. Lesquels allez-vous choisir?

_____

2. Préférez-vous les vêtements de Gap, d'Abercrombie & Fitch ou de Calvin Klein?

_____

3. Dans un magasin, vous trouvez un pull qui vous plaît à $40. Puis vous en voyez un autre que vous adorez à $85. Lequel achèterez-vous?

_____

4. Préférez-vous acheter des produits qui sont fabriqués aux États-Unis ou dans un pays étranger?

_____

5. Préférez-vous écouter les chansons [f] des chanteurs à la mode ou des chanteurs plutôt inconnus?

_____

6. Vous êtes dans un magasin au rayon vaisselle et vous choisissez des assiettes [f] pour le mariage d'une amie qui a des goûts très particuliers. Allez-vous choisir des assiettes de forme ronde, rectangulaire, ovale ou carrée?

_____

Les adverbes

D. Un nouvel appartement.
Évelyne Duvalier va s'installer dans un nouvel appartement non-meublé *(unfurnished)*. Sa mère, qui vit dans une autre ville, lui pose des questions sur cet appartement. Voici leur conversation téléphonique. Récrivez les réponses d'Évelyne pour les rendre plus précises ou plus nuancées en mettant l'adverbe entre parenthèses à la place qui convient.

MODÈLE: LA MÈRE D'ÉVELYNE: Dis chérie. J'aimerais que tu changes d'appartement. Je n'aime pas tellement le quartier *(neighborhood)* où tu es en ce moment.

ÉVELYNE: Mais maman, j'ai trouvé un nouvel appartement! (déjà)

Mais maman, j'ai déjà trouvé un nouvel appartement!

1. SA MÈRE: Et cet appartement te plaît?
   ÉVELYNE: Ben… euh… disons que je n'en suis pas contente. (tout à fait)

_____

2. SA MÈRE: Pourquoi pas? Il n'est pas spacieux?
   ÉVELYNE: Si! Mais j'aurais aimé un appartement plus près du centre-ville, mais je n'en ai pas trouvé. (tellement)

_____

3. SA MÈRE: Alors, comment tu vas faire pour déménager *(move)*? J'espère que tu ne vas pas faire ça
    toute seule!
    ÉVELYNE: Ne t'inquiète pas! Mes amis vont m'aider. (heureusement)

    _____

4. SA MÈRE: N'oublie pas que tu auras besoin de nouveaux appareils-ménagers...
    ÉVELYNE: Oui, oui... en fait, je suis allée à l'hypermarché pour m'en acheter. (avant-hier)

    _____

5. SA MÈRE: Tu veux que je t'achète aussi des choses, chérie?
    ÉVELYNE: Merci, maman, mais j'y ai trouvé tout ce dont j'avais besoin. (à peu près)

    _____

6. SA MÈRE: Il ne te faut rien d'autre?
    ÉVELYNE: Non, rien. J'aurai même une machine à laver. (enfin)

    _____

7. SA MÈRE: Quelle chance!
    ÉVELYNE: Oui. Je vais m'en servir souvent. (sûrement)

    _____

8. SA MÈRE: Évidemment tu as pensé à tout. Tu n'as plus besoin de mes conseils...
    ÉVELYNE: Maman, ne le prends pas mal! J'ai apprécié tes conseils. (toujours) Merci de m'avoir
    appelée...

    _____

E. À vous! Vous êtes sorti(e) au restaurant avec quelqu'un que vous ne connaissez pas encore très bien.
Vous êtes très franc/franche et vous lui donnez des détails un peu bizarres sur votre caractère. Voici des
exemples des choses que vous lui avez dites pendant cette première sortie. En vous inspirant de la liste ci-
dessous, trouvez l'équivalent français qui vous aidera à vous décrire. Puis, expliquez pourquoi vous avez
dit cela.

bad	*expensive*	*little*	*quickly*
badly	*gladly*	*loudly*	*rather*
better	*good*	*meanly*	*softly*
briefly	*hard*	*nicely*	*well*
clearly	*hopefully*		

MODÈLE: Quand je suis chez moi, j'ai tendance à m'habiller *mal* parce que *je suis tout(e) seul(e) et que
personne ne me voit habillé(e) comme ça.*

1. Quand je sors, j'ai tendance à m'habiller _____ parce que _____

    _____.

2. D'habitude, j'accepte _____ les invitations à sortir parce que_____

    _____.

3. Quand je parle à un inconnu, je lui parle _____ parce que _____

_____ .

4. Au restaurant, j'ai tendance à parler _____ parce que _____

_____ .

5. Pendant la période des examens, je dois travailler _____ parce que _____

_____ .

6. Je préfère (ne pas) acheter de choses qui coûtent _____ parce que _____

_____ .

F. Autoportrait. Écrivez un petit autoportrait de 6 à 8 phrases bien développées dans lequel vous parlez de vos points forts et de vos points faibles. N'oubliez pas de mentionner aussi ce que vous faites bien et ce que vous faites mal et incorporez beaucoup d'adverbes dans votre composition. Utilisez une autre feuille de papier.

MODÈLE: *Tout le monde me trouve très sportif mais je ne suis pas tout à fait d'accord. Bien que je fasse du sport assez souvent, je cours très mal, je perds presque tous les matchs auxquels je participe et je pleure facilement quand je me fais mal. Je dirais plutôt que je ne suis pas un très bon athlète.*

Leçon 2

Cap sur le vocabulaire!

A. Êtes-vous branché(e)? *(Are you in the know?)* Complétez la phrase avec le mot de vocabulaire convenable de la *Leçon 2.*

1. Avant de mettre en marche votre ordinateur, il faut le _____ . En fait, vous

   aurez besoin de plusieurs prises électriques *(electrical sockets)* pour le tout.

2. Vous pouvez voir ce que vous avez tapé sur _____ . Si vous n'aimez

   pas ce que vous avez écrit, il suffit de l'_____ ou de le

   _____ ailleurs.

3. Pour effectuer les commandes nécessaires, vous pouvez _____ sur

   les touches appropriées ou _____ la souris.

4. Avant de fermer un document, n'oubliez pas de le _____ . Sinon, vous
   allez le perdre.

5. Pour imprimer votre document, il vous faudra une

_____, de préférence

_____.

6. Le Web, c'est _____

de sites. On peut _____

rapidement entre de nombreux sites. On appelle quelqu'un

qui adore le Web un _____.

7. Avec un ordinateur, on peut aussi envoyer et recevoir de
l'e-mail, c'est-à-dire, du

_____.

ENTREZ DANS LE MONDE GRAPHIQUE
PAR LA GRANDE PORTE !

Designed for
Microsoft
Windows 95

Microsoft
OFFICE
Compatible

WINDOWS
Draw! 4.0

Votre logiciel graphique
105 €*

- Prix Public Conseillé chez votre
revendeur habituel: soit 832,1 e F ttc
Version CD-ROM uniquement

Dessin vectoriel
Diagrammes
Retouche photo
Plan d'aménagement
15 000 symboles ClipArt
250 polices TrueType
50 filtres d'import-export

MICROGRAFX®

Disponible dans toutes les
Fnac

Informations au (1) 41 41 59 00

B. Chassez l'intrus. Regardez chaque groupe de mots et barrez le mot qui n'appartient pas logiquement au groupe. Considérez le sens des mots et non la forme.

MODÈLE: le Web   ~~sauvegarder~~   un(e) internaute

1. un micro   un portable   un browser
2. le traitement de texte   le lecteur zip   le lecteur de diskettes
3. le logiciel   le clavier   la touche
4. le moteur de recherche le browser   le matériel
5. les données   l'informatique   le tableau
6. reculer   la puissance   la mémoire

La grammaire à apprendre

Le comparatif et le superlatif des adjectifs

Grammar: Demonstrative adjectives

SYSTÈME-D

C. Regardez-moi ça! *(Take a look at this!)* Vous êtes
au rayon de l'électronique où un vendeur enthousiaste
essaie de vous convaincre d'acheter un ordinateur dans son
magasin. Il essaie de vous aider à en comparer plusieurs.
D'abord, il va comparer deux choses en se servant du comparatif. Ensuite, il va comparer une chose à toutes les autres
choses similaires en se servant du superlatif. Écrivez ce qu'il
vous dit en suivant les modèles.

MODÈLES: ce portable / + petit / (le magasin)

Ce portable-ci est plus petit que celui-là.

En fait, ce portable-ci est le plus petit du magasin.

1. cet ordinateur / – puissant / (tout notre stock)

   _____

   _____

2. cet écran / + bon / (tous les écrans)

   _____

   _____

3. ce clavier / + grand / (les modèles IBM)

   _____

   _____

4. ce logiciel / + pratique / (tous nos logiciels)

   _____

   _____

MODÈLE: On / cliquer / cette souris / – facilement / (toutes les souris du magasin)

On clique cette souris-ci moins facilement que celle-là. En fait, on clique cette souris-ci le moins facilement de toutes les souris du magasin.

5. Ce programme / marcher + bien / (tous les programmes disponibles [*available*])

   _____

   _____

6. Cette imprimante / imprimer – vite / (toutes nos imprimantes)

   _____

   _____

7. Ce portable / se transporter + facilement / (les modèles IBM)

   _____

   _____

MODÈLE: Dans notre magasin / on vend / + des jeux vidéo / les autres magasins

Dans notre magasin, on vend plus de jeux vidéo que dans les autres magasins.

Dans notre magasin, on vend le plus de jeux vidéo.

8. Dans notre magasin / il y a / + du choix / les autres magasins

   _____

   _____

9. Ici / il y a / – des réclamations *(complaints)* / ailleurs

_____

_____

10. Chez nous / vous trouverez / + de l'expertise / chez nos concurrents *(competitors)*

_____

_____

D. C'est le meilleur! Vous travaillez dans une agence de publicité *(advertising agency)* et c'est à vous de trouver des slogans publicitaires. Inspirez-vous des modèles pour écrire cinq slogans publicitaires pour des entreprises de votre choix. Utilisez le superlatif.

MODÈLES: *Le Coca-Cola:* ***C'est la boisson la plus rafraîchissante!***

Abercrombie & Fitch: ***Ce sont les vêtements les plus populaires!***

1. _____

2. _____

3. _____

4. _____

5. _____

E. Une publicité. Choisissez un des slogans publicitaires que vous avez écrits pour l'exercice D. Utilisez-le dans une publicité *(advertisement)* plus longue pour ce produit. Écrivez 5 à 6 phrases.

_____

_____

_____

_____

_____

_____

_____

_____

_____

_____

_____

Leçon 3

Cap sur le vocabulaire!

A. Parlez-vous cuisine? Avez-vous le vocabulaire nécessaire pour parler cuisine? D'abord, sans regarder votre livre, dites ce qu'on fait souvent avec les aliments suivants ou ce qu'on fait pour les préparer. Pouvez-vous trouver un verbe différent pour parler de chaque aliment?

MODÈLE: les spaghettis: *On fait bouillir les spaghettis.*
OU *On fait cuire les spaghettis.*

1. le beurre: _____

2. le poisson: _____

3. l'eau: _____

4. le pain: _____

5. le bœuf: _____

6. les champignons: _____

7. le poulet: _____

8. la sauce: _____

Maintenant, regardez la liste de vocabulaire dans votre livre. Combien de mots et expressions de cette liste avez-vous utilisés? Êtes-vous débutant(e) ou parlez-vous couramment le langage des chefs?

La grammaire à apprendre

Faire causatif et les verbes de perception

B. Comme ça le fait rire! Pensez à une personne célèbre. Dites qui ou ce qui lui fait faire les choses suivantes. Faites des phrases complètes.

MODÈLE: faire trembler

   L'opinion publique fait trembler George W. Bush.

1. faire rire: _____

2. faire pleurer: _____

3. faire paniquer: _____

4. faire sourire: _____

5. faire rêver: _____

6. faire s'endormir: _____

C. Les grands paresseux. Dites ce que ces célébrités <u>font</u> faire à quelqu'un d'autre.

MODÈLE: Calvin Klein / présenter chaque nouvelle collection de vêtements / des mannequins

Calvin Klein fait présenter chaque nouvelle collection de vêtements à des mannequins.

1. Naomi Campbell / choisir ses produits de beauté / sa maquilleuse *(make-up artist)*

   _____

2. la reine Elizabeth / faire la cuisine / son chef

   _____

3. Les présidents américains / écrire leurs discours *(speeches)* / leurs aides

   _____

4. Chef Tell / faire la vaisselle / son assistant

   _____

Maintenant, dites ce que ces célébrités <u>laissent</u> faire à quelqu'un d'autre.

5. Dale Earnhardt Jr. / réparer sa voiture / des mécaniciens

   _____

6. Shaquille O'Neal / acheter des baskets (chaussures) / son agent

   _____

7. Britney Spears / ne pas prendre des décisions / sa mère

   _____

8. Will Smith / faire les acrobaties *(to do stunts)* / un cascadeur *(stunt man)*

   _____

Finalement, écrivez des phrases pour dire ce que ces célébrités <u>(ne) font (laissent) (pas)</u> faire à quelqu'un d'autre.

9. Rush Limbaugh _____

10. Jennifer Aniston _____

11. Martha Stewart _____

12. Jennifer Lopez _____

Vocabulary: Time expressions
Grammar: Causative **faire**; pronouns

D. Que faites-vous faire? Dites si vous faites les choses ci-dessous vous-même ou si vous les faites faire. Répondez à chaque question en employant un pronom d'objet direct; utilisez le même temps de verbe dans votre réponse que dans la question.

MODÈLE: Est-ce que vous faites laver vos vêtements?

Oui, je les fais laver. OU *Non, je les lave moi-même.*

1. Est-ce que vous vous faites couper les cheveux?

_____

2. Quand vous étiez petit(e), est-ce que vous faisiez couper votre viande avant de la manger?

_____

3. L'année dernière, est-ce que vous vous êtes fait faire votre costume d'Halloween?

_____

4. Cette année, est-ce que vous ferez envelopper vos cadeaux de Noël avant de les offrir?

_____

5. D'habitude, est-ce que vous vous faites préparer vos repas?

_____

E. Franchement, ça me rend malade! Dites qui ou ce qui évoque en vous les réactions suivantes.

MODÈLE: me rendre heureux(-euse)

Une victoire sportive me rend heureux(-euse). OU *Mes parents me rendent heureux(-euse).*

1. me rendre malade: _____

2. me rendre paresseux(-euse): _____

3. me rendre heureux(-euse): _____

4. me rendre malheureux(-euse): _____

5. me rendre anxieux(-euse): _____

6. me rendre triste: _____

F. Cendrillon. Mettez-vous à la place des méchants belles-sœurs de Cendrillon. Qu'est-ce qu'elles auraient pu dire à leur mère le jour du grand bal? Utilisez le **faire causatif** à l'impératif et un pronom d'objet direct. Suivez le modèle.

MODÈLE: Mère, faites travailler Cendrillon!

Faites-la travailler!

1. Mère, faites chercher mes plus belles chaussures!

   _____

2. Mère, faites venir le chauffeur à huit heures!

   _____

3. Mère, faites repasser *(to iron)* ma robe jaune!

   _____

4. Mère, faites préparer les faire-part *(wedding announcements)* pour mon mariage avec le prince charmant!

   _____

Maintenant, c'est Cendrillon qui parle. Utilisez les verbes de perception (**voir** et **entendre**) pour dire ce qu'elle a vu et entendu.

MODÈLE: parler du grand bal

J'ai entendu parler du grand bal.

5. partir mes sœurs

   _____

6. arriver une fée *(fairy)*

   _____

7. apparaître un beau carrosse *(coach)*

   _____

8. le Prince m'inviter à danser

   _____

9. sonner minuit

   _____

G. Je vous le promets! Peu avant son mariage avec le Prince charmant, Cendrillon s'adresse à ses futurs sujets. Elle leur explique qu'elle restera modeste et qu'elle ne laissera pas sa nouvelle vie de luxe changer son caractère. Pourtant, elle se fait écrire son discours *(speech)*! Écrivez-le pour elle et n'oubliez pas d'y incorporer plusieurs **faire causatif** et la construction **laisser faire.**

MODÈLE: *Mes chers futurs sujets, je vous promets de ne pas abuser de ma nouvelle richesse ni de mon nouveau pouvoir. C'est vrai que je ferai faire mes robes parce que je n'aime pas vraiment coudre (sew), mais je continuerai à laver le linge moi-même.*

_____

_____

_____

_____

_____

_____

_____

_____

_____

EXERCICES DE LABORATOIRE

Phonétique

Les voyelles nasales   CD7–8

Les voyelles qui précèdent un **n** ou un **m** à la fin d'un mot sont en général nasales. Les voyelles qui précèdent un **n** ou un **m** devant une consonne autre que **n** ou **m** sont aussi nasales. Il y a trois sons nasaux différents:

[ɛ̃] s'écrit: **in, im, ain, aim, un, um, en, ein**

[ɑ̃] s'écrit: **an, am, en, em**

[ɔ̃] s'écrit: **on, om**

A. Écoutez et répétez les mots suivants.

[ɛ̃]	dem**ain**	l**oin**	**im**perméable
	en comm**un**	ex**amen**	**enfin**
[ɑ̃]	l**ent**	tellem**ent**	aut**ant**
	longt**em**ps	s**em**blable	coll**ant**
[ɔ̃]	c**on**stant	vol**on**tiers	l**on**gtemps
	blous**on**	n**om**bre	b**on**

B. Écoutez et répétez les phrases qui suivent.

1. À partir de demain, j'apporterai les imperméables et les maillots de bain, enfin!
2. Ensuite, je mettrai des collants semblables ensemble.
3. Depuis longtemps ils achètent volontiers des blousons, heureusement!

La voyelle devant **m** ou **n** n'est normalement pas nasale dans les deux cas suivants: lorsque **m** ou **n** est doublé, comme dans **ennemi** et **homme**, (mais il y a quelques exceptions telles que **ennuyer** et **emmener**), et lorsque **m** ou **n** est entre deux voyelles, comme dans **ordinateur** et **ami**.

C. Écoutez et répétez les groupes de mots suivants.

[ɛ̃] / [ɛ]	[ɑ̃] / [an] — [am]	[ɔ̃] / [ɔn]
vain/vaine	gitan/gitane	bon/bonne
mien/mienne	constant/constamment	son/sonne
tient/tiennent	patient/patiemment	don/données

D. Écoutez et répétez ces phrases, qui contiennent des sons nasalisés et non-nasalisés.

1. Le baron et la baronne ont de très bonnes manières, mais ils sont un peu hautains.
2. Depuis que ces résidents de Caen sont à Cannes, ils s'étonnent du grand nombre d'habitants d'origine italienne.
3. Yvonne vient en train pour voir le championnat.

Les sons [ø] et [œ]   CD7–9

Le son vocalique [ø] se trouve en syllabe ouverte (**peu**) ou en syllabe se terminant par le son [z] (**menteuse**). Il se prononce en arrondissant les lèvres, la pointe de la langue touchant les dents du bas. Il s'écrit **eu** ou, moins souvent, **œu**. Écoutez et répétez les mots suivants:

ceux   eux   vanit**eux**   paress**euse**   vi**eux**   v**œu**   heur**euse**

E. Écoutez et répétez les phrases suivantes.

1. Malheureusement, Eugénie est trop vaniteuse et paresseuse.

2. Ces deux vieux jeux rendent l'enfant heureux.

3. Je peux être plongeuse si je veux, tout comme eux.

Le son [œ] est plus ouvert en timbre que le son [ø]. On le rencontre en syllabe fermée (**peur**). Il s'écrit aussi **eu** ou **œu**. Écoutez et répétez:

c**œur**   v**euve**   n**euf**   coul**eur**   profess**eur**

F. Écoutez et répétez les phrases suivantes.

1. Leur jeune professeur a très bon cœur.

2. Ma jeune sœur est la veuve d'un acteur.

3. La couleur de leur téléviseur va avec leurs meubles.

Leçon 1

Conversation   CD7–10

A. Les préférences. Maintenant, écoutez la Conversation (manuel, **chapitre 9**, **leçon 1**) en prêtant attention aux expressions pour dire ce qu'on préfère.

B. Le son des phrases. Écoutez et répétez ces phrases tirées de la conversation.

1. J'adore les marchés aux puces!

2. Moi, le cuir, j'adore!

3. Ah, mais j'aime mieux celui-là, à gauche.

4. Moi, les trucs de guerre, j'ai horreur de ça.

Mots et expressions utiles   CD7–11

C. Exprimer ses goûts et préférences. Vous entendrez une question. Répondez-y en recombinant les éléments donnés.

MODÈLE: *Vous lisez:* des vêtements dans ses prix

Vous entendez: Qu'est-ce que Laure préfère aux vêtements chics?

Vous répondez: **Laure préfère des vêtements dans ses prix aux vêtements chics.**

Vous entendez la confirmation: Oui, c'est ça. Laure préfère des vêtements dans ses prix aux vêtements chics.

1. ne... ni... ni

2. des chaussures à talons hauts

3. ce costume

4. ce tapis

5. celle-ci

La grammaire à apprendre

Les pronoms démonstratifs   CD7–12

D. On déménage! Vous et vos colocataires venez de déménager. Il reste un tas d'objets que vous avez oubliés et vous vous demandez à qui ils sont. Répondez aux questions de vos colocataires en utilisant des pronoms démonstratifs et les indications suivantes.

MODÈLE: *Vous lisez:* Oui / Paul

              Vous entendez: Est-ce que ce sont les livres de Paul?

              Vous répondez: **Oui, ce sont ceux de Paul.**

              Vous entendez la confirmation: Tu as raison, ce sont ceux de Paul.

1. Non / Paul
2. Oui / Michel
3. Non / Jean-Jacques

4. Oui / Jean-Jacques
5. Non / Michel
6. Oui / Michel

Les adverbes   CD7–13

E. Au bureau. Une de vos collègues de bureau vous donne ses opinions sur le reste du personnel. Vous êtes d'accord avec elle, et vous répondez avec des exemples. Dans votre réponse, utilisez les mots donnés ci-dessous et un adverbe qui correspond à l'adjectif entendu.

MODÈLE: *Vous lisez:* s'occuper des clients

              Vous entendez: Maurice est aimable.

              Vous répondez: **Oui, il s'occupe des clients aimablement.**

1. taper les lettres
2. traiter ses employés
3. répondre au téléphone

4. parler anglais
5. écrire
6. tout expliquer

Leçon 2

Conversation   CD7–14

A. Les comparaisons. Maintenant, écoutez la Conversation (manuel, **chapitre 9**, leçon 2) en prêtant attention aux expressions pour comparer.

B. Le son des phrases. Écoutez et répétez ces phrases tirées de la conversation.

1. Ils se ressemblent tous.
2. Ils semblent tous pareils!
3. On m'a dit que les micros ont une plus grande mémoire.
4. Est-ce qu'on peut avoir une même qualité d'audio avec le lecteur de cédérom?
5. Le problème c'est que le portable est plus pratique mais il coûte aussi beaucoup plus cher.

Mots et expressions utiles CD7–15

C. Souligner les ressemblances / les différences. Écoutez et indiquez si ce que vous entendez souligne les ressemblances ou les différences des choses comparées.

1. ressemblances / différences
2. ressemblances / différences
3. ressemblances / différences
4. ressemblances / différences
5. ressemblances / différences
6. ressemblances / différences
7. ressemblances / différences
8. ressemblances / différences

La grammaire à apprendre

Le comparatif et le superlatif des adjectifs, des adverbes et des noms CD7–16

D. Il ne faut rien exagérer! Un groupe de cybernautes se vantent *(are bragging)* de leurs ordinateurs. Mettez leurs phrases d'abord au comparatif, puis au superlatif. Suivez le modèle et utilisez les éléments donnés ci-dessous.

MODÈLE: *Vous lisez:* plus / le tien / la classe

    Vous entendez: Mon ordinateur est cher.

    Vous répondez d'abord: **Mon ordinateur est plus cher que le tien.**

    Vous entendez ensuite: Non, mon ordinateur est plus cher que le tien!

    Vous répondez ensuite: **Mon ordinateur est le plus cher de la classe.**

    Vous entendez enfin: Non, mon ordinateur est le plus cher de la classe!

1. plus / la tienne / notre groupe
2. plus / vous / tout le monde
3. plus / les vôtres / tous les ordinateurs
4. plus / toi / tous
5. plus / toi / toute la classe

E. Si on compare. Deux groupes de jeunes gens — un groupe américain et un groupe français — se préparent pour faire du camping. Étudiez et comparez les listes des articles qu'ils vont emporter avec eux.

Les Américains	*Les Français*
5 couvertures	3 couvertures
1 casserole	4 casseroles
10 paires de chaussures	7 paires de chaussures
16 paires de chaussettes	9 paires de chaussettes
8 pantalons	5 pantalons
10 sandwichs	10 sandwichs
2 bouteilles de vin	4 bouteilles de vin
5 assiettes	5 assiettes
12 chemises	10 chemises

Écoutez maintenant les affirmations suivantes, et indiquez si chaque phrase est vraie ou fausse en encerclant la bonne réponse. Corrigez ensuite les phrases que vous aurez trouvées fausses et répétez celles qui sont vraies.

MODÈLE: *Vous entendez:* Les Américains ont plus de casseroles que les Français.

Vous entourez: FAUX

Vous dites: **Les Américains ont moins de casseroles que les Français.**

1. VRAI   FAUX   4. VRAI   FAUX

2. VRAI   FAUX   5. VRAI   FAUX

3. VRAI   FAUX   6. VRAI   FAUX

Leçon 3

Conversation   CD7–17

A. Les instructions. Maintenant, écoutez la Conversation (manuel, **chapitre 9**, leçon 3) en prêtant attention aux expressions pour donner des instructions, des indications et des ordres.

B. Le son des phrases. Écoutez et répétez ces phrases tirées de la conversation.

1. D'abord tu prends deux tranches de pain de mie.

2. Ensuite, tu mets une première tranche de fromage.

3. Et puis, tu mets une tranche de jambon.

4. Fais attention de ne pas laisser coller le pain à la poêle.

5. Je ne pige pas!

Mots et expressions utiles   CD7–18

C. Quelle est la fonction? Dites quelle est la fonction des expressions que vous entendez. Voici les quatre réponses possibles:

    a. donner des instructions   **c.** encourager

    b. s'assurer que l'on comprend   **d.** dire qu'on ne comprend pas

_____ 1.   _____ 4.

_____ 2.   _____ 5.

_____ 3.   _____ 6.

La grammaire à apprendre

Faire causatif et les verbes de perception   CD7–19

D. Perception. Laissez aller vos sens! Que voyez-vous? Qu'entendez-vous? Répondez aux questions en employant les verbes de perception que vous aurez entendus et les éléments donnés. La deuxième fois, vous répondrez avec un pronom. [N.B. Utilisez un pronom d'objet direct puisque vous aurez déjà établi le contexte dans la phrase précédente.]

MODÈLE: *Vous lisez:* passer / des voitures

Vous entendez: Qu'entendez-vous?

Vous répondez: **J'entends passer des voitures.**

Vous entendez: Vous entendez passer des voitures?

Vous répondez: **Oui, je les entends passer.**

Vous entendez la confirmation: Moi aussi, je les entends passer.

1. voler / un avion

2. pousser / la pelouse *(lawn)*

3. crier / un bébé

4. jouer / des enfants

5. chanter / des oiseaux

6. partir / ma mère

E. Chez le directeur. Le nouveau propriétaire d'un restaurant trouve que le gérant est trop indulgent avec les employés. Le propriétaire le convoque *(summons)* dans son bureau pour lui donner des conseils. Écoutez les phrases qu'il dit et transformez-les en ordres en employant le **faire** causatif et un pronom approprié.

MODÈLE: *Vous entendez:* Il faut que les serveurs travaillent plus.

Vous dites: **Faites-les travailler plus.**

Vous entendez la confirmation: Faites-les travailler plus.

(Items 1–5)

Dictée CD7–20

F. Une recette facile à préparer: *Steak Gisèle.* Un chef va vous dicter une de ses recettes préférées. D'abord, écoutez la recette en entier. Ensuite, chaque phrase sera lue deux fois. Écrivez la recette. Enfin, la recette entière sera répétée pour que vous puissiez vérifier votre travail. Écoutez.

MOTS UTILES: ajouter   *to add*

une pincée   *a pinch*

découper en tranches   *to slice*

arroser de   *to sprinkle with*

mélanger   *to mix*

_____

_____

_____

_____

_____

_____

_____

_____

_____

_____

_____

_____

_____

_____

_____

_____

_____

_____

Compréhension

L'équipement de la maison   CD7–21

Vous écoutez un reportage radiophonique sur le logement des Français. Des statistiques concernant l'équipement ménager vous intéressent tout particulièrement. Écoutez.

MOTS UTILES: le foyer, le ménage   *household*
le congélateur   *freezer*
aisé   *affluent*

G. Statistiques. D'après le reportage, indiquez combien de foyers possèdent les appareils suivants. Donnez le pourcentage ou le chiffre, selon le cas.

1. Télévision: _____

2. Télévision-couleur: _____

3. Four à micro-ondes: _____

4. Téléphone: _____

5. Minitel: _____

H. La maison électronique. Répondez aux questions suivantes d'après les informations données dans le reportage.

1. Quels sont les trois grands classiques de l'équipement ménager?

   _____

2. Qui achète le plus de lave-vaisselle?

   _____

3. Quel groupe dans la population utilise le plus de fours à micro-ondes?

   _____

4. Quels types d'appareils audiovisuels sont de plus en plus populaires?

   _____

Les temps sont durs   CD7–22

Vous avez très envie d'acheter un magnétoscope. Mais vous n'en avez pas les moyens. Cette annonce publicitaire de la Société Générale, un établissement bancaire, vous donne une idée.

MOTS UTILES: rendre l'âme   *to give out*
                    espèces [f pl]   *cash*

I. Vrai ou faux? Indiquez si les phrases suivantes sont vraies (**V**) ou fausses (**F**).

_____ 1. La Société Générale peut vous réserver une somme d'argent.

_____ 2. Le taux d'intérêt est raisonnable.

_____ 3. On paie ce que l'on doit petit à petit.

_____ 4. On peut rembourser uniquement par carte de crédit.

Travail temporaire   CD7–23

Vous êtes président d'une compagnie d'informatique. Votre secrétaire particulière vient de se casser la jambe et elle sera immobilisée pendant un mois. Qui va la remplacer? Vous pensez à l'annonce publicitaire d'une agence de travail temporaire que vous venez d'entendre.

MOTS UTILES: la démission   *resignation*
                    en pointe   *on the leading edge*
                    des éléments   ici, des individus

J. Chez Éric Soutou. Complétez les phrases suivantes d'après les renseignements dans l'annonce publicitaire.

1. Chez Éric Soutou, on sait que chaque profession a _____

   _____.

2. Les employés qu'Éric Soutou peut fournir aux compagnies sont _____

   _____.

3. Éric Soutou a des personnes qui peuvent travailler dans les domaines _____

   _____.

4. Le numéro de téléphone est le _____

   _____.

EXERCICES ÉCRITS

CHAPITRE 10

En somme...

Leçon 1

Cap sur le vocabulaire!

A. Une interview. Jean-Pierre Hermès vient de gagner une course à pied très prestigieuse. Une journaliste l'interviewe juste après la course. Complétez l'interview avec les mots et expressions de la liste suivante et faites les modifications nécessaires. N'utilisez pas un mot ou une expression plus d'une fois.

avoir bonne mine
avoir gagné
~~battre~~
le classement
le concurrent
la course

s'entraîner
être gentil(le) de dire ça
on ne sait jamais
la pression
le record du monde
terminer premier

— Félicitations, Jean-Pierre! Vous *avez battu* (1) _____ (2)! Quelle belle

_____ (3)!

— Merci, Madame Mercure. Je suis content d(e) _____ (4). C'était une journée

exceptionnelle pour moi. Il faut dire que je _____ (5) depuis des mois et que

j'avais un assez bon _____ (6), mais _____ (7).

— Vous êtes trop modeste. Tout le monde pensait que vous alliez _____ (8). Est-ce

que ça vous a fait ressentir un peu de _____ (9)?

— Un peu, je crois. Tous les autres _____ (10) étaient très forts.

— Pas si forts que vous! Vous n'avez pas l'air d'être trop fatigué. Je trouve que vous

_____ (11).

— Merci. Vous _____ (12).

B. Suite de l'interview. La journaliste continue son interview. Complétez-la avec les mots et expressions de la liste suivante et faites les modifications nécessaires. N'utilisez pas un mot ou une expression plus d'une fois.

la défaite	faillir (+ infinitif)
un défi	les fanas de sport
la douleur	prendre le dessus
l'entraîneur	reprendre haleine
épuisant	sportif
être à la portée de	une victoire
être en forme	

— C'était un moment extraordinaire pour moi. Vous savez, _____ (1) ne pas par-

ticiper cette année. Je me suis foulé la cheville il y a trois semaines, et j'avais peur de ne pas

_____ (2). Mais, une fois la course commencée, j'ai oublié

_____ (3), j'ai pris _____ (4), et je n'ai même pas pensé à la

possibilité d'une _____ (5).

— Avez-vous des conseils pour les _____ (6) qui nous écoutent?

— Oui, bien sûr. Regardez une course à la télé, c'est bien, mais devenir _____ (7)

vous-même, c'est encore mieux. Le sport est _____ (8) de tout le monde. C'est un

_____ (9) qui vous apporte beaucoup de satisfaction. Vous n'avez besoin ni d'un

_____ (10) ni d'équipement cher. Il faut simplement vous secouer *(get moving)*.

Ça vous fera du bien. Et maintenant, je vous demande de m'excuser. C'était quand même une course

_____ (11).

— Excusez-moi, Jean-Pierre. Je ne vous ai même pas donné le temps de _____ (12).

Merci, Jean-Pierre Hermès, et, encore une fois, félicitations pour votre _____ (13).

La grammaire à apprendre

Les mots exclamatifs

C. Quel beau mariage! Les invités au mariage de Bruno et Isabelle trouvent le mariage très réussi. Complétez leurs remarques avec un mot exclamatif approprié: **quel** (ou une forme dérivée), **comme, que, ce que** ou **qu'est-ce que.**

MODÈLE: *Quel* beau mariage!

1. _____ jolie mariée! _____ elle est souriante!

2. _____ beau couple ils forment tous les deux!

   _____ ils ont l'air heureux!

Isabelle, Bruno et leurs parents seront heureux de vous recevoir après la cérémonie religieuse.

Réponse souhaitée avant le 15 Juillet

3. Isabelle a déjà vingt-quatre ans! Mon Dieu, _____ le temps passe vite!

4. _____ la cérémonie était émouvante! Et _____ réception

formidable chez sa grand-mère. C'était la première fois que je voyais cette maison.

_____ beaux jardins elle a!

5. Regardez les parents du marié. _____ ils dansent bien! Et la sœur de la

mariée, _____ elle est jolie!

D. Allez, un peu de politesse! *(Come on, let's be polite!)* Imaginez les conversations que vous pourriez avoir dans les situations suivantes. Utilisez des mots exclamatifs et des remerciements et/ou autres réponses appropriées.

MODÈLE: Vous venez d'acheter un très beau pull-over.

    (compliment:) — *Comme il est beau, ton pull-over!* OU *Quel beau pull-over!*

    (votre réponse:) — *Tu trouves? Tu es gentil(le) de me dire ça.*

1. Vous venez de redécorer votre appartement.

    (compliment:) _____

    (votre réponse:) _____

2. Vous avez reçu un beau cadeau. Vous faites un compliment et vous remerciez la dame qui vous l'a offert.

    (compliment / remerciement:) _____

    (réponse de la dame:) _____

3. Vous avez trouvé un portefeuille *(wallet)* et vous le rapportez à son propriétaire.

(remerciements du propriétaire:) _____

(votre réponse:) _____

4. Votre copain/copine vous a offert une nouvelle montre pour votre anniversaire.

(un[e] autre ami[e] l'admire:) _____

(votre réponse:) _____

5. Vous avez réussi à un examen très difficile dans votre cours de français.

(on vous félicite:) _____

(votre réponse:) _____

Le participe présent

E. La retraite du journaliste. M. Paul Lelièvre a passé toute sa carrière de journaliste dans le domaine du sport. Maintenant, il prend sa retraite et il parle des athlètes qu'il a rencontrés et de ses idées sur le sport. À chacune des phases suivantes, ajoutez le participe présent d'un des verbes de la liste (n'oubliez pas que si le participe présent est utilisé comme adjectif, il faut faire l'accord avec le nom qu'il modifie). Indiquez pour chaque phrase si le participe présent est utilisé comme adjectif (**a**), s'il indique la simultanéité de deux actions (**s**), ou s'il décrit la manière de faire quelque chose (**m**) *(the manner in which one does something)*.

MODÈLE: Les athlètes qui s'entraînent sérieusement passent des journées *fatigantes.* *(a)*

briller	épuiser
charmer	faire
continuer	~~fatiguer~~
détendre	gagner
écrire	parler
encourager	

1. En _____ les muscles du cou, on peut respirer plus facilement.

2. Le marathon, c'est une course _____.

3. Marc Chevalier, c'est un entraîneur _____ et _____.

4. Il est difficile pour un athlète de s'entraîner sérieusement pour une épreuve sportive tout en

_____ sa vie.

5. Sans être un athlète professionnel, on reste en bonne santé en _____ du sport au moins trois fois par semaine.

6. Jeannie Longo-Ciprelli et Marie-Jo Pérec sont des athlètes _____. De véritables stars, quoi.

7. J'ai aimé être journaliste. En _____ beaucoup, j'ai appris à mieux organiser mes pensées.

8. Beaucoup de jeunes athlètes américains font du sport tout en _____ leurs études.

9. J'ai beaucoup appris en _____ avec des athlètes célèbres.

F. Le nouvel entraîneur. L'entraîneur d'athlétisme de votre université a été engagé pour un trimestre par un club sportif français. Vous voulez l'aider à traduire ses instructions en français. Attention! Faut-il utiliser le participe présent, un infinitif ou l'infinitif passé?

MODÈLE: Je n'aime pas *faire (doing)* des abdominaux *(ab exercises)*, mais c'est très bon pour le dos.

1. _____ *(After arriving)* au gymnase, vous devriez toujours passer les quinze

   premières minutes _____ *(warming up)* (**s'échauffer**).

2. _____ *(After warming up)*, vous devriez exercer vos muscles

   _____ *(by lifting weights)* (**faire de la musculation**).

3. _____ *(Running)* tous les jours pendant une demi-heure est une nécessité si vous
   voulez être en forme.

4. J'entends parfois les gens parler de _____ *(winning)* sans _____
   (training), mais ce n'est pas possible.

5. C'est _____ *(by training)* de façon régulière que vous réussirez.

6. Ne buvez pas d'alcool _____ *(while preparing)* (**se préparer pour**) l'épreuve.

7. _____ *(After leaving)* le terrain d'entraînement, prenez une douche froide.

8. Les athlètes _____ *(obeying)* mes conseils gagneront leurs épreuves.

Vocabulary: Sports
Grammar: Adverb formation; participle
agreement

SYSTÈME-D

G. Portrait d'un «champion». Dans un paragraphe de huit à dix phrases, écrivez le mini-portrait de quelqu'un que vous admirez (ou que vous n'admirez pas!) à cause de ses attitudes à l'égard de l'exercice physique et de l'entraînement. Utilisez des mots exclamatifs et des participes présents. Utilisez une autre feuille de papier.

MODÈLE: *Mon ami Bill ne fait rien. Au lieu de faire de la musculation, il soulève la télécommande tout en mangeant de la pizza. Quel «champion»!*

Leçon 2

Cap sur le vocabulaire!

A. Reproches et regrets. La vie n'est pas sans malentendus ou regrets. Qu'est-ce que vous diriez dans chacune des situations suivantes pour exprimer des regrets ou des reproches?

MODÈLE: (vous parlez à un ami qui a oublié un rendez-vous chez le dentiste)

> *C'est dommage que tu aies oublié ton rendez-vous. Tu aurais dû le noter dans ton agenda.*

Vous parlez à…

1. un chauffeur qui est ivre (intoxiqué) et qui vient de causer un accident grave

   _____

   _____

   _____

2. des amis qui vous ont offert un beau cadeau, bien que vous leur ayez dit que vous ne vouliez pas de cadeaux

   _____

   _____

3. M. et Mme Laudet, qui viennent de perdre leur fils (âgé de 11 ans)

   _____

   _____

Maintenant, vous vous faites des reproches parce que…

4. vous vous sentez mal après avoir mangé un énorme repas

   _____

   _____

5. vous avez dit quelque chose de très cruel à un bon ami

   _____

   _____

La grammaire à apprendre

Le conditionnel passé

B. Maintenant, je vois... Après coup, on voit toujours ce qui serait arrivé *(what would have happened)* si seulement... Choisissez le verbe approprié pour chaque phrase, et mettez-le au conditionnel passé pour montrer ce qu'on comprend maintenant...

MODÈLE: Je (J') (acheter / finir) *aurais fini* plus vite si tu m'avais aidée.

1. Il (falloir / connaître) _____ mettre mon réveil hier soir. Comme ça, je

    (se coucher / se réveiller) _____ à temps pour aller à mon rendez-vous.

2. Si j'avais su qu'il y avait des gendarmes ici, je (ne pas voir / ne pas conduire)

    _____ si vite. Peut-être que je (ne pas avoir / ne pas faire)

    _____ de contravention.

3. J'ai pris cinq kilos en un mois. Je (ne pas grossir / ne pas réaliser) _____ si
    j'avais continué mon régime.

4. Je (ne pas inviter / ne pas venir) _____ à la soirée si j'avais su que Pierre serait là!

5. Je (J') (mieux faire / mieux oublier) _____ de rester au lit aujourd'hui. Je (J')

    (être / avoir) _____ moins d'ennuis.

C. Il aurait pu, il aurait dû. On utilise souvent les verbes **pouvoir** et **devoir** au conditionnel passé pour décrire ce qu'on aurait pu faire *(could have done)*, ce qu'on aurait dû faire *(should have done)* ou ce qui aurait pu arriver *(could have happened)*. En utilisant les expressions données, trouvez une phrase appropriée pour chacune des situations suivantes.

attacher sa ceinture de sécurité
attraper un coup de soleil
avoir un accident de voiture
emprunter de l'argent à ses parents
mettre le réveil
~~partir pour la gare plus tôt~~
sécher tant de cours
~~demander à sa colocataire de venir la chercher~~

Utilisez le verbe **pouvoir**:

MODÈLE: Julie a payé 90 euros pour aller de l'aéroport à son appartement en taxi.

C'est bête! Elle *aurait pu demander à sa colocataire de venir la chercher.*

1. John n'a pas payé son loyer *(rent)* parce qu'il était fauché.

    Il _____.

2. Sandrine a passé toute la journée à la plage et elle a mis de la crème solaire une seule fois.

    Oh là là! Elle _____.

3. Mes frères ont conduit beaucoup trop vite hier soir et il pleuvait!

    Les imbéciles! Ils _____.

Utilisez le verbe **devoir:**

MODÈLE: Sandrine et Paul ont manqué leur train.

    Qu'est-ce qu'ils sont idiots! Ils *auraient dû partir pour la gare plus tôt.*

4. Paul et Virginie ne se sont pas réveillés à temps ce matin. Ils sont arrivés en retard au travail tous les deux.

    Ils _____.

5. Chantal a eu un accident de voiture le mois passé. Sa tête a heurté le pare-brise *(windshield)*.

    Oh là là, cette fille! Elle _____.

6. Nous avons échoué à tous nos examens.

    C'est trop bête. Nous (ne/pas) _____.

D. Qu'est-ce qui se serait passé? Imaginez ce qui se serait passé dans les situations suivantes. Complétez les phrases en utilisant un verbe au conditionnel passé.

MODÈLE: Si mes parents avaient gagné un million de dollars à la dernière loterie, *ils auraient donné tout l'argent aux pauvres.*

1. Si j'avais pu partir en voyage l'été dernier, _____

    _____.

2. Si j'avais eu plus de temps hier, _____.

3. Si mon ami(e) m'avait invité(e) à sortir vendredi soir, _____

    _____.

4. Si j'avais dû acheter un cadeau pour mon professeur de français, _____

    _____.

5. Si j'avais pu lire un livre pour le plaisir récemment, _____

    _____.

6. Si quelqu'un avait volé tout mon argent, _____

    _____.

Les phrases conditionnelles

E. Les expériences des autres. Un journaliste pose des questions à différents athlètes sur leur performance. Les athlètes expérimentés *(experienced)* expriment leurs regrets à propos d'épreuves passées (en utilisant le plus-que-parfait et le conditionnel passé). Les nouveaux concurrents rêvent de ce qu'ils pourraient faire (en utilisant l'imparfait et le conditionnel). Suivez le modèle.

MODÈLE: Que faut-il faire pour devenir le chef de votre équipe de coureurs? (gagner cette étape de la course cycliste)

> L'ATHLÈTE EXPÉRIMENTÉ: *Tout ce que je sais, c'est que je serais devenu le chef de mon équipe de coureurs si j'avais gagné cette étape de la course cycliste.*

> LE NOUVEAU CONCURRENT: *Alors, moi, je deviendrais peut-être le chef de mon équipe de coureurs si je gagnais cette étape de la course cycliste.*

1. Que faut-il faire pour gagner la médaille d'or du relais? (améliorer le passage du témoin [*passing of the baton*])

   LES ATHLÈTES EXPÉRIMENTÉS: Dans notre cas, nous _____

   _____ si nous

   _____.

   LES NOUVEAUX CONCURRENTS: Alors, qui sait? Peut-être que nous _____

   _____ si nous

   _____.

2. Que faut-il faire pour finir dans les dix premiers de la course? (ne pas se casser)

   L'ATHLÈTE EXPÉRIMENTÉ: Lors de ma dernière course, si le moteur de ma moto _____

   _____,

   j' _____.

   LE NOUVEAU CONCURRENT: Donc, si le moteur de ma moto _____

   _____, je

   _____?

   On ne sait jamais!

3. Que faut-il faire pour qu'une équipe de rugby se place bien dans le tournoi? (rester en bonne santé)

L'ENTRAÎNEUR EXPÉRIMENTÉ: Hélas, si nos joueurs _____

_____, notre équipe

_____.

LE NOUVEL ENTRAÎNEUR: Alors, si nos joueurs _____

_____, notre équipe

_____.

Mais ils sont souvent très indisciplinés…

Vos conseils, s'il vous plaît! Vous étudiez le français depuis un certain temps, et vous voulez partager votre expérience avec des étudiants moins avancés. Répondez à la question suivante pour vos «collègues» moins expérimentés. Utilisez les conseils ci-dessus *(the above advice)* comme modèles.

Que faut-il faire pour bien réussir en français?

VOUS, L'ÉTUDIANT(E)
DE FRANÇAIS EXPÉRIMENTÉ(E): Je sais maintenant que si j(e) _____

et si j(e) _____,

j(e) _____.

L'ÉTUDIANT(E) DÉBUTANT(E): Je comprends. Si j(e) _____

et si j(e) _____,

peut-être que j(e) _____.

F. Les regrets d'un coureur cycliste. Philippe Lecomte a fini cinquième au classement général de la célèbre course cycliste, le Tour de France. Il sait qu'il aurait pu mieux faire. Complétez sa déclaration avec les formes correctes du présent, de l'imparfait, du plus-que-parfait, du futur, du conditionnel ou du conditionnel passé, selon le sens. (Les autres verbes vous aideront à choisir les modes et/ou temps qui conviennent.)

MODÈLE: On peut mieux comprendre comment faire des progrès à l'avenir si on (analyser) *analyse* les erreurs qu'on a faites au passé.

C'est fini maintenant, mais ça (devoir) _____ (1) mieux marcher pour moi cette

année. Je n'ai pas gagné, et je sais pourquoi. Si j(e) (vouloir) _____ (2) gagner, il

aurait fallu être plus agressif dans les Alpes. Par exemple, mes coéquipiers (pouvoir)

_____ (3) empêcher l'échappée *(breaking away)* de mon adversaire espagnol — ce qui m'a coûté dix minutes au classement! Hélas, si j(e) (gagner) _____ (4) au moins deux étapes de montagne, j'aurais porté le maillot jaune à la sortie des Pyrénées. Les autres membres de mon équipe et moi, nous aurions affirmé notre supériorité et j(e) (être) _____ (5) capable de gagner la dernière étape contre la montre. Mais cela n'est pas arrivé et je pense sincèrement que j'ai participé à mon dernier Tour de France.

Mais si on me (demander) _____ (6) ce qu'il faudrait faire pour l'année prochaine, je dirais au futur champion qu'une bonne préparation mentale à cette épreuve est primordiale. Si j'étais leur entraîneur, tous les coureurs cherchant à finir dans les dix premiers (aller) _____ (7) participer aux grandes épreuves cyclistes du printemps.

Quant au Tour de France, si vous (vouloir) _____ (8) gagner, vous devrez attaquer les meilleurs concurrents à l'entrée des Alpes. Si vous faites ça, vous (avoir) _____ (9) de meilleures chances de gagner.

En somme, si je devais participer au prochain Tour, je (savoir) _____ (10) prendre des risques. Cette fois-ci, je ne l'ai pas fait et voilà pourquoi j'ai perdu.

Avez-vous compris? Relisez cette déclaration et répondez aux questions suivantes.

1. Quel reproche est-ce que Philippe se fait? _____

   _____

2. Que reproche-t-il à ses coéquipiers? _____

   _____

3. Que va-t-il faire différemment l'année prochaine? _____

   _____

4. Quel(s) conseil(s) donne-t-il aux autres concurrents? _____

   _____

G. Avec des si... Qu'est-ce que vous feriez/auriez fait dans les situations suivantes? Écrivez trois ou quatre phrases pour chaque situation, en faisant très attention aux temps des verbes. Utilisez une autre feuille de papier.

1. Si j'étais à une soirée et si la personne qui devait me raccompagner en voiture *(give me a ride home)* était ivre *(drunk)*...

2. Si j'avais emprunté un vêtement très cher à une amie et si je l'avais perdu...

Leçon 3

Cap sur le vocabulaire!

A. De quoi s'agit-il? Vous aimez le théâtre et le cinéma. Indiquez si les mots suivants évoquent le théâtre (T), le cinéma (C) ou les deux (T, C).

_____ 1. une actrice

_____ 2. un cinéaste

_____ 3. un compte rendu

_____ 4. un(e) critique

_____ 5. doublé

_____ 6. l'entracte

_____ 7. frapper les trois coups

_____ 8. le metteur en scène

_____ 9. un rappel

_____ 10. la réalisatrice

_____ 11. une représentation

_____ 12. des sous-titres

_____ 13. tourner

_____ 14. la troupe

_____ 15. en v.o.

B. Qu'est-ce que tu es difficile! Votre jeune cousin adolescent aime regarder des grands classiques en DVD chez lui, mais vous, vous avez envie de voir quelque chose de plus récent au cinéma. Proposez-lui d'aller voir un autre film du même genre que celui qu'il aime. Suivez le modèle.

MODÈLE: Au lieu de regarder *Il faut sauver le soldat Ryan*, allons voir un autre ***film de guerre.***

1. Au lieu de regarder un James Bond, allons voir un autre _____.

2. Au lieu de regarder *Dracula*, allons voir un autre _____.

3. Au lieu de regarder *La Belle et la bête* de Disney, allons voir un autre _____.

4. Au lieu de regarder *Titanic*, allons voir un autre _____.

5. Au lieu de regarder un des films de la série Austin Powers, allons voir un(e) autre _____

_____.

6. Au lieu de regarder *Danse avec les loups,* allons voir un autre _____.

Voici un film qui te plairait! Il y a un nouveau film que vous avez envie de voir. Essayez de convaincre votre cousin d'aller le voir avec vous. Parlez des interprètes, des critiques que ce film a reçues, et faites un petit résumé du film en utilisant les *Mots et expressions utiles* pour parler du cinéma et le vocabulaire pour résumer de la *Leçon 3*. Écrivez 7 à 8 phrases.

La grammaire à apprendre

La voix passive

C. Un film intéressant. Votre ami(e) vous fait le compte rendu d'un film qu'il/elle vient de voir. Transformez son récit en mettant les expressions en italique à la voix active. Attention aux temps.

Cette histoire est racontée par une vieille femme habitant une petite ville de province. Elle se rappelle une série d'événements de la guerre que sa meilleure amie a vécus. Cette amie, Anne Béranger, est l'héroïne du film. Au début de l'histoire, *elle était aimée et respectée de tous ceux qui la connaissaient.* Son mari, Raymond, se cachait dans la cave de leur maison. *Il était recherché depuis des mois par les soldats ennemis. La milice (**militia**) avait été contactée par les soldats* pour le capturer, alors *la maison était constamment surveillée par un groupe d'hommes installés dans l'immeuble d'en face.* Anne devait apporter des renseignements et du ravitaillement à son mari sans *être vue de personne.* Cependant, un jour *elle a été dénoncée par un voisin malveillant. La maison a été fouillée par les soldats* mais, heureusement, ils n'ont trouvé personne. *Anne a été arrêtée dans la rue et elle a été emmenée au poste de police par deux miliciens. Raymond n'avait pas été découvert par les soldats* parce qu'il avait quitté sa cachette la veille.

À ce moment-là, *il a été recueilli par des amis* dans une autre petite ville voisine. Finalement, *la ville a été libérée par des groupes de résistants* et Anne et son mari se sont retrouvés.

Une vieille dame habitant une petite ville de province raconte cette histoire. _____

_____

_____

_____

_____

_____

_____

_____

_____

_____

_____

_____

_____

_____

D. Une pièce réussie. Malorie parle d'une pièce de théâtre qu'elle a vue récemment. Récrivez ses commentaires à son sujet en utilisant le pronom **on** au lieu de la voix passive.

MODÈLE: Ce mythe grec a été transformé en pièce de théâtre par quelqu'un.

On a transformé ce mythe grec en pièce de théâtre.

1. Une mise en scène très dramatique a été créée.

   _____

2. Jour après jour, cette pièce était jouée à guichets fermés.

   _____

3. C'est normal, parce que cette troupe théâtrale est beaucoup aimée.

   _____

4. Des billets gratuits ont été offerts à mes collègues et à moi.

   _____

Et nous y sommes allés samedi dernier. En arrivant au théâtre, nous étions déjà ravis.

5. Un compte rendu très positif avait été affiché devant le théâtre.

   _____

6. À neuf heures précises, les trois coups ont été frappés.

   _____

7. À la fin, la pièce a été applaudie avec enthousiasme.

   _____

J'ai bien aimé la pièce, et je la recommanderais à tout le monde.

8. Les thèmes de cette pièce seront toujours appréciés.

   _____

9. D'autres pièces de ce genre seraient aimées aussi.

   _____

E. Cinéma: mode d'emploi. Vous parlez des cinémas américains avec une amie française. Récrivez les phrases suivantes en utilisant une construction avec un verbe pronominal.

MODÈLES: Les jeunes adorent le cinéma. On comprend ça facilement.

Les jeunes adorent le cinéma. Ça se comprend facilement.

Des millions de billets sont achetés chaque année.

Des millions de billets s'achètent chaque année.

1. On trouve souvent des salles de cinéma dans les centres commerciaux.

   _____

   _____

   _____

GAUMONT CITE EUROPE
CALAIS
12 Cinémas Ⓖ

2. Les billets sont vendus à l'entrée du cinéma.

   _____

   _____

3. Un entracte au cinéma? On ne voit pas ça très souvent.

   _____

4. On mange du popcorn pendant le film.

   _____

F. Un documentaire. Les phrases suivantes décrivent quelques-uns des événements principaux d'un documentaire sur l'histoire de France. Mettez-les à la voix passive.

MODÈLE: On a proclamé Napoléon Bonaparte empereur des Français le 18 mai 1804.

Napoléon Bonaparte a été proclamé empereur des Français le 18 mai 1804.

1. Le navigateur français Jacques Cartier a exploré le Canada au XVIe siècle.

   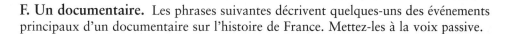

2. Charles de Gaulle a lancé l'appel du 18 juin 1940 de Londres.

   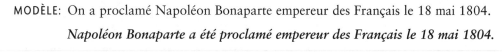

3. On a accueilli les armées alliées en Normandie le 6 juin 1944.

   _____

4. Les Vietnamiens ont vaincu les Français à Dien Bien Phu en 1954.

   _____

5. Les Françaises ont obtenu le droit de vote en 1944.

_____

6. Les pays membres de la Communauté européenne ont signé le traité de Maastricht en décembre 1991.

_____

7. Le gouvernement français a condamné l'invasion américaine de l'Irak en 2003.

_____

G. Deux continents, deux pays, deux religions, deux révolutions. Vous écrivez l'introduction d'un film documentaire sur les révolutions française et américaine pour un studio de cinéma indépendant. Vous l'avez déjà écrite à la voix active, mais vous vous demandez si ça sonnerait *(would sound)* mieux à la voix passive. Récrivez-les parties en italique du paragraphe à la voix passive.

Deux religions, deux révolutions; la Révolution française s'est terminée dans le sang, mais pas la révolution américaine. À cette époque-là, *la violence domine la société française.* Par contre, *la sagesse des Pères fondateurs préserve l'Amérique du même destin.* C'est d'ailleurs pourquoi *la Terreur* (**the Reign of Terror**) *a choqué même les Américains les plus favorables à la Révolution française. Les pratiques religieuses datant de la Réforme* (**the Reformation**) *ont sauvé l'Amérique,* alors qu'en France, *l'échec de la Réforme a eu pour conséquence le conflit entre les idées des philosophes du XVIIIe siècle et celles associées au Christianisme. La Révolution française a lancé le combat contre la tradition.* Elle a donc été plus violente et *toute l'Europe a ressenti* (**felt**) *les échos de cette lutte.*

Deux religions, deux révolutions: la Révolution française s'est terminée dans le sang, mais pas la révolution américaine. À cette époque-là, la société française est dominée par la violence. _____

_____

_____

_____

_____

_____

_____

_____

_____

_____

_____

_____

_____

_____

_____

Votre opinion, s'il vous plaît! Comparez les deux versions de votre introduction (celle à la voix active et celle à la voix passive). Laquelle préférez-vous? Pourquoi?

_____

_____

H. Un vrai navet! Vous êtes cinéaste, et vous venez de faire votre premier film, qui n'a eu aucun succès. Le directeur du studio vous a convoqué(e) *(summoned)* pour parler de cette situation. Vous avez peur d'être viré(e) *(fired)*, alors vous préparez des excuses pour expliquer pourquoi vous n'êtes pas responsable de l'échec du film. Utilisez la voix passive (**je sais que des millions d'euros ont été perdus**, etc.). Utilisez aussi des participes présents comme adjectifs (**c'était une situation frustrante**), pour décrire des actions simultanées (**j'ai tourné ce film tout en développant un autre en même temps**), et pour décrire comment vous allez «réparer» ce four (**je vais améliorer la logique narrative en filmant des scènes supplémentaires**). Utilisez une autre feuille de papier et écrivez 10 à 12 phrases.

EXERCICES DE LABORATOIRE

Phonétique

Révision des *chapitres 6 à 9*   CD8–2

A. Écoutez les mots suivants qui contiennent les semi-voyelles [j], [w] et [ɥ]. Répétez les mots et mettez une croix dans la colonne désignant le son que vous identifiez.

MODÈLE: *Vous entendez:* nuit
          Vous répétez: **nuit**
          Vous faites: **une croix dans la colonne** [ɥ]

	[j]	[w]	[ɥ]
1. fruit	_____	_____	_____
2. palier	_____	_____	_____
3. bruit	_____	_____	_____
4. roi	_____	_____	_____
5. tatouage	_____	_____	_____
6. allié	_____	_____	_____
7. pouvions	_____	_____	_____
8. voué	_____	_____	_____
9. ébloui	_____	_____	_____
10. pluie	_____	_____	_____

B. Pratiquez maintenant les sons [a] et [i] en répétant les mots que vous entendrez.

1.	lasse	lisse	6.	dites	date
2.	mille	malle	7.	bise	base
3.	gîte	jatte	8.	car	kir
4.	fane	fine	9.	s'il	sale
5.	pars	pire	10.	tir	tard

C. Écoutez et répétez les phrases suivantes qui contiennent le son [r].

1. Le chat de Richard ronronne quand on le caresse.

2. L'artiste s'irrite quand on rit de ses peintures ridicules.

3. Lorsque les affaires furent réglées, les représentants leur proposèrent d'aller prendre un verre.

4. Monsieur Braradur rentrera de Rimini mercredi prochain.

D. Écoutez les mots suivants qui contiennent les sons [ø] et [œ]. Répétez les mots et faites une croix dans la colonne correspondant au son que vous identifiez.

MODÈLE: *Vous entendez:* vieux

   Vous répétez: **vieux**

   Vous faites: **une croix dans la colonne** [ø]

	[ø]	[œ]
1. je meurs	_____	_____
2. immeuble	_____	_____
3. crasseuse	_____	_____
4. lieu	_____	_____
5. cœur	_____	_____
6. ceux	_____	_____
7. sérieuse	_____	_____
8. eux	_____	_____
9. sœur	_____	_____
10. neuf	_____	_____

E. Écoutez et répétez les phrases suivantes en faisant attention aux liaisons interdites. Marquez les liaisons que vous faites avec un crayon.

1. Comment les Hollandais ont-ils été reçus aux Invalides?

2. Comme vous allez être heureuse et rieuse!

3. Les hostilités ont commencé entre ces deux héros quand le grand a accusé l'autre.

4. Comment ces électeurs audacieux n'ont-ils pas osé parler aux élus?

F. Écoutez les mots suivants. Répétez-les et indiquez si la syllabe accentuée contient un son nasalisé ou non-nasalisé.

	nasalisé	**non-nasalisé**
1. mission	_____	_____
2. Christiane	_____	_____
3. bien	_____	_____
4. viennent	_____	_____
5. tonne	_____	_____
6. brigand	_____	_____

G. Résumé. Écoutez et répétez le paragraphe suivant.

Monsieur Legrand était sorti pour acheter du beurre quand il a rencontré son ami Louis, qui est acteur. Louis lui a demandé d'entrer dans son immeuble pour regarder sa machine à laver, avec laquelle il a des problèmes. La machine faisait un bruit bizarre, strident et continuel. Comment fallait-il s'y prendre? Les deux hommes ont réfléchi un peu avant de décider d'appeler un plombier ou un électricien qualifié.

Maintenant, répétez le paragraphe.

Leçon 1

Conversation   CD8–3

A. Compliments et félicitations. En français, il y a plusieurs expressions pour faire et accepter un compliment, et pour féliciter. Écoutez la Conversation (manuel, **chapitre 10**, leçon 1) en prêtant attention à ces expressions.

B. L'intonation des phrases. Maintenant, écoutez et répétez les phrases suivantes. Imitez l'intonation de la phrase en répétant les expressions qu'on utilise pour faire et accepter un compliment, et pour féliciter.

1. Vous avez disputé un match absolument extraordinaire! Toutes nos félicitations.
2. Eh bien, je suis évidemment très content d'avoir gagné ce match.
3. En effet, j'aurais peut-être pu faire mieux…
4. Je dois le féliciter d'avoir joué comme il l'a fait.
5. Oui, c'est vrai. Bravo, Jean-Jacques!
6. Merci. Oui, je suis content d'avoir réussi comme cela.
7. Merci beaucoup, Pierre, d'être venu nous rejoindre.
8. Je vous en prie. Ça m'a fait plaisir.

C. La bonne réponse. On fait des compliments non seulement aux gens qu'on connaît bien (amis et membres de la famille), mais aussi aux gens qu'on connaît moins bien. Écoutez les mini-conversations suivantes, et identifiez le degré d'intimité qui existe entre les deux personnes qui parlent.

1. rapports formels _____   rapports familiers _____
2. rapports formels _____   rapports familiers _____
3. rapports formels _____   rapports familiers _____
4. rapports formels _____   rapports familiers _____

La grammaire à apprendre

Les mots exclamatifs   CD8–4

D. Quelle bonne amie! Votre amie Julie est très peu sûre d'elle. Ce soir, vous sortez en groupe et Julie s'est habillée avec soin. Vous la complimentez beaucoup pour la mettre à l'aise. Vous entendrez une phrase que vous devrez rendre encore plus emphatique. Suivez les modèles.

MODÈLE: *Vous entendez:* Tu portes une jolie jupe aujourd'hui.
            Vous répondez: **Quelle jolie jupe!**

(Items 1–5)

MODÈLE: *Vous entendez:* Tu portes une jolie jupe aujourd'hui.
            Vous répondez: **Que ta jupe est jolie!**

(Items 6–10)

E. Comme vous êtes gentil(le)! Vous êtes de très bonne humeur aujourd'hui et vous faites des compliments à tout le monde. Suivez les modèles.

MODÈLE: *Vous entendez:* votre ami qui travaille dur
            Vous répondez: **Comme tu travailles dur!**

(Items 1–5)

MODÈLE: *Vous entendez:* vos parents qui sont compréhensifs
            Vous répondez: **Qu'est-ce que vous êtes compréhensifs!**

(Items 6–10)

Le participe présent   CD8–5

F. Deux choses à la fois. Tous les membres de votre famille ont la manie de faire deux choses à la fois. Modifiez les phrases en utilisant le participe présent. Suivez le modèle.

MODÈLE: *Vous entendez:* Je parle et je mange en même temps.
            Vous répondez: **Je parle en mangeant.**

(Items 1–6)

G. C'est en forgeant qu'on devient forgeron. (*It's by forging that one becomes a blacksmith. [i.e., One learns by doing.]*) Votre ami(e) a beaucoup d'aspirations. Écoutez ses rêves, et donnez-lui des conseils pour les réaliser. Suivez le modèle.

MODÈLE: *Vous lisez:* étudier
            Vous entendez: Je veux réussir.
            Vous répondez: **C'est en étudiant qu'on réussit.**

1. faire des économies
2. suivre un régime
3. lire le journal tous les jours
4. parler beaucoup
5. voyager

Leçon 2

Conversation   CD8–6

A. Le regret et les reproches. En français, il y a plusieurs expressions pour exprimer le regret et pour faire les reproches. Écoutez la Conversation (manuel, **chapitre 10**, leçon 2) en prêtant attention à ces expressions.

B. L'intonation des phrases. Maintenant, écoutez et répétez les phrases suivantes. Imitez l'intonation de la phrase en répétant les expressions qu'on utilise pour exprimer le regret et pour faire les reproches.

1. Malheureusement… j'ai commencé à perdre ma concentration.

2. Si je n'avais pas perdu le service, peut-être que Pierre n'aurait pas pris le dessus.

3. C'était risqué d'essayer de le battre à son propre jeu…

4. Oui, j'aurais dû sans doute rester en fond de court.

5. J'avoue que d'avoir échoué au deuxième set a diminué ma concentration.

6. J'ai peut-être eu tort de jouer à Monte-Carlo il y a deux semaines.

7. En tout cas, je regrette que le match ait tourné à l'avantage de mon adversaire.

8. Oui, si seulement vous n'aviez pas eu ce problème de cheville!

C. La bonne réponse. Quand on a des regrets, on fait des reproches. Parfois, on se reproche quelque chose à soi-même, et parfois on fait des reproches à quelqu'un d'autre. Écoutez les phrases suivantes, et indiquez à qui la personne qui parle fait des reproches.

1. à elle-même   à quelqu'un d'autre

2. à elle-même   à quelqu'un d'autre

3. à elle-même   à quelqu'un d'autre

4. à elle-même   à quelqu'un d'autre

5. à elle-même   à quelqu'un d'autre

La grammaire à apprendre

Le conditionnel passé   CD8–7

D. J'aurais mieux fait. Donnez des conseils à un camarade de classe qui vous fait des confidences. Écoutez ce qu'il dit, puis dites-lui ce que vous auriez fait à sa place. Utilisez les éléments donnés et mettez le verbe au conditionnel passé. Suivez le modèle.

MODÈLE: *Vous lisez:* Moi, je… appeler la police.

   Vous entendez: J'ai vu un crime, mais je n'ai rien fait.

   Vous répondez: **Moi, j'aurais appelé la police.**

1. Moi, je… lui acheter des fleurs.

2. Moi, je… demander un remboursement.

3. Moi, je… faire des économies pour pouvoir partir.

4. Moi, je... chercher un autre appartement.

5. Moi, je... plus s'entraîner pendant les week-ends.

E. Les reproches. Après les conseils viennent les reproches. Faites des commentaires sur les actions de vos camarades de classe. Modifiez les phrases que vous entendez en utilisant le conditionnel passé. Suivez le modèle.

MODÈLE: *Vous entendez:* J'ai dépensé tout mon argent.

Vous répondez: **Tu n'aurais pas dû dépenser tout ton argent.**

(Items 1–5)

Les phrases conditionnelles CD8–8

F. Si j'étais allé(e) en Corse. L'année dernière, un ami vous a invité(e) à passer l'été avec lui en Corse. Malheureusement, vous n'avez pas pu y aller. Vous regrettez toujours cette occasion manquée. Quand on vous pose des questions là-dessus, vous dites ce que vous auriez fait là-bas si vous aviez pu faire le voyage. Utilisez les éléments donnés et suivez le modèle.

MODÈLE: *Vous lisez:* la cuisine locale

Vous entendez: Qu'est-ce que tu aurais mangé?

Vous répondez: **Si j'étais allé(e) en Corse, j'aurais mangé la cuisine locale.**

1. dormir jusqu'à dix heures tous les jours

2. avec mes nouveaux amis corses

3. aller au marché pour faire des courses et prendre des photos

4. le sud de la France

5. à tous mes amis américains

6. un buste de Napoléon, bien sûr!

G. Un peu d'aide? Votre petit cousin français ne fait jamais de phrases complètes. Il faut souvent l'aider à terminer ses phrases. Proposez-lui des phrases en faisant attention aux temps des verbes. Utilisez les mots donnés et suivez les modèles.

MODÈLE: *Vous lisez:* avoir un cheval

Vous entendez: Si j'étais cowboy...

Vous répondez: **Si tu étais cowboy, tu aurais un cheval?**

1. parler japonais

2. voir Mickey

3. grossir

4. prendre le train

MODÈLE: *Vous lisez:* ne pas avoir peur

Vous entendez: Si j'avais vu un monstre...

Vous répondez: **Si tu avais vu un monstre, tu n'aurais pas eu peur?**

5. jouer dehors quand même

6. ne pas pleurer

7. ne pas aller à l'école

8. t'amuser avec moi

Leçon 3

Conversation   CD8–9

A. Pour résumer. En français, il y a plusieurs expressions pour résumer, quand on parle d'un film ou d'un livre, par exemple. Écoutez la Conversation (manuel, **chapitre 10**, leçon 3) en prêtant attention à ces expressions.

B. L'intonation des phrases. Maintenant, écoutez et répétez les phrases suivantes. Imitez l'intonation de la phrase en répétant les expressions qu'on utilise pour résumer.

1. Alors de quoi s'agit-il? Quel est le thème du... ?
2. C'est un documentaire car c'est basé sur une histoire vraie.
3. Il s'agit d'une histoire d'amour entre plusieurs personnages.
4. L'histoire se déroule sur quatre générations, avec tout un jeu de retours en arrière.
5. Et l'action se déroule où?
6. Le contraste entre le passé et le présent a beaucoup à voir avec le thème.
7. En deux mots, j'essaie de créer un dialogue entre ce qui était rural... et le monde moderne d'aujourd'hui.
8. Le contraste fait ressortir les parallélismes.

C. La bonne réponse. Deux personnes parlent de films. Est-ce que leurs conversations sont toujours logiques?

1. logique   pas logique   3. logique   pas logique
2. logique   pas logique   4. logique   pas logique

La grammaire à apprendre

La voix passive   CD8–10

D. Un film amusant. Votre mère a vu le film *Trois Hommes et un couffin* au cinéma hier soir. Elle vous le raconte et vous la questionnez en reprenant ses phrases et en les mettant à la voix passive. Suivez le modèle.

MODÈLE: *Vous entendez:* On laisse un bébé à la porte de trois hommes.
         Vous répondez: **Un bébé est laissé à la porte de trois hommes?**

(Items 1–7)

E. Titres de journaux. Au petit déjeuner, on vous lit les grands titres du journal. Puisque vous ne faites pas très attention, vous êtes obligé(e) de répéter tout ce qu'on vous dit en mettant les titres à la voix active. Prenez garde de respecter le temps du verbe dans chaque phrase que vous entendez.

MODÈLE: *Vous entendez:* Les voleurs de bijoux ont été arrêtés par la police.
         Vous répondez: **Qu'est-ce que tu dis? La police a arrêté les voleurs de bijoux?**

(Items 1–5)

F. La bonne cuisine française. Connaissez-vous la cuisine et les habitudes alimentaires françaises? Reprenez ces phrases en utilisant une construction pronominale. Suivez le modèle.

MODÈLE: *Vous entendez:* «Bon appétit»? On dit cela en France avant un repas.
            Vous répondez: **«Bon appétit»? Ça se dit en France avant un repas.**

(Items 1–5)

Dictée   CD8–11

G. Attendez que je vous explique. Antoine Mailland a quatorze ans. Il est sorti avec ses copains cet après-midi et n'est rentré qu'à huit heures du soir. Ses parents étaient inquiets de son retard. Écoutez-le s'expliquer, puis transcrivez ses explications. D'abord, écoutez ce qu'il dit en entier. Ensuite, chaque phrase sera lue deux fois. Enfin, le message entier sera répété pour que vous puissiez vérifier votre travail. Écoutez.

_____

_____

_____

_____

_____

_____

_____

_____

_____

_____

_____

_____

_____

_____

_____

_____

Compréhension

Au cinéma   CD8–12

Dans ce chapitre, vous avez discuté de films, de pièces et de romans. Maintenant, vous allez entendre une interview avec une jeune actrice qui a dû chanter dans son dernier film. Elle raconte son expérience.

MOTS UTILES: la chorale   *chorus*   se lancer   *to take off*
              l'enregistrement *(m)* *recording*   gratifiant   *fulfilling*
              une larme   *tear*   enraciné(e)   *rooted*
              arriver   (ici) *to manage*

H. Chanteuse! Moi? Indiquez par une croix les phrases qui décrivent fidèlement les propos de la jeune actrice.

_____ 1. C'était la première fois que la jeune actrice avait chanté en public.

_____ 2. Elle avait très peur de chanter en public.

_____ 3. Elle a pleuré avant d'enregistrer la chanson.

_____ 4. Elle a réussi à convaincre le metteur en scène de trouver une autre chanteuse.

_____ 5. Elle a essayé de vaincre sa peur, mais elle a échoué.

_____ 6. Le metteur en scène faisait tout à fait confiance à l'actrice.

Un résumé du film dont la jeune actrice vient de parler vous est maintenant présenté.

MOTS UTILES: inoubliable   *unforgettable*   un coup de cœur   *heartbreak*
              émaillé(e) de   *studded with*   impitoyable   *merciless, ruthless*
              une bagarre   *fight*

I. Une nuit inoubliable. Donnez les détails demandés ci-dessous, d'après ce que vous venez d'entendre.

1. Où l'action se déroule-t-elle? _____

2. Combien de personnages principaux y a-t-il dans le film? _____

3. Quel est le sujet du film? _____

   _____

4. Qu'arrive-t-il à la petite fille? _____

   Et à son frère? _____

Le Tour de France CD8–13

Un match de tennis fait l'objet des conversations de ce chapitre. Le Tour de France est, lui aussi, un événement sportif mondialement connu. Chaque année en juillet, près de 200 participants parcourent plus de 3 000 kilomètres en vingt jours, espérant porter le symbolique maillot jaune du vainqueur. Chaque année, la course commence dans un endroit différent, mais finit toujours à Paris sur les Champs-Élysées. Les cyclistes parcourent une étape par jour. Vous allez maintenant entendre un reportage sportif sur une étape du Tour de France.

MOTS UTILES: traîner   *to drag on*
                     pas forcément   *not necessarily*
                     l'ascension *(f)*   *ascent, climb*
                     un col   *mountain pass*
                     redoutable   *fearsome*
                     le lacet   *bend, twist*
                     décrocher   *to fall by the wayside*
                     échappé   *broken away*
                     grignoter   (ici) *to gradually gain ground*

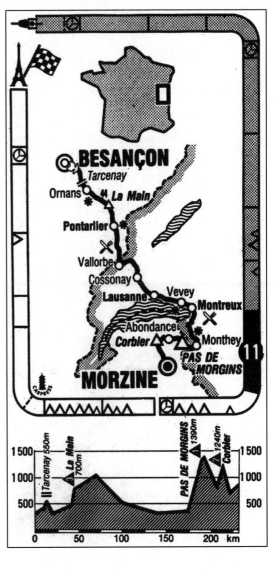

J. La onzième étape: Besançon–Morzine. Choisissez la réponse correcte pour chaque question.

_____ 1. Qui a gagné la onzième étape?

       a. Jérôme Simon

       b. Fabio Parra

       c. Pedro Delgado

_____ 2. Quelle réaction le vainqueur de cette étape provoque-t-il?

       a. On est un peu surpris.

       b. C'est celui qu'on attendait.

       c. On n'est pas prêt de l'accepter.

_____ 3. Qui porte toujours le maillot jaune à la fin de la onzième étape?

       a. Fabio Parra

       b. Charlie Mottet

       c. Steve Bauer

_____ 4. Qu'est-ce qui rend la onzième étape particulièrement difficile?

       a. le temps pluvieux

       b. les montagnes

       c. la distance

_____ 5. Combien de minutes et de secondes de retard a Visentini par rapport au premier au classement général?

       a. 1 minute 1 seconde

       b. 1 minute 3 secondes

       c. 1 minute 52 secondes

Credits

Photo/Text/Realia Credits

Unless specified below, all the photos in this text were selected from the Heinle Image Resource Bank.

p. 9 SNCF, Paris, France

p. 13 *Les Hiboux,* Robert Desnos, *Chantefables et Chantefleurs/Contes et fables de toujours* © Librairie Grund, Paris

p. 90 *The Noonday Friends,* Mary Stolz. © Harper Collins: NY, 1965

p. 218 Micrografx, Boulogne, France

Received

SEP 6 2005

Mission College Library

35 -

Received

SEP 6 2005

Mission College Library